JUNTOS EN LA COCINA

Otros libros por Carmen Aboy Valldejuli
COCINA CRIOLLA
PUERTO RICAN COOKERY
COCINA CRIOLLA
publicado en Braille por
The American Printing House for the Blind
Louisville, Kentucky
CUCUYÉ
cuentos para niños

JUNTOS
EN LA
COCINA

CARMEN ABOY VALLDEJULI
Autora de *Cocina Criolla*
y
LUIS F. VALLDEJULI

PELICAN PUBLISHING COMPANY
Gretna 2014

Edición original
  Marzo, 1986
Segunda impresión
  Diciembre, 1986
Tercera impresión
  Marzo, 1987
Cuarta impresión
  Mayo, 1988
Quinta impresión
  Enero, 1990
Sexta impresión
  Julio, 1991
Séptima impresión
  Junio, 1993
Segunda, edición
  Mayo, 1995
Novena impresión
  Diciembre, 1997
Décima impresión
  Febrero, 1999
Undécima impresión
  Abril, 2002
Duodécima impresión
  Junio, 2003
Decimotercera impresión
  Octubre, 2008
Decimocuarta impresión
  Abril. 2012
Decimoquinta impresión
  Febrero, 2014

Library of Congress Cataloging-in-Publication Data

Valldejuli, Carmen Aboy, 1912-
    Juntos en la cocina / Carmen Aboy Valldejuli y Luis F. Valldejuli.
—2. ed.
        p.   cm.
    Includes index.
    ISBN 978-1-56554-155-9
    1. Cookery, Puerto Rican.   I. Valldejuli, Luis F.   II. Title.
TX716.P8V33   1995
641.597295–dc20   95-11643
                                                                    CIP

Impreso en Los Estados Unidos de América

Publicado por Pelican Publishing Company, Inc.
1000 Burmaster Street, Gretna, Louisiana 70053

A tí,
que compartes con nosotros
nuevas aventuras culinarias.
¡Salud y provecho!

ILUSTRACIONES Y FOTOGRAFIAS

Las ilustraciones de los capítulos de este libro fueron realizadas por Poli Marichal.

Poli Marichal nació en Yauco, Puerto Rico. Desde muy pequeña mostró gran afición por el dibujo y recibió estímulo y orientación de su padre, el artista español Carlos Marichal.

Terminó su Bachillerato en Artes en la Escuela de Artes Plásticas del Instituto de Cultura Puertorriqueña y su Maestría en Cine en Massachusetts College of Art, en Boston. Durante dos años estudió en la Escuela Massana, de Barcelona, donde se especializó en técnica pictóricas medievales y diseño. En Londres, tomó clases con el famoso pintor Cecil Collins.

Su experiencia de trabajo es muy variada: profesora de dibujo animado; ilustradora de libros y revistas; diseñadora de vestuario para ballet; productora, directora y animadora de películas animadas.

Ha participado en exhibiciones de arte en la Galería "Coabey," Massachusetts College of Art y Galería y "La Fonda del Callejón." Sus películas "Under the Water Blues," "Isla Postal" y "Blue Tropical" han sido premiadas en Festival Internacional de Cine Super 8 en Caracas, Quebec y Sao Paulo, además de haberse exhibido en Bruselas, Lisboa y San Juan.

Poli Marichal ilustró el libro de cuentos para niños, Cucuyé, escrito por Carmen Aboy Valldejuli, el cual fue premiado en el año 1980 por el Instituto de Literatura Puertorriqueña, en la categoría de literatura infantil.

Las fotografías de este libro fueron tomadas por Thomas Grosscup, fotógrafo residente de Nueva Orleans, Louisiana. Aunque su especialidad son motivos industriales y comerciales, revistas como "Mademoiselle" y "American Home" han publicado sus exóticas tomas culinarias. Su negocio lo ha llevado con frecuencia a paises latino-americanos, donde ha hecho películas de viaje y extensas fotografías comerciales para compañías locales y americanas. El Sr. Grosscup ha contribuído con ilustraciones para otra publicación de Pelican Publishing Co.: la portada del libro "Recipes of the Great Restaurants of the Deep South and the Tropics."

TABLA DE MATERIAS

Reconocimiento

En el año 1954, con fe y entusiasmo, fue publicado *Cocina Criolla,* siendo éste, en Puerto Rico, el precursor en la redacción de recetas detalladas y de fácil confección.

A través de los años, la reacción del público hacia *Cocina Criolla* nos ha demostrado que el libro cumple el propósito para el cual fue escrito: ayudar y facilitar la tarea culinaria. Esto nos llena de gran satisfacción. Deseamos expresar nuestro agradecimiento a todos aquellos que por tantos años han patrocinado *Cocina Criolla.*

Hoy, con la misma ilusión, presentamos nuestro nuevo libro, *Juntos en la Cocina,* el cual esperamos sea de gran utilidad en el hogar. Si logramos esto, todos nuestros esfuerzos y años de trabajo serán más que recompensados.

A nuestros hijos y familiares, así como también a los que, en una u otra forma, nos han brindado su estímulo y cooperación en la realización de *Juntos en la Cocina* les decimos: "¡Gracias, muchas gracias!"

Carmen y Luis

JUNTOS EN LA COCINA

Introducción

Existe un refrán popular que dice: "Detrás de todo gran hombre hay una gran mujer." A través de la historia, este hecho se ha comprobado en muchas ocasiones. Sin embargo, nunca hemos oído el refrán a la inversa, cuando sabemos que existen casos en que el mismo es aplicable. La creación de *Juntos en la Cocina* es uno de ellos.

Vivimos en una época que se caracteriza por sus adelantos tecnológicos, donde todo se trata de simplificar para así hacernos la vida más placentera y cómoda. Pero a pesar de todo lo logrado, aún no se ha descubierto un elemento básico que sirva en forma constructiva para todos los seres humanos; esto es, el aprender a comunicarnos adecuadamente.

Juntos en la cocina es precisamente el producto de 50 años de una buena comunicación, respeto mutuo, trabajo en conjunto, admiración y mucho amor entre dos seres que siempre han colaborado al unísono en todos los proyectos emprendidos en ese medio siglo.

Escribir un libro que le sea verdaderamente útil al que lo use no es tarea fácil. Sobre todo uno de cocina, donde los ingredientes y las medidas pueden producir o un manjar de reyes o un desastre incomible. Yo he vivido ambas experiencias, por tocarme tan de cerca convivir con estos dos seres que se complementan tan bien en todas las áreas de su existencia.

Cuando un libro de cocina sale de la imprenta, la confección del mismo ha conllevado un trabajo inimaginable para quien nunca se ha dado a esta tarea. Los viajes al colmado; la repetición de recetas hasta llegar a las expectativas de un paladar exigente; la redacción de la receta para que, sin redundancia, quede clara para todo el que la confeccione; pasar y repasar los borradores a maquinilla y marcarlos con símbolos característicos y complicados especiales para el impresor; la corrección de las galeras que suple la imprenta en la primera tirada; los viajes al correo, una y otra vez, enviando o recibiendo el

3

material que va tomando forma, hasta que finalmente se da luz verde para que se proceda a imprimir el libro. Es éste un proceso largo, a veces tedioso y no siempre fácil. Ha sido en muchos de esos momentos que Papie ha llevado la carga. Si existe un *Cocina Criolla*, un *Puerto Rican Cookery* y un *Cucuyé*, se debe a ese trabajo tras bastidores—que no tiene reconocimiento público—pero que es el andamiaje tras el éxito logrado por estas publicaciones.

Al celebrar sus 50 años de matrimonio- las Bodas de Oro- y coincidiendo con la aparición del cometa Halley, Mamie y Papie se han envuelto en un nuevo proyecto, el cual materializa las ilusiones de muchos años de arduo trabajo, y al igual que el cometa, lleva el resplandor de una alegría contagiosa. Nuevamente han aunado esfuerzos para publicar todas aquellas recetas que han ido desarrollando y recopilando, luego de la publicación de *Cocina Criolla*. Conociendo el cariño, trabajo y esmero que han puesto ambos para lograr la publicación de *Juntos en la Cocina*, estoy segura resultará de gran utilidad a toda la comunidad, ya que este nuevo libro viene a complementar las recetas básicas de *Cocina Criolla,* ampliando el repertorio de deliciosas recetas y de platos fáciles, sabrosos y de rápida confección, tan importante en nuestros tiempos.

Es, por lo tanto, para mí un gran placer escribir la introducción a un reino mágico culinario, donde no hay reyes ni súbditos, sino una ilusión conjunta, para que todos sigamos disfrutando del producto de dos seres maravillosos y fuera de serie: MAMIE y PAPIE.

¡Gracias por este libro y todo lo que, a través de estos 50 años, nos han enseñado, siendo la cocina el elemento aglutinador!

23 de marzo do 1986   Camille Valldejuli de Galanes

Comentarios Generales

I—EXITO EN LA COCINA

El éxito en la cocina depende no solo de seguir fielmente una buena receta, sino de interpretarla y adaptarla, si fuere necesario, a los gustos personales de la familia. Se deja al criterio individual, o a su imaginación, el omitir o añadir ingredientes. Es importante mantener un balance correcto de los ingredientes, para que el sabor sea sutíl sin que predomine alguno.

Debe planificarse una dieta balanceada, que satisfaga el gusto de todos los miembros de la familia. Esto le permitirá que queden satisfechos y el ama de casa se sienta complacida con el éxito logrado.

Recomendamos preparar el menú de la semana de tal forma que tenga variedad, y a la misma vez, se ajuste al presupuesto de la familia. Esto le dará la flexibilidad de substituir una receta de mayor tiempo de confección por otra más sencilla, de surgir algún imprevisto.

Debe leer de antemano las recetas a prepararse y cerciorarse de que tiene todos los ingredientes requeridos para la semana. Esto le evitará viajes innecesarios para conseguirlos, economizando tiempo y dinero.

Para facilitar la compra de los productos incluídos en distintas recetas, hemos indicado sus nombres en español e inglés, ya que en algunos casos estos vienen rotulados en inglés solamente.

II—USOS PRACTICOS DEL CONGELADOR (FREEZER)

1—Vierta el sobrante de arroz cocido en bolsas de plástico (*Freezer Bags*) y conserve en el congelador. Al usarse, sáquelo de la bolsa y caliéntelo en el horno de microhonda, o a *"Baño de María."*

5

2—Cuando disponga de tiempo, y sobre todo, si consigue ingredientes a precios especiales, prepare algunas recetas de antemano y consérvelas en el congelador. De acuerdo a sus necesidades, distribúyalas completas, o en porciones, cerradas y rotuladas. (Continúa en página 9.)

TABLA DE EQUIVALENCIAS

INGREDIENTES LIQUIDOS

60 gotas	1 cucharadita
1½ cucharadita	½ cucharada
3 cucharaditas	1 cucharada
1 cucharada	½ onza
2 cucharadas	1 onza
4 cucharadas	2 onzas
4 cucharadas	¼ taza
16 cucharadas	1 taza
¼ taza	2 onzas
1 taza	8 onzas
2 tazas	1 pinta
4 tazas	1 cuartillo
1 pinta	16 onzas
2 pintas	1 cuartillo
1 cuartillo	32 onzas
4 cuartillos	1 galón

INGREDIENTES SOLIDOS

1 pizca	menos de ⅛ cucharadita
1½ cucharadita	½ cucharada
3 cucharaditas	1 cucharada
4 cucharadas	¼ taza
1 libra	16 onzas
1 cuadrito de chocolate	1 onza
1 libra de mantequilla	2 tazas
1 libra de azúcar granulada	2 tazas
1 libra de azúcar pulverizada 10X	3½ tazas, sin cernir
1 libra de harina de trigo	4 tazas, sin cernir
¼ libra de mantequilla	½ taza
¼ libra de mantequilla	4 onzas

MEDIDAS EQUIVALENTES DE PRODUCTOS

Azúcar	1 libra, granulada	2¼ tazas
	negra	2¼ tazas, presionándola al medirla
	pulverizada 10X	3½ a 4 tazas
Cebollas	1 libra, pequeñas	8 a 12
	medianas	4 a 6
	grandes	2 a 3
Chocolate, soso	1 onza	1 cuadrito
Harina de trigo	1 libra, uso general	3½ tazas, aproximadas
	para bizcocho	4 tazas, aproximadas
Huevos grandes, claras	8 claras, aproximadas	1 taza
yemas	12 yemas, aproximadas	1 taza
Mantequilla	¼ libra	½ taza
Manzanas	1 libra	3 medianas
Oleomargarina	¼ libra	½ taza
Pan	1 libra	16 a 18 tajadas
Papas	1 libra, pequeñas	6 a 8
	medianas	3 a 4
	grandes	1 a 2
Queso	¼ libra	1 taza, rallado

Rendimiento de ¼ Libra de Mantequilla

Nota: ¼ libra de mantequilla es igual a 4 onzas, o sean 8 cucharadas.

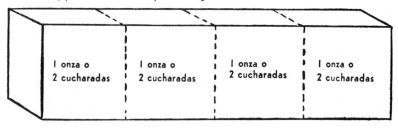

| I onza o 2 cucharadas | I onza o 2 cucharadas | I onza o 2 cucharadas | I onza o 2 cucharadas |

TABLA PARA ADOBAR POLLO

POR **POLLO LIMPIO** SE ENTIENDE UN POLLO DESPLUMADO, SIN PATAS NI PESCUEZO Y QUE HA SIDO VACIADO INTERIORMENTE.

LA PRIMERA LÍNEA HORIZONTAL DE LA TABLA INDICA EL **PESO NETO** DEL POLLO LIMPIO. BAJO CADA COLUMNA SE INDICAN LOS INGREDIENTES NECESARIOS PARA PREPARAR EL *ADOBO* CORRESPONDIENTE, DE ACUERDO CON EL PESO DEL POLLO LIMPIO, YA SEA ENTERO, O EN PRESAS.

PARA PREPARAR EL *ADOBO*, MUELA EN UN MORTERO LOS INGREDIENTES EN EL SIGUIENTE ORDEN: GRANOS DE PIMIENTA, GRANOS DE AJO Y ORÉGANO SECO. AÑADA LA SAL Y MEZCLE. VIERTA EN EL MORTERO EL ACEITE Y EL VINAGRE Y MEZCLE CON UNA CUCHARA QUE NO SEA DE MADERA, PORQUE LA MADERA SE IMPREGNA DEL *ADOBO*.

Libras de pollo limpio	1	1¼	1½	1¾	2	2¼	2½	2¾	3	3¼	3½
Granos de pimienta	1	1	2	2	2	3	3	3	4	4	4
Granos de ajo (tamaño)	1 peq.	1 peq.	1 med.	1 med.	1 gde.	1 gde.	2 peq.	2 peq.	2 med.	2 med.	2 gde.
Cucharaditas de orégano seco	½	½	¾	¾	1	1	1¼	1¼	1½	1½	1½
Cucharaditas de sal	1	1¼	1½	1¾	2	2¼	2½	2¾	3	3¼	3½
Cucharaditas de aceite	¾	¾	1	1	1¼	1¼	1½	1½	1¾	1¾	2
Cucharaditas de vinagre	¼	¼	¼	¼	½	½	½	½	¾	¾	1

3—Si va a conservar en el congelador recetas cocidas con pollo, debe deshuesarlo, ya que le ocupa menos espacio y rinde para más personas.

4—Las cebollas que se utilizan para cocer, pueden picarse en porciones de ¼ taza, ½ taza o 1 taza y guardarlas en bolsitas de plástico (*Sandwich Bags*), o en envases cerrados y rotulados debidamente. Utilícelas **sin descongelar.**

5—Las recetas cocidas que resultan abundantes, pueden dividirse en porciones y conservarse en el congelador, cerradas y debidamente rotuladas.

6—Puede preparar albóndigas y conservarlas crudas en el congelador, para ser usadas según se requiera. Resulta conveniente empaquetarlas por docena.

7—No conserve en el congelador las papas incluidas en recetas cocidas, porque toman una consistencia arenosa.

8—Planifique, para usar lo más pronto posible, alimentos o recetas cocidas guardadas en el congelador.

III—SUGERENCIAS

A—MANTEQUILLA CLARIFICADA

La mantequilla clarificada ofrece la ventaja de tener un punto de inflamación (*Burning Point*) más alto que la mantequilla que no está clarificada. Al no quemarse fácilmente, permite usar el fuego a una temperatura más alta para freir. Se recomienda la siguiente receta:

1—Coloque en una cacerolita 1 libra de mantequilla, cortada en pedazos. Derrita a *fuego bajo*. Retire del fuego y deje enfriar un poco. Con una cuchara, remueva la espuma o residuo de la superficie.

2—En un recipiente de cristal, escurra **lentamente** la mantequilla derretida y descarte el sedimento que queda en el fondo de la cacerolita. **Reserve,** tapado, en la nevera, para usarse para freir según se requiera.

B—PROCESADORES DE ALIMENTOS, LICUADORAS Y MAQUINAS PARA MEZCLAR BIZCOCHOS

Los procesadores de alimentos, las licuadoras y las máquinas para mezclar bizcochos son muy versátiles. Por su gran utilidad para picar, moler, licuar y mezclar, resultan muy convenientes en las tareas culinarias y son de los equipos básicos más recomendados en el hogar.

C—ACEITE VEGETAL CON ACHIOTE

El aceite vegetal con achiote es usado para dar color en ciertas recetas. Se prepara como sigue:

ACEITE VEGETAL CON ACHIOTE

1 botella de 16 onzas de aceite vegetal
1 taza de semillas de achiote, (limpias)

1—En un calderito, vierta el aceite vegetal y **reserve** la botella. Caliente el aceite a *fuego alto,* **en seguida** reduzca a *fuego bajo* y agregue las semillas de achiote. Mezcle **ocasionalmente** por 5 *minutos.* Retire del fuego y deje enfriar **totalmente.**

2—Coloque un papel absorbente dentro de un colador, cuele el aceite y descarte las semillas. Vierta lo colado en la botella reservada, tape y conserve para usarse por cucharadas, según se requiera.

D—SOFRITO

El uso del *Sofrito,* la combinación de los condimentos que realzan el sabor típico de las comidas criollas, se puede simplificar cuando se prepara anticipadamente en gran cantidad y se conserva en el congelador (*Freezer*), para ser usado según se requiera.

Una vez confeccionado el *Sofrito Práctico* o el *Sofrito en la Licuadora,* que aparecen a continuación, déjelo enfriar **totalmente.** Distribúyalo en cubetas de hielo, poniendo 2 cucharadas de *Sofrito* en cada cubito de la cubeta. Coloque las cubetas en el congelador (*Freezer*) y una vez congelado, vuelque los cuadritos de *Sofrito* en un tazón. **En seguida,** métalos en sacos plásticos (*Freezer Bags*), bien sellados y consérvelos en el congelador (*Freezer*) hasta el momento de usarlo. Saque la cantidad de cuadritos que necesite para preparar la receta a confeccionar. (Recuerde que cada cuadrito corresponde a 2 cucharadas de Sofrito.)

SOFRITO

(*Sofrito* que se prepara al momento de usarse.)

A—1 cucharada de manteca, o de aceite vegetal
  1 onza de tocino
  2 onzas de jamón de cocinar } picaditos

B—1 cebolla pequeña
  1 pimiento verde, sin semillas
  3 ajíes dulces, sin semillas
  3 hojas de culantro, lavadas } bien picaditos
  3 ramitas de culantrillo, lavadas
  2 granos de ajo
  ¼ cucharadita de orégano seco

C—2 cucharadas de salsa de tomate
  1 cucharada de aceite vegetal con achiote } opcional

1—En una sartén o caldero, caliente un poco la grasa y dore a *fuego moderado-alto* el tocino y el jamón de cocinar. Reduzca el fuego a *bajo,* añada los ingredientes incluidos en B y sofría por *10 minutos.*

2—Añada los ingredientes incluidos en C, mezcle y de un hervor a *fuego moderado.*

SOFRITO PRACTICO

(*Sofrito* que se prepara con anticipación y se conserva en el congelador (*Freezer*) para usarse según se requiera.)

A—1½ taza de aceite vegetal o manteca

B—½ libra de jamón de cocinar, cortado en pedazos
   2 libras de pimientos verdes, sin semillas
   ½ libra de ajíes dulces, sin semillas
   2 libras de cebollas
   ¼ libra de granos de ajo, grandes
   1 mazo de culantro ⎫
   1 mazo de culantrillo ⎭ alrededor de 30 hojas grandes

C—2 cucharadas de orégano seco

1—Lave y seque los ingredientes incluidos en B. Muélalos en la máquina de moler carne, o en el procesador de alimentos, junto con el orégano seco incluido en C.

2—En un caldero grande, vierta el aceite vegetal o manteca. Agregue los ingredientes molidos, mezcle y cueza a *fuego alto* hasta hervir. Reduzca el fuego a *moderado* y cueza por *30 minutos,* mezclando **ocasionalmente.**

3—Deje enfriar **totalmente** y vierta 2 cucharadas de medir, rasas, en cada cuadro de cubetas de hielo. Coloque en el congelador (*Freezer*) hasta que estén completamente congelados.

4—Retire las cubetas del congelador y vuelque en un tazón los cuadritos de *Sofrito* helados. Métalos en bolsitas de plástico (*Freezer Bags*) y ciérrelos muy bien. Consérvelos en el congelador (*Freezer*) para usarlos según se requieran. (Los cuadritos de *Sofrito* no se pegarán unos a los otros y se conservarán como le ocurriría a cuadritos de hielo. Pueden ser usados en las recetas sin necesidad de descongelarse. Las cubetas de hielo usadas para congelar el *Sofrito* se reservarán **únicamente** para éste uso.)

SOFRITO EN LA LICUADORA

(*Sofrito* que se prepara con anticipación y se conserva en el congelador (*Freezer*) para usarse según se requiera.)

A—½ taza de aceite vegetal

B—½ libra de pimientos verdes, sin semillas ⎤ lavados
⅛ libra de ajíes dulces, sin semillas   ⎥ y
½ libra de cebollas   ⎬ cortados
6 granos de ajo, grandes   ⎥ en
16 hojas de culantro, lavadas y secadas ⎦ pedazos
1 cucharada de orégano seco
½ libra de jamón de cocinar, lavado y cortado en trocitos
bien pequeños (opcional)

1—Muela en una licuadora eléctrica, o en un procesador de alimentos, los ingredientes incluidos en B, junto con el aceite vegetal incluido en A.

2—Vierta todo lo licuado en un caldero y sofría a *fuego moderado* por *15 minutos,* mezclando **ocasionalmente.**

3—Continúe la receta, siguiendo las instrucciones 3 y 4 de la receta de *Sofrito Práctico.* (Vea receta en la página 11.)

IV—USO DE SOBRANTES EN RECETAS

Sobrantes de algunas recetas cocidas son muy versátiles, pues pueden ser usadas según indican las recetas que aparecen de la página 13 a la 19.

EMPAREDADOS DE POLLO

(6 emparedados)

A—Las pechugas de un pollo hervido de 3½ libras, cortadas en tajadas finas (Usando las pechugas del pollo hervido de la receta *Sopón de Pollo,* página 89.)

B—Hojas de lechuga, lavadas y escurridas
Tomate, cortado en ruedas finas
Pepinillos dulces (*Sweet Pickles*), cortados en lonjitas finas
Mayonesa

C—12 tajadas de pan de emparedados (*Sandwich*), sin la corteza

1—Unte con mayonesa las 12 tajadas de pan.

2—Coloque lo siguiente encima de 6 de las tajadas:
  a—Hoja de lechuga ⎫ untadas ligeramente
  b—Rueda de tomate ⎭ con mayonesa
  c—Tajadas de pechuga
  d—Lonjitas de pepinillos dulces
  e—Cubra con 1 tajada de pan
3—Divida cada emparedado en dos. Colóquelos en un platón llano y cubra con paño húmedo, para evitar que se resequen. Coloque en la nevera hasta el momento de servirlo.

ENSALADA DE POLLO I

(12 raciones)

A—1 pollo hervido de 3½ libras, sin el pellejo, deshuesado y cortado en trocitos (Usando el pollo hervido de la receta *Sopón de Pollo,* página 89.)

B—6 huevos duros
  6 pepinillos dulces (*Sweet Pickles*) grandes ⎫ picaditos
  1 lata de 8 onzas de guisantes (*Petit-Pois*), escurrida
  2 manzanas, mondadas, cortadas en trocitos pasados por 1 litro (4 tazas) de agua con 1 cucharadita de sal y escurridos

C—½ taza de aceite de oliva
  ¼ taza de vinagre
  ½ cucharadita de sal
  1 cucharada de azúcar (opcional)

1—Ponga los trocitos de pollo en un tazón grande.

2—Añada y mezcle los ingredientes incluidos en B.

3—Aparte, combine los ingredientes incluidos en C y viértalo en el tazón. Mezcle todo bien, vierta en ensaladera y cubra. Coloque en la nevera, para servir bien fría.

ENSALADA DE POLLO II

(8 raciones)

A—1 pollo hervido de 3½ libras sin el pellejo, deshuesado y cortado en trocitos (Usando el pollo hervido de la receta *Sopón de Pollo* hervido, página 89, exceptuando las pechugas, que se reservan para hacer *Emparedados de Pollo*, página 13.)

B—3 huevos duros ⎫
   2 pepinillos dulces (*Sweet Pickles*) grandes ⎬ picaditos
   1 lata de 8 onzas de guisantes (*Petit-Pois*), escurrida
   1 manzana, mondada, cortada en trocitos, pasados por 1 litro (4 tazas) de agua y 1 cucharacita de sal y escurridos

C—⅓ taza de aceite de oliva
   3 cucharadas de vinagre
   ¼ cucharadita de sal
   2 cucharaditas de azúcar (opcional)

1—Ponga los trocitos de pollo en un tazón.

2—Añada y mezcle los ingredientes incluidos en B.

3—Aparte, combine los ingredientes incluidos en C y viértalo en el tazón. Mezcle todo bien, vierta en ensaladera y cubra. Coloque en la nevera para servir fría.

POLLO EN SALSA DE CHINA

A—1 pollo de 3½ libras, limpio (Se usa el pollo hervido de la receta *Sopón de Pollo*, página 89. Quítele el pellejo al pollo, deshuéselo y corte la carne en trozos.)

B—½ taza de azúcar
   2 tazas de jugo de china, fresca
   ½ cucharadita de sal

C—2 cucharadas de maicena

D—2 onzas (4 cucharadas) de mantequilla

E—⅓ taza de cordial *Grand Marnier*

1—En un tazón, disuelva el azúcar en el jugo de china, añada la sal y **reserve**. Diluya la maicena en ½ taza de éste jugo y **reserve** también.

2—En una sartén grande, derrita la mantequilla a *fuego bajo*. Añada la maicena diluída y revuelva por *1 minuto* con cuchara de madera. Agregue el resto del jugo reservado.

4—Ponga el *fuego moderado-alto* y mezcle **contínuamente** hasta que hierva y espese a su gusto.

5—Agregue el *Grand Marnier* y los trozos de pollo. Mezcle a *fuego moderado* hasta que se caliente el pollo. Retire del fuego y sirva, acompañado por guisantes (*Petit Pois*) y arroz blanco cocido.

PAVO AGRIDULCE

A—1½ libra de sobrante de pavo horneado, cortado en trozos

B—1 taza de vinagre
  2 pimientos verdes (*Bell Peppers*), sin semillas, cortados en pedazos de alrededor de 1 pulgada

C—2 tomates, cortados cada uno en cuatro
  1 taza de azúcar negra (presionándola al medirla)
  ¼ taza de *Ketchup*
  ¼ cucharadita de sal

D—1 lata de 15¼ onzas de piña en trozos (*Pinneaple Chunks*)

E—1 lata de 10¾ onzas de caldo de pollo (*Chicken Broth*)
  2 cucharadas de maicena

1—En una olla, combine los ingredientes incluidos en B, tape y cueza a *fuego moderado* por *15 minutos*.

2—Agregue los ingredientes incluidos en C. Ponga el *fuego alto* hasta hervir, reduzca a *fuego moderado*, tape y cueza por *5 minutos*.

3—Escurra la lata de trozos de piña. Mida el líquido escurrido y complete con agua hasta medir 1⅓ taza. Vierta las piñas y el líquido en la olla.

4—Disuelva la maicena en parte del caldo de pollo. Combine con el resto del caldo y vierta en la olla. Mezcle a *fuego alto* hasta hervir.

5—Ponga el *fuego bajo*, añada los trozos de pavo y cueza, destapado, por *10 minutos.*

MAIZ A LA CREMA CON PASTA COCIDA

A—Pasta cocida (usando sobrante de recetas de *Espagueti, Macarrones,* etc.)

B—1 lata de 1 libra 1 onza de maíz a la crema (*Cream Style Corn*)
1 onza (2 cucharadas) de oleomargarina
¼ cucharadita de sal
½ cucharadita de azúcar

C—1 cucharada de maicena
½ taza de leche

D—5 lascas de queso suizo

1—Encienda el horno a *350°F., 10 minutos* antes de usarlo. Engrase con oleomargarina un molde de cristal para hornear, tamaño 8″ x 8″ x 2″.

2—Cubra el fondo del molde con la pasta cocida.

3—En una cacerola, combine los ingredientes incluidos en B. Aparte, diluya la maicena en la leche y agréguela a la cacerola. Ponga a *fuego moderado* y mezcle, con cuchara de madera, hasta que hierva. Retire del fuego y vierta sobre la pasta en el molde.

4—Cubra con las lascas de queso suizo.

5—Tape con papel de aluminio y hornée alrededor de *30 minutos,* o hasta que derrita el queso. Sirva caliente.

SALCHICHAS CON PAPAS Y HUEVOS

Papas cocidas, sobrantes de alguna receta
8 huevos duros, divididos en dos, a lo largo
3 latas de 5 onzas de salchichas, incluyendo su líquido y cortadas en dos (Vea Nota)
1 cucharada de *Sofrito* (Vea recetas en páginas 11–13)
1 lata de 10¾ onzas de sopa de tomate (*Tomato Soup*), sin diluir

1—En una cacerola, combine todos los ingredientes y caliente a *fuego moderado* hasta que hierva.

Nota: Puede substituir las salchichas por *"Hot Dogs"* hervidos, cortados en trocitos y añada ½ taza de agua.

PASTA EN SALSA DE SETAS

A—Pasta cocida (sobrante de alguna receta de *Espagueti, Macarrones*, etc.), suficiente para cubrir el fondo de un molde de cristal para hornear, tamaño 13″ x 9″ x 2″ (Vea Nota)

B—2 latas de 10¾ onzas de sopa de crema de setas (*Cream of Mushroom Soup*), sin diluir
¾ taza de leche

C—½ libra de queso de papa (*Cheddar*), rallado en tiritas
¼ taza de queso *Parmesano*

1—Encienda el horno a *350°F., 10 minutos* antes de usarlo. Engrase con oleomargarina un molde de cristal para hornear, tamaño 13″ x 9″ x 2″.

2—Cubra el fondo del molde con la pasta.

3—Mezcle bien la leche con la sopa de crema y viértala sobre la pasta.

4—Riéguele encima el queso de papa rallado.

5—Espolvoréelo con el queso *Parmesano*.

6—Tape el molde y hornée alrededor de ½ *hora,* o lo necesario para que la pasta caliente y el queso se derrita.

Nota: Si el sobrante es de menos cantidad de pasta, use molde cuadrado, tamaño 8″ x 8″ x 2″ y reduzca los ingredientes incluidos en B y C **a la mitad.**

BIEN-ME-SABE

A—1½ taza del almíbar que reservó de 2 latas de coco rallado en almíbar (Vea receta de *Dulce de Coco Dorado,* página 390)

B—6 yemas de huevo

C—Crema batida (*Whipped Topping*)

D—Plantillas (*Lady Fingers*), o tajadas finas de bizcocho

1—En una cacerola, desbarate las yemas. Agregue **lentamente** el almíbar, mezclando con cuchara de madera. Ponga la cacerola a *fuego moderado-alto* y mezcle **contínuamente** por *2 minutos.* Reduzca el fuego a *moderado* y continúe mezclando hasta que hierva. (Al salir la primera burbuja del hervor, retire **inmediatamente** la cacerola del fuego.)

2—Cuélelo y vierta en recipiente de cristal, o aporcelanado, sobre plantillas, o tajadas finas de bizcocho esponjoso. Deje enfriar.

3—Decore con la crema batida (*Whipped Topping*), en forma de cucuruchos, sobre el *Bien-Me-Sabe.* Coloque en la nevera y sirva frío.

V—NOTAS IMPORTANTES

1—Recomendamos incluir entre los menús de la familia, recetas alternadas de platos simples y livianos. Ofrecemos un grupo de recetas de este tipo de la página 20 a la 27.

2—Los vegetales frescos son de mucho valor alimenticio y deben consumirse para mantener una dieta balanceada.

3—Es importante que los vegetales figuren como parte de los menús cotidianos. De la página 27 a la 29 aparece información sobre los vegetales y como escogerlos frescos.

RECETAS SIMPLES Y LIVIANAS

FILETE DE PESCADO CON BROCCOLI

A—1 caja de 1 libra de filete de pescado (*Sole* o *Flounder Fillets*), congelado

B—1 caja de 10 onzas de brécol (*Broccoli*), congelado (Vea Nota)
½ taza de agua

C—2 cebollas medianas, cortadas en medias ruedas
6 granos de ajo, machacados
2 hojas de laurel

D—1 cucharada de jugo de limón verde, fresco
1 cucharadita de sal
⅛ de cucharadita de albahaca (*Sweet Basil*) (opcional)

1—Descongele el pescado parcialmente y córtelo por el medio, en dos pedazos. Separe las lonjas de filete. Remueva las espinas.

2—En una cacerola, combine el vegetal congelado y el agua incluidos en B. Ponga a *fuego alto* hasta hervir a borbotones. (En lo que toma punto de hervor, separe el brécol con las puntas de dos tenedores.) Tan pronto hierva a borbotones, retire la cacerola del fuego y escúrrala. Corte el brécol en pedacitos de alrededor de 1 pulgada y **resérvelo**.

3—Aparte, en una olla que tenga tapa firme y pesada, combine los ingredientes incluidos en C.

4—Añada las lonjas de filete de pescado. Riégueles por encima el jugo de limón, la sal y la albahaca.

5—Cubra con los pedacitos de brécol reservados, tape y cueza a *fuego moderado* por *5 minutos*. Reduzca el fuego a *bajo* y cueza alrededor de *20 minutos*, o hasta que el pescado desfleque fácilmente al pincharlo con las puntas de un tenedor.

Nota: Puede substituir el brécol por el vegetal de su preferencia, o usar vegetal fresco y ajustar su cocción de acuerdo.

PESCADO A LA VINAGRETA

A—1 caja de 1 libra de filete de pescado (*Sole* o *Flounder Fillets*), congelado

B—1 tomate grande o 2 medianos, cortados en ruedas

C—2 granos de ajo ⎫ finamente picados
    ¼ taza de cebolla ⎭
    ⅛ cucharadita de albahaca (*Sweet Basil*) (opcional)
    1 cucharadita de sal
    ½ cucharadita de aceite de oliva
    ½ cucharadita de vinagre

D—1 huevo duro ⎫
    4 aceitunas, rellenas con pimientos morrones ⎬ picaditos
    ¼ taza de vinagre ⎭

1—Descongele parcialmente el pescado y córtelo por el medio, en dos pedazos. Separe las lonjas de filete. Remueva las espinas.

2—Encienda el horno a *350°F., 10 minutos* antes de usarlo.

3—Cubra con las ruedas de tomate el fondo de un molde de cristal para hornear, tamaño 12" x 7½" x 2".

4—Coloque encima las lonjas de filete de pescado.

5—Mezcle bien los ingredientes incluidos en C y distribuya sobre el pescado.

6—Aparte, combine los ingredientes incluidos en D y riéguelos sobre el pescado.

7—Tape el molde con papel de aluminio y hornée alrededor de *30 minutos,* o hasta que el pescado desfleque fácilmente al pincharlo con las puntas de un tenedor. Sirva acompañado con su salsa.

FILETE DE PESCADO CON GUISANTES Y ZANAHORIAS

A—1 caja de 1 libra de filete de pescado (*Sole* o *Flounder Fillets*), congelado

B—1 caja de 10 onzas de guisantes y zanahorias (*Peas and Carrots*), congelados (Vea Nota)
½ taza de agua

C—1 pimiento verde, sin semillas ⎫
3 ajíes dulces, sin semillas ⎭ picaditos

D—1½ cucharadita de jugo de limón verde, fresco
1 cucharadita de sal
⅛ cucharadita de albahaca (*Sweet Basil*) (opcional)

E—1 lata de 14½ onzas de tomates al natural (*Whole Tomatoes*)

1—Descongele el pescado parcialmente y córtelo por el medio, en dos pedazos. Separe las lonjas de filete. Remueva las espinas.

2—Encienda el horno a *350°F., 10 minutos* antes de usarlo.

3—En una cacerola, combine el vegetal congelado con el agua incluido en B. Ponga a *fuego alto* hasta hervir a borbotones. (En lo que toma punto de hervor, separe los vegetales con las puntas de dos tenedores.) Tan pronto hierva a borbotones, retire la cacerola del fuego y escúrrala. **Reserve** los vegetales.

4—Distribuya el picadillo de pimiento y ají dulce en el fondo de un molde de cristal para hornear, tamaño 12″ x 7½″ x 2″.

5—Coloque encima las lonjas de filete de pescado. Riéguele el jugo de limón, la sal y la albahaca.

6—Cubra con los guisantes y zanahorias reservados.

7—Aparte, escurra la lata de tomates al natural. Mida ¼ taza del líquido escurrido y riéguelo sobre los vegetales.

8—Parta los tomates en dos y distribúyalos en el molde.

9—Hornée alrededor de *30 minutos,* o hasta que el pescado desfleque fácilmente al pincharlo con las puntas de un tenedor.

Nota: Puede substituir los guisantes y zanahorias por el vegetal congelado de su preferencia, o usar vegetal fresco y ajustar su cocción de acuerdo.

FILETE DE PESCADO CON COLIFLOR

A—1 caja de 1 libra de filete de pescado (*Sole* o *Flounder Fillets*), congelado

B—**Adobo:**
   2 granos de ajo
   ⅛ cucharadita de albahaca
   (*Sweet Basil*)   muela
   ½ cucharadita de sal   y mezcle
   1 cucharadita de jugo de limón   en el mortero
   verde, fresco

C—1 caja de 10 onzas de coliflor (*Cauliflower*), congelada
   (Vea Nota)
   ½ taza de agua
   ¼ cucharadita de sal

D—2 cucharadas de *Sofrito* (Vea recetas en páginas 11–13)
   1 lata de 8 onzas de salsa de tomate

1—Descongele el pescado parcialmente y córtelo por el medio, en dos pedazos. Separe las lonjas de filete. Remueva y descarte las espinas. Adobe el pescado.

2—Encienda el horno a *350°F., 10 minutos* antes de usarlo.

3—En una cacerola, combine los ingredientes incluidos en C y ponga el *fuego alto* hasta hervir a borbotones. (En lo que toma punto de hervor, vaya separando con dos tenedores los repollitos de coliflor.) Tan pronto hierva a borbotones, ponga el *fuego bajo*, tape y cueza por *5 minutos.* En seguida, retire del fuego y escurra la cacerola. Corte los repollitos de coliflor en pedacitos y **resérvelos.**

4—En un tazón, combine el *Sofrito* con la salsa de tomate. Vierta ¼ taza en el fondo de un molde de cristal para hornear, tamaño 12″ x 7½″ x 2″.

5—Coloque encima los filetes de pescado. Distribuya sobre estos los pedacitos de coliflor y cubra con el resto del contenido del tazón. Tape con papel de aluminio y hornée alrededor de *20 a 30 minutos,* o hasta que el pescado desfleque fácilmente al pincharlo con las puntas de un tenedor.

Nota: Puede substituir la coliflor por el vegetal congelado de su preferencia, o usar vegetal fresco y ajustar su cocción de acuerdo.

PRESAS DE POLLO EN CHINA

A—2 libras de presas de pollo, pequeñas

B—1 libra de zanahorias y papas (alrededor de 2 zanahorias y 2 papas)

C—½ taza de jugo de china
½ cucharadita de sal
1 cucharada de miel de abeja, o 1 cucharadita de azúcar

1—Remueva y descarte el pellejo y el exceso de grasa de las presas de pollo. Péselas, lávelas y séquelas. Adóbelas según *Tabla para Adobar Pollo*, página 8. (A su gusto, puede omitir o reducir cualquier ingrediente del *Adobo.*)

2—En un caldero mediano, coloque las presas de pollo adobadas.

3—Raspe las zanahorias, lávelas y divídalas en tres pedazos. Corte cada pedazo en lonjas finas. Monde las papas, lávelas y córtelas en ruedas finas. Distribuya las zanahorias y las papas sobre las presas de pollo.

4—En una taza, combine y mezcle bien los ingredientes incluidos en C. Vierta sobre el contenido del caldero.

5—Tape el caldero y cueza a *fuego moderado* por *5 minutos.* Reduzca el fuego a *bajo* y cueza por *1 hora.*

POLLO CON VEGETALES MIXTOS

A—1½ libra de presas de pollo, pequeñas

B—½ libra de cebollas ⎫ picados
    4 granos de ajo ⎭
    2 cucharadas de *Sofrito* (Vea recetas en páginas 11–13)
    2 hojas de laurel

C—1 caja de 10 onzas de vegetales mixtos (*Mixed Vegetables*), congelados (Vea Nota)

D—¼ cucharadita de sal de ajo

1—Remueva y descarte el pellejo y el exceso de grasa de las presas de pollo. Péselas, lávelas y séquelas. Adóbelas según *Tabla para Adobar Pollo,* página 8. (A su gusto, puede omitir o reducir cualquier ingrediente del *Adobo.*)

2—En una olla que tenga tapa firme y pesada, distribuya los ingredientes incluidos en B.

3—Coloque encima las presas de pollo adobadas.

4—Saque la caja de vegetales mixtos del congelador y tan pronto pueda, separe los vegetales y viértalos encima de las presas de pollo. Riéguele la sal de ajo.

5—Tape la olla, ponga el *fuego moderado* y cueza por *5 minutos.* Reduzca el fuego a *bajo* y cueza por *45 minutos.*

Nota: Puede substituir los vegetales mixtos por el vegetal congelado de su preferencia, o usar vegetal fresco y ajustar la cocción de acuerdo.

POLLO CON COLIFLOR

A—1½ libra de presas de pollo, pequeñas

B—½ libra de cebolla, mondada y cortada en medias ruedas
2 hojas de laurel

C—1 caja de 10 onzas de coliflor (*Cauliflower*), congelada
(Vea Nota)

D—¼ cucharadita de sal de ajo

1—Remueva y descarte el pellejo y el exceso de grasa de
las presas de pollo. Péselas, lávelas y séquelas. Adóbelas
según *Tabla para Adobar Pollo*, página 8. (A su gusto,
puede omitir o reducir cualquier ingrediente del *Adobo*.)

2—Distribuya las medias ruedas de cebolla en el fondo de
una olla que tenga tapa firme y pesada. Agregue las hojas
de laurel.

3—Coloque encima las presas de pollo adobadas.

4—Saque la caja de coliflor del congelador. Tan pronto pueda
separar los repollitos de coliflor, córtelos por la mitad, a
lo largo. Enseguida, agréguelos a la olla.

5—Riéguelos con la sal de ajo.

6—Tape la olla y cueza a *fuego moderado* por *5 minutos.*
Reduzca el fuego a *bajo* y cueza por *45 minutos.*

Nota: Puede substituir la coliflor por el vegetal congelado de su preferencia,
o usar vegetal fresco y ajustar su cocción de acuerdo.

HIGADOS DE POLLO CON AJO

A—1 libra de hígados de pollo, pesados limpios de pellejos
1 cucharadita de jugo de limón verde, fresco

B—1 libra de cebollas, mondadas y picadas en pedazos
3 granos de ajo, picaditos

1 cucharadita de sal
¼ cucharadita de orégano seco

1—Riegue los hígados con el jugo de limón y mézclelos con las manos. Cúbralos con agua, lávelos y escúrralos bien.

2—En una olla que tenga tapa firme y pesada, coloque las cebollas y los ajos. Añada los hígados y riégueles por encima la sal y el orégano.

3—Tape la olla y cueza a *fuego moderado* por *5 minutos.* Reduzca el fuego a *bajo* y cueza alrededor de *15 minutos,* o hasta que estén cocidos los hígados.

ALBONDIGAS GUISADAS

1 cucharada de aceite vegetal
4 cucharadas de *Sofrito* (Vea recetas en páginas 11–13)
3 aceitunas, rellenas con pimientos morrones
1 cucharadita de alcaparras
1 lata de 8 onzas de salsa de tomate
12 *Albóndigas Básicas* (Vea receta en página 117)
1¾ taza de agua
½ cucharadita de sal

1—En una olla que tenga tapa firme y pesada, combine todos los ingredientes. Ponga el *fuego moderado-alto* hasta hervir.

2—Reduzca el fuego a *moderado,* tape y cueza por *30 minutos.*

VEGETALES Y SU IMPORTANCIA

La palabra vegetal se deriva de una palabra latina que significa dar vida, animar, lo que concuerda precisamente con lo que hoy bien sabemos, que una dieta rica en vegetales nos hará vivir más y mejor. Los vegetales son riquísimos en vitaminas y minerales, indispensables para el funcionamiento óptimo de nuestro cuerpo.

Vegetal	Escoger
Ajos	Cabezas firmes y gordas con granos grandes y blancos. Los de cáscara blanca tienen un sabor más intenso que los de cáscara rosada. El grano de color amarillento está viejo y será amargo. No saque los granos de ajo de la cabeza. Separe solo los que necesita. La cabeza de ajos entera dura mas.
Apio	Este tubérculo no es de forma uniforme. Debe escogerlo con la cáscara sin cortaduras.
Apio americano (*Celery*)	Los tallos deben ser firmes, con puntas que no sean marrones, oscuras ni porosas. Las hojas deberán verse verdes y frescas.
Batatas	Con la cáscara lisa, sin cortaduras, preferiblemente pequeñas o medianas.
Berenjena	Con la cáscara lisa, brillosa y firme. Debe sentirla pesada para su tamaño.
Calabaza	Deben sentirse firmes y pesadas para su tamaño. La cáscara debe de estar libre de golpes. Cómprela cortada y escoja las de color amarillo profundo, con la pulpa ancha, que al presionarla no se sienta aguachosa.
Cebolla	Con cáscara seca y brillosa, que parezca papel. Deben sentirse firmes, sin partes blandas.
Chayote	Escoja chayotes que la cáscara no esté arrugada.
Coliflor	Escójalas blancas, sin manchas oscuras y con hojas verdes. (Existe una variedad violeta que es el cruce entre una coliflor blanca y brécol (*Broccoli*).
Col	Deben estar firmes, sentirse pesadas y sólidas y con hojas frescas y sin golpes.
Guingambó	Escójalos pequeños, de alrededor de 3 pulgadas de largo y de color brillante.
Habichuelas secas	Escójalas libres de arrugas.
Habichuelas tiernas	Escoja aquellas habichuelas que se puedan doblar, suaves y con color fuerte. Descarte las que sean demasiado blandas, ásperas o duras.
Maíz	Inspeccione las puntas de la mazorca que conecta con el tallo. Esta debe estar húmeda, cerrada y de un color verde pálido. La mazorca debe sentirse apretada y la madeja algo sedosa.
Papas	Las papas deben sentirse duras al tacto. La cáscara debe ser de color uniforme y no deben tener retoños. (Si tuviera que usar papas con retoños, remuévalos y descartelos pues son dañinos.

Vegetal	Escoger
Pepinillo	Su cáscara debe ser lisa, brillosa y verde y se sentirán firmes. Escójalos medianos, de 6″ a 7″, y de 1¾″ de diámetro.
Pimientos verdes	Escójalos pesados para su tamaño, con la piel brillosa y firme.
Plátanos	Dependiendo del uso que vaya a darle, puede escogerlos verdes, amarillos o negruscos. Se recomienda comprarlos verdes y dejarlos madurar en lugar fresco y aereado.
Tomates	Escójalos de color rojo brilliante y firme al tacto.
Yautías	Debe escoger las yautías que no tengan cortaduras. Mientras más uniformes, más se facilita el mondarlas. Hay yautía blanca, la más común, y amarilla que es más dura.
Zanahorias	Cómprelas pequeñas para que su centro, que no es dulce, no sea grande. Si las compra en bolsas, procure que sus tallos tengan rastros de verde, pues serán más dulces que las que las que tienen tallos secos y aplastados.

CONSEJOS UTILES

Camarones

Método para remover el carapacho y la vena.

Con una tijera de cocina, déles un corte a todo lo largo de la parte superior del carapacho del camarón. Remueva y descarte el carapacho. Con un cuchillo afilado, déle un corte un poco profundo a todo lo largo del centro de la parte superior del camarón. Remueva y descarte la vena fina que corre de un extremo al otro del camarón.

Perejil

Procedimiento para usar perejil fresco en las recetas.

Remueva las ramas del perejil, dejando solamente las hojas. Vierta las hojas en un colador y lávelas bajo la pluma del agua. Séquelas bien con papel absorbente. Píquelas minudito y use la cantidad requerida en la receta.

Recetas

Rápidas

Recetas Rápidas

Las recetas rápidas que incluímos a continuación son muy útiles, especialmente cuando se dispone de poco tiempo, por su sencilla confección.

Recomendamos el uso del *Adobo* y del *Sofrito* mencionados en nuestras recetas, que son preparados en el hogar. Sin embargo, debido a las exigencias de la vida moderna, comprendemos que puedan substituirlas por *Adobos* y *Sofritos* de confección industrial.

POLLO CON ZANAHORIAS Y GUISANTES

A—1 libra de pechugas de pollo, limpias del exceso de grasa
    1 cebolla, picadita
    2 cucharadas de *Sofrito* (Vea recetas en páginas 11–13)
    1 caja de 10½ onzas de zanahorias (*Carrots*), congeladas
    1½ cucharadita de sal
    ½ taza de vino blanco

B—1 lata de 8 onzas de guisantes (*Petit-Pois*), escurrida

1—Distribuya la cebolla en el fondo de una olla que tenga tapa firme y pasada. Agregue el *Sofrito* y coloque encima las presas de pollo, lavadas y escurridas.

2—Coloque sobre el pollo las zanahorias congeladas. Riégueles por encima la sal y vino. Tape y cueza a *fuego moderado* por *5 minutos*. Reduzca el fuego a *bajo* y cueza por *1 hora*, o hasta que se cueza el pollo y los vegetales.

3—Añada los guisantes, cueza hasta calentarse y sirva.

POLLO CON SETAS

A—1 pollo en presas, adobado (Vea *Tabla para Adobar Pollo*, página 8)

B—1 lata de sopa de crema de pollo (*Cream of Chicken Soup*), sin diluir

1 lata de 4 onzas de setas (*Mushrooms*), escurridas y picadas

¼ cucharadita de polvo Curry (*Curry Powder*)

1—Encienda el horno a 350°F., *10 minutos* antes de usarlo.

2—Coloque las presas de pollo en un molde de cristal para hornear rectangular y cubra con papel de aluminio.

3—Hornée durante *45 minutos*. Retire el molde del horno.

4—Combine los ingredientes incluidos en B y cubra el pollo con la salsa.

5—Hornée por *15 minutos*. Sirva caliente.

POLLO CON COLES DE BRUSELAS

A—2½ libras de presas de pollo

B—1 cebolla mediana, cortada en ruedas finas

1 lata de 14½ onzas de tomates guisados (*Stewed Tomatoes*)

1 cucharadita de azúcar (opcional)

C—1 caja de 10 onzas de coles de Bruselas (*Brussels Sprouts*), congeladas

½ cucharadita de sal

1—Remueva y descarte el exceso de grasa de las presas de pollo. Pese las presas de pollo, lávelas y séquelas. Adóbelas de acuerdo con la *Tabla para Adobar Pollo* que aparece en la página 8.

2—En el fondo de un caldero, distribuya las ruedas de cebollas. Coloque sobre éstas las presas de pollo y viértales por encima el contenido de la lata de tomates y la cucharadita de azúcar. Ponga el *fuego alto* hasta hervir, tape, reduzca el fuego a *moderado* y cueza por *30 minutos*.

3—Agregue las coles de Bruselas congeladas y riégueles por encima la sal. Ponga el *fuego alto* hasta hervir. Reduzca el fuego a *moderado*, tape y cueza por *30 minutos.*

POLLO CAN-CAN

A—2½ libras de pollo
  Adobo: 2 granos de ajo
       3 granos de pimienta   muela y
       ½ cucharadita de orégano seco   mezcle
       2 cucharaditas de sal   en el
       ½ cucharadita de aceite de oliva   mortero
       1 cucharadita de vinagre

B—2 cebollas medianas, cortadas en ruedas finas

C—1 sobre de mezcla para sopa de cebolla (*Onion Soup Mix*)
  ½ taza de piña en trocitos (*Pineapple Chunks*)
  4 cucharadas de aderezo francés (*French Dressing*)

1—Encienda el horno a *350°F.*, *10 minutos* antes de usarlo. Remueva y descarte el exceso de grasa y el pellejo de las presas de pollo. Lávelas, séquelas y adóbelas.

2—Cubra el fondo de un molde de cristal para hornear, tamaño 13″ x 9″ x 2″, con las ruedas de cebolla. Coloque las presas de pollo sobre las ruedas de cebolla.

3—En un tazón pequeño, vierta el contenido del sobre de mezcla para sopa de cebolla y desborónelo bien. Agregue la piña en trocitos y el aderezo francés y mezcle. Distribúyalo sobre las presas de pollo. Cubra el molde con papel de aluminio y hornée por *1 hora.*

POLLO CON SALSA BARBACOA

A—8 presas de pollo, limpias de grasa, lavadas y adobadas

B—½ onza (1 cucharada) de oleomargarina
  1 cebolla mediana   picaditos
  3 granos de ajo

C—½ cucharadita de sal
　½ cucharadita de mostaza
　1½ cucharadita de melao
　¼ taza de azúcar negra, presionada al medirla
　¼ taza de agua
　1 taza de salsa de barbacoa (*Barbecue Sauce*)

1—Encienda el horno a *350°F*. En un molde de cristal para hornear, tamaño 12″ x 7½″ x 2″, hornée el pollo, *destapado*, durante *30 minutos*.

2—Mientras se hornéa el pollo, prepare la siguiente salsa: En una sartén, sofría a *fuego bajo* los ingredientes incluidos en B. Aparte, combine en el orden que se dan, los ingredientes incluidos en C y añádalos a la sartén. Mientras se hornea el pollo, mezcle **ocasionalmente** la salsa a *fuego bajo* por *10 minutos*.

3—Tan pronto se hornée el pollo, saque las presas del molde y descarte el líquido rendido. Remueva y descarte el pellejo de las presas de pollo, colóquelas de nuevo en el molde y cúbralas con la salsa. Tape con papel de aluminio y hornée por *30 minutos*.

CASSEROLE DE POLLO O PAVO ENLATADO

A—1 taza de leche
　8 galletas de soda

B—2 latas de 5 onzas de pollo o de pavo deshuesado (*Boned Chicken* o *Boned Turkey*)
　2 onzas (4 cucharadas) de mantequilla (a temperatura ambiente)
　¼ cucharadita de polvo *Curry* (*Curry Powder*)
　½ cucharadita de sal

C—4 huevos

1—Encienda el horno a *350°F.*, *10 minutos* antes de usarlo. Engrase un molde redondo de cristal para hornear, tamaño 8½ pulgadas de diámetro por 3 pulgadas de alto.

2—En un recipiente, vierta la leche y desborónele encima las galletas, rompiéndolas con las manos, para que caigan en pedazos. Empújelas hacia abajo para que se empapen bien con la leche.

3—En un tazón, vierta el pollo o pavo, incluyendo su líquido, y desmenúcelo bien.

4—Añada al tazón el resto de los ingredientes incluidos en B. Agregue al tazón las galletas y la leche en que se remojaron. Mezcle bien.

5—Aparte, bata los huevos y *"envuélvalos"* en la mezcla. Vierta en el molde y hornée alrededor de *40 minutos,* o lo necesario hasta que al introducir un palillo en el centro, salga seco.

POLLO CON VEGETALES

A—2 libras de presas de pollo
 1 cebolla, picadita
 2 cucharadas de *Sofrito* (Vea recetas en páginas 11–13)
 2 hojas de laurel
 1½ cucharadita de sal

B—1 caja de 10½ onzas de vegetales mixtos (*Mixed Vegetables*), congelados
 ½ cucharadita de sal
 ½ taza de vino blanco

1—Ponga en el fondo de una olla que tenga tapa firme y pesada, la cebolla, el *Sofrito* y las hojas de laurel. Coloque encima las presas de pollo, limpias de grasa, lavadas y escurridas. Riéguelas con la sal incluida en A.

2—Sobre las presas de pollo, coloque los vegetales mixtos congelados. Riegue la sal incluida en B y vierta encima el vino. Tape, ponga el *fuego moderado* y cueza por 45 minutos.

POLLO CON HABICHUELAS TIERNAS

2 libras de presas de pollo, limpias del exceso de grasa y lavadas
2 cebollas grandes, cortadas en ruedas

2 granos de ajo, machacados
½ cucharadita de orégano seco
3 hojas de laurel
1 caja de 10½ onzas de habichuelas tiernas, congeladas
2 cucharaditas de sal
1 lata de 10¾ onzas de sopa de tomate *Bisque* (*Tomato Bisque Soup*), sin diluir

1—En una olla que tenga tapa firme y pesada, coloque las ruedas de cebolla. Cubra con las presas de pollo. Distribuya encima el resto de los ingredientes.

2—Tape la olla y cueza a *fuego moderado* por *45 minutos.*

3—Saque el pollo, deshuéselo y vierta la carne en la olla. Mezcle todo y deje dar un hervor.

POLLO CON CREMA DE SETAS

A—1 pollo grande, lavado y limpio o 2½ libras de presas de pollo

B—1 sobre de mezcla para sopa de cebolla (*Onion Soup Mix*)
1 taza de vino dulce
1 lata de 10¾ onzas de sopa de setas (*Cream of Mushroom Soup*), sin diluir

1—Encienda el horno a *350°F., 10 minutos* antes de usarlo.

2—Coloque el pollo entero o las presas en un recipiente de cristal para hornear, tamaño 12″ × 7½″ × 2″.

3—En un tazón, desborone bien el contenido del sobre de mezcla para sopa de cebolla. Viértale el vino y mezcle. Añada la sopa de setas y mezcle.

4—Vierta sobre el pollo lo mezclado y tape el molde con papel de aluminio.

5—Hornée alrededor de *1 hora,* o lo necesario hasta quedar cocido el pollo.

TERNERA NAPOLITANA

A—1 libra de ternera, cortada en tajadas finas
   3 granos de ajo
   ¼ cucharadita de orégano seco
   1 cucharadita de sal

B—2 cucharadas de aceite de oliva
   ½ libra de cebollas, cortadas en medias ruedas

C—¾ taza de salsa de tomate
   1 taza de vino tinto italiano

D—⅓ taza de queso *Parmesano*, rallado

1—En un mortero, muela y mezcle el ajo, orégano seco y la sal. Adobe la carne.

2—En una sartén grande, caliente el aceite de oliva. Añada las tajadas de ternera que quepan y póngalas a *fuego moderado-alto* por **un segundo,** únicamente hasta que pierdan el color de carne cruda por ambos lados. Sáquelas de la sartén y repita lo anterior con el resto de la carne.

3—En seguida, reduzca el fuego a *moderado,* agregue la cebolla y colóquele encima las tajadas de carne. Cueza por *5 minutos.*

4—Añada la salsa de tomate y el vino. Ponga el *fuego alto* hasta hervir y reduzca el fuego a *moderado.* Tape y cueza por *10 minutos.*

5—Reduzca el fuego a *bajo* y cueza por *10 minutos.*

6—Agregue el queso, mezcle y cueza, destapado, a *fuego moderado,* alrededor de *5 minutos,* o hasta que la salsa espese a su gusto.

TERNERA PARISIENNE

A—1 libra de ternera, cortada en tajadas finas

B—1 onza (2 cucharadas) de mantequilla

C—¼ taza de harina de trigo
1 cucharadita de sal
¼ taza de queso *Parmesano,* rallado

D—½ taza de leche

E—1 lata de 10¾ onzas de sopa de crema de setas (*Cream of Mushroom Soup*), sin diluir
6 cucharadas de leche
2 cucharadas de queso *Parmesano,* rallado
¼ cucharadita de orégano seco
1 cucharada de licor *Grand Marnier* (opcional)

1—Encienda el horno a *350°F., 10 minutos* antes de usarlo.

2—Derrita la mantequilla y viértala para cubrir el fondo de un molde de cristal para hornear, tamaño 13″ x 9″ x 2″.

3—Sobre un papel encerado, mezcle los ingredientes incluidos en C y **resérvelos.**

4—Vierta la ½ taza de leche en un plato hondo. Pase, **una por una,** las tajadas de ternera por la leche.

5—En seguida, *"envuélvalas"* hasta quedar cubiertas con los ingredientes reservados en el papel y colóquelas en el molde.

6—Combine los ingredientes incluidos en E, vierta sobre la carne, tape y hornée por *20 minutos.*

7—Destape el molde y hornée por *10 minutos.*

CHULETAS "FACILITA"

6 chuletas de cerdo, corte del centro (*Center Cut*)
1 sobre de 1⅜ onza de mezcla para sopa de cebolla (*Onion Soup Mix*)
6 cucharadas de un frasco de aderezo francés (*French Dressing*)

1—Encienda el horno a *350°F., 10 minutos* antes de usarlo.

2—Lave y seque las chuletas. Remueva y descarte la grasa que las rodea.

3—Coloque las chuletas en el fondo de un molde de cristal para hornear, tamaño 13″ x 9″ x 2″.

4—En un tazón, vierta el contenido del sobre de mezcla para sopa de cebolla. Mezcle y desbarate los grumos. Distribúyala sobre las chuletas.

5—Riegue sobre cada chuleta una cucharada de aderezo francés, **medida rasa.**

6—Cubra el molde con papel de aluminio y hornée por *1 hora.*

CARNE EN SALSA DE VINO ESPUMOSO

A—1 libra de tajadas de filete, o de lomillo
   Adobo:
   2 granos de pimienta
   1 grano de ajo
   ½ cucharadita de orégano seco   muela
   1¼ cucharadita de sal   y
   ½ cucharadita de aceite de oliva   mezcle
   1 cucharadita de vinagre   en el mortero

B—2 cucharadas de aceite de oliva
   1 frasco de 2 onzas de setas (*Mushrooms*), escurrido
   1 cebolla grande
   2 granos de ajo, grandes   picados

C—1½ taza de vino espumoso
   1 cucharada de maicena

1—Machaque las tajadas de carne, para ponerlas más finas, y adóbelas.

2—Vierta en una sartén el aceite de oliva incluido en B. Sofría por *10 minutos, a fuego bajo,* las setas escurridas, la cebolla y los ajos picados.

3—Saque y escurra de la sartén las setas, la cebolla y los ajos picados. **Resérvelos.**

4—Agregue a la sartén las tajadas de carne, ponga el *fuego moderado-alto* y fríalas **únicamente** hasta que pierdan el color rojizo.

5—En seguida, ponga el *fuego moderado* y añada 1 taza del vino espumoso. Diluya la maicena en la ½ taza del vino restante y añádala. Agregue las setas, cebolla y ajos reservados. Mezcle todo y cueza por *8 minutos.*

SALCHICHAS A LA CREMA

A—6 huevos duros, picaditos

B—2 onzas (4 cucharadas) de mantequilla u oleomargarina
¼ taza de harina de trigo
½ cucharadita de sal
⅛ cucharadita de polvo de pimienta blanca
½ cucharadita de polvo de nuez moscada
2 latas de 5 onzas de salchichas, escurridas y cortadas cada salchicha en 3 pedazos
1 lata de 8 onzas de remolacha en trocitos (*Diced Beets*), escurrida

C—2 tazas de leche

D—1 cucharada de polvo de pan o de galleta
1 onza (2 cucharadas) de mantequilla u oleomargarina, cortada en trocitos

1—Encienda el horno a *350°F., 10 minutos* antes de usarlo.

2—En una cacerola, derrita la mantequilla a *fuego bajo.* Agregue el resto de los ingredientes en B y mezcle, con cuchara de madera, por *2 minutos.*

3—Añada la leche y mezcle **contínuamente** a *fuego moderado-alto* por *5 minutos.* Reduzca el fuego a *moderado,* mezclando hasta que hierva. Agregue los huevos y mezcle.

4—Engrase un molde redondo de cristal para hornear, tamaño 2 cuartillos (2 qts.). Vierta la mezcla en el molde, riéguele el polvo de pan o de galleta y distribúyale por encima los trocitos de mantequilla u oleomargarina.

5—Hornée por *10 minutos.*

"CORNED BEEF" CON HABICHUELAS DULCES
(BAKED BEANS)

A—1 cucharada de manteca u oleomargarina
1 cebolla pequeña, picada

B—1 lata de 12 onzas de *Corned Beef*
1 lata de 15 onzas de habichuelas dulces (*Baked Beans*)

1—En un caldero pequeño, derrita la grasa y amortigüe la cebolla a *fuego bajo.*

2—Añada los ingredientes incluidos en B, mezcle **ocasionalmente,** a *fuego moderado,* hasta hervir.

"CORNED BEEF" CON PAPITAS

A—2 onzas (4 cucharadas) de mantequilla u oleomargarina
2 cebollas, picaditas
1 cucharada de *Sofrito* (Vea recetas en páginas 11–13)
1 libra de papas, mondadas y cortadas en pedacitos

B—1 lata de 8 onzas de salsa de tomate
½ cucharadita de azúcar (opcional)
1 lata de 12 onzas de *Corned Beef*

1—En una sartén, derrita la mantequilla, añada el resto de los ingredientes incluidos en A y mezcle. Tape y cueza a *fuego moderado* por *15 minutos.*

2—Destape y revuelva **ocasionalmente** hasta que las papas estén cocidas.

3—Agregue los ingredientes incluidos en B, mezcle y cueza, destapado, por 5 *minutos.*

FILETE DE JAMON

(Ham Steak)

A—2 lonjas de filete de jamón (*Ham Steak*) de ½ pulgada de espesor

B—1 lata de 14½ onzas de ruedas de piña (*Sliced Pineapple*)

C—1½ taza de azúcar negra (presionándola al medirla) (Si usa azúcar en caja, añada 1 cucharadita de melao)

D—8 cerezas marrasquinas (*Maraschino Cherries*)

1—Encienda el horno a *400°F., 10 minutos* antes de usarlo.

2—Remueva y descarte el exceso de grasa de las orillas de los filetes, para evitar que se enrosquen.

3—Coloque los filetes de jamón en molde rectangular de cristal para hornear, tamaño 13″ x 9″ x 2″.

4—Escurra la lata de ruedas de piña. Vierta el sirop sobre los filetes de jamón y **reserve** las ruedas de piña.

5—Riegue con el azúcar negra. (**Reserve** un poco para regar sobre las piñas.)

6—Adereze con las ruedas de piña y cerezas. Riégueles con el azúcar negra reservada.

7—Hornée por *15 minutos.*

8—Sirva caliente o frío, acompañado por la salsa.

PESCADO AL HORNO

A—1 libra de filete de pescado, fresco, o 1 caja de 1 libra de filete de pescado congelado (*Sole* o *Flounder Fillets*)

B—½ cucharadita de sal
Pizca de polvo de pimienta blanca
1 cucharada de jugo de limón verde, fresco

C—2 onzas (¼ taza) de oleomargarina, derretida
2 cucharaditas de perejil, lavado, escurrido y picado

1—Encienda el horno a *400°F., 10 minutos* antes de usarlo. Engrase con oleomargarina un molde llano de cristal para hornear.

2—Divida el filete de pescado en lonjas y remuévales las espinas. (Si usa el filete de pescado congelado, descongélelo parcialmente. Separe las lonjas y remuévales las espinas.)

3—Cubra el fondo del molde con las lonjas de pescado. Espolvorée con la sal y el polvo de pimienta. Riegue el jugo de limón sobre las lonjas de pescado.

4—Combine el perejil picado con la oleomargarina derretida. Riéguelo sobre las lonjas de pescado.

5—Tape el molde con papel de aluminio y hornée alrededor de *20 minutos,* o hasta que el pescado desfleque fácilmente al pincharlo con las puntas de un tenedor.

PESCADO CARNAVAL

A—1 libra de filete de pescado fresco, limpio de pellejos, o 1 caja de 1 libra de filete de pescado congelado (Sole o Flounder Fillets)

B—1 caja de 10 onzas de vegetales mixtos congelados (*Mixed Vegetables*), descongelados antes de usarse (Vea Nota)

C—1 onza (2 cucharadas) de mantequilla
½ taza de cebolla, picadita

D—½ cucharadita de sal
2 hojas de laurel

E—1 lata de 10¾ onzas de sopa de crema de setas (*Cream of Mushroom Soup*), sin diluir

1—Encienda el horno a *400°F., 10 minutos* antes de usarlo.

2—Divida el filete de pescado en lonjas y remuévales las espinas. (Si usa filete de pescado congelado, descongélelo parcialmente. Separe las lonjas de filete y remuévale las espinas.)

3—En una sartén pequeña, derrita la mantequilla. Agregue las cebollas y amortígüelas a fuego bajo. Distribúyalas en el fondo de un molde rectangular de cristal para hornear.

4—Cubra las cebollas con las lonjas de pescado. Espolvoréelas con la sal y agregue las hojas de laurel.

5—Vierta encima los vegetales y cúbralos con la crema de setas.

6—Hornée, destapado, alrededor de 20 minutos, o hasta que el pescado desfleque fácilmente al pincharlo con las puntas de un tenedor y se cuezan los vegetales.

Nota: Puede substituir los vegetales mixtos por el vegetal de su preferencia. El vegetal congelado puede substituirlo por vegetal fresco y ajustar el tiempo de cocción de acuerdo.

PESCADO CAPRI

A—1 libra de filete de pescado fresco, limpio de pellejos o 1 caja de 1 libra de filete de pescado congelado (*Sole* o *Flounder Fillets*)

B—½ cucharadita de sal de ajo
½ cucharadita de orégano seco

C—1 frasco de 1 libra de salsa para espagueti (*Spaghetti Sauce*)
4 cucharadas de queso *Parmesano,* rallado

D—¼ taza de queso *Parmesano,* rallado (para espolvorear)

1—Divida el filete de pescado en lonjas y remuévales las espinas. (Si usa filete de pescado congelado, descongélelo parcialmente. Separe las lonjas y remuévales las espinas.)

2—Encienda el horno a *400°F., 10 minutos* antes de usarlo. Engrase **ligeramente** un molde rectangular de cristal para hornear.

3—Coloque las lonjas de pescado para cubrir el fondo del molde. Riégueles encima la sal y el orégano seco.

4—Mezcle la salsa para espagueti con el queso *Parmesano* incluido en C y vierta sobre el pescado.

5—Hornée, destapado, alrededor de 20 minutos, o hasta que el pescado desfleque fácilmente al pincharlo con las puntas de un tenedor.

6—Sirva caliente, espolvoreando con el queso *Parmesano* incluido en D.

PESCADO CON CAMARONES

A—1 caja de 1 libra de filete de pescado, congelado

B—1 lata de 10¾ onzas de sopa de crema de camarones (*Cream of Shrimp Soup*), sin diluir
¼ taza de queso *Parmesano*, rallado
1 lata de 4¼ onzas de camarones medianos, escurrida

1—Descongéle el pescado *parcialmente*. Separe las lonjas y remuévales las espinas. Encienda el horno a *400°F., 10 minutos* antes de usarlo. Engrase un molde rectangular de cristal para hornear.

2—Distribuya el pescado en el fondo del molde. Para quitarle un poco de sal a los camarones, escúrralos en un colador y dele al colador, *rápidamente,* un movimiento circular bajo agua corriente. Escurra y mezcle los camarones con el resto de los ingredientes incluidos en B y vierta sobre el pescado.

3—Hornée, destapado, alrededor de *20 minutos,* o hasta que el pescado desfleque fácilmente al pincharlo con las puntas de un tenedor.

PESCADO ROYALE

A—1 libra de filete de pescado, fresco, limpio de pellejos, o
1 caja de 1 libra de filete de pescado congelado (*Sole*
o *Flounder Fillets*)

B—Pizca de polvo de pimienta blanca
½ onza (1 cucharada) de mantequilla, cortada en trocitos
1 lata de 10¾ onzas de sopa de crema de espárragos
(*Cream of Asparagus Soup*), sin diluir
¼ taza de queso *Parmesano*, rallado

1—Encienda el horno a *400° F., 10 minutos* antes de usarlo.
Engrase un molde rectangular de cristal para hornear.

2—Divida el filete de pescado en lonjas y remuévales las espinas. (Si usa filete de pescado congelado, descongélelo parcialmente. Separe las lonjas y remuévales las espinas.)

3—Cubra el fondo del molde con las lonjas de pescado. Espolvorée **ligeramente** con el polvo de pimienta. Distribuya
sobre las lonjas de pescado los trocitos de mantequilla,
cúbralas con la sopa de crema de espárragos, previamente
mezclada con el queso rallado.

4—Hornée, destapado, alrededor de 20 minutos, o hasta que
el pescado desfleque fácilmente al pincharlo con las puntas
de un tenedor.

FILETE DE PESCADO CON VEGETALES MIXTOS

A—1 libra de filete de pescado (*Sole* o *Flounder*), congelado

B—1 libra de cebollas, cortadas en ruedas
1 cucharadita de sal
2 cucharadas de *Sofrito* (Vea recetas en páginas 11–13)
2 granos de ajo, machacados
2 hojas de laurel

1 caja de 10 onzas de vegetales mixtos congelados (*Mixed Vegetables*), descongelados antes de usarse

1 lata de 10¾ onzas de sopa de crema de camarones (*Cream of Shrimp Soup*), sin diluir

1—Descongele el pescado parcialmente. Separe las lonjas y remuévales las espinas.

2—En una olla que tenga tapa firme y pesada, coloque las cebollas y sobre éstas distribuya las lonjas de pescado y el resto de los ingredientes incluidos en B. Tape la olla, ponga el *fuego moderado* y cueza alrededor de *20 minutos*, o hasta que se cuezan los vegetales y el pescado desfleque fácilmente al pincharlo con un tenedor.

CAMARONES "A LA HILDITA"

A—1 libra de colas de camarones cocidos, sin carapacho y sin vena (*Peeled and Deveined*)

B—¼ libra de mantequilla
2 cucharadas de ajo, que ya viene molido
1 cucharadita de perejil seco (*Parsley Flakes*)
¼ cucharadita de sal
1 lata o botella de 12 onzas de cerveza

1—Si las colas de camarones están congelados, descongélelas en la nevera con anticipación. Lávelas y séquelas con papel absorbente.

2—En una sartén grande, derrita la mantequilla a *fuego bajo*. Agregue el resto de los ingredientes incluidos en A, **menos la cerveza.** Mezcle a *fuego bajo* por *10 minutos*. Añada la cerveza y mezcle a *fuego bajo* por *5 minutos*. **Reserve.**

3—Al momento de usarse, pónga el *fuego alto* hasta hervir a borbotones. Retire del fuego, añada los camarones, revuelva hasta calentarlos y sirva.

PAPITAS TIERNAS "A LA NANIE"

A—1 libra de papitas tiernas (*New Potatoes*)
8 tazas de agua
4 cucharaditas de sal

B—3 onzas (6 cucharadas) de mantequilla u oleomargarina
½ taza de cebolla
2 granos de ajos grandes } finamente picados

C—¼ taza de queso *Parmesano*, rallado

1—Lave bien las papitas y hiérvalas, destapadas, a *fuego moderado*, por *25 minutos* en el agua y la sal incluidos en A.

2—En una sartén, derrita a *fuego bajo* la mantequilla u oleomargarina y amortigüe el picadillo de cebolla y ajo. **No monde las papitas.** Córtelas en 2 o 3, de acuerdo a su tamaño, añada a la sartén y envuélvalas en la salsa. Retire del fuego y **reserve.**

3—En el momento de servir, caliente, añada el queso *Parmesano* y mezcle con la salsa y las papitas. Escúrralas y sirva inmediatamente.

ATUN GUISADO CON GUINGAMBOS

4 cucharadas de *Sofrito* (Vea recetas en páginas 11–13)
1 lata de 9¼ onzas de atún
1 lata de 14 onzas de guingambós cortados (*Cut Okra*), sin escurrir
¼ taza de *Ketchup*
1 cucharadita de alcaparras

1—En un caldero, combine los ingredientes. Ponga el *fuego moderado* hasta hervir. Sirva con arroz blanco.

COLIFLOR EN SALSA DE QUESO

A—1 caja de 10 onzas de coliflor (*Cauliflower*), congelada

B—2 onzas (4 cucharadas) de mantequilla
¼ taza de harina de trigo
½ cucharadita de sal
2 tazas de leche, tibia

C—1 taza de queso de papa (*Cheddar*), rallado en tiritas

1—Hierva la coliflor de acuerdo con las instrucciones de la caja, o hasta que ablande. Escurra y **reserve**.

2—En una cacerola, derrita la mantequilla a *fuego bajo*. Añada la harina de trigo y la sal. Revuelva **contínuamente**, con cuchara de madera, por *2 minutos*.

3—Agregue **lentamente** la leche tibia y revuelva a *fuego moderado-alto* por *3 minutos*. Reduzca el fuego a *moderado* y revuelva hasta que hierva. Tan pronto hierva, agregue el queso rallado y mezcle hasta que derrita.

4—Añada la coliflor, mezcle y tan pronto caliente, sirva.

GUISANTES (PETIT-POIS) A LA FRANCESA

A—2 onzas (4 cucharadas) de mantequilla
½ taza de cebollitas blancas, picadas
¼ cucharadita de sal de ajo
1 cucharadita de azúcar (opcional)
Pizca de polvo de pimienta

B—2 latas de 1 libra de guisantes (*Petit-Pois*)
2 cucharadas de maicena

1—En una sartén mediana, combine los ingredientes incluidos en A. Póngalos a *fuego bajo* hasta que amortígüe la cebolla.

2—Escurra los guisantes y diluya la maicena en ½ taza del líquido escurrido. Agréguelo a la sartén, mezcle y añada los guisantes escurridos. Revuelva a *fuego moderado* hasta que hierva. Sirva caliente.

REMOLACHAS AGRIDULCES

A—1 lata de 1 libra de remolachas, escurrida

B—1½ cucharadita de maicena
¼ taza de agua
¼ taza de vinagre
2 cucharadas de azúcar

C—½ onza (1 cucharada) de mantequilla

1—En una cacerola, diluya la maicena en el agua. Agregue el resto de los ingredientes incluidos en B y mezcle, con cuchara de madera, a *fuego moderado* hasta que hierva.

2—Agregue las remolachas escurridas y déjelo hervir, a *fuego moderado,* por *5 minutos.*

3—Retire del fuego. Añada la mantequilla, mezcle y sirva.

BROCCOLI A LA PARMESANA

A—2 cajas de 10 onzas de brécol (*Broccoli*), congelado

B—1 onza (2 cucharadas) de mantequilla
¼ taza de cebolla, picada

C—1 lata de 10¾ onzas de sopa de crema de pollo (*Cream of Chicken Soup*), sin diluir
¾ taza de leche
⅓ taza de queso *Parmesano,* rallado

1—Hierva el *Broccoli* de acuerdo a las instrucciones de la caja, o hasta que estén tiernos. (**No** les añada sal al hervirlos.)

2—En una sartén, derrita la mantequilla a *fuego bajo* y amortígüe la cebolla.

3—Añada a la sartén la sopa, la leche y el queso. Mezcle la salsa hasta calentar.

4—Escurra el *Broccoli* y colóquelo en una fuente honda. Vierta la salsa encima y sirva en seguida.

VEGETALES AL HORNO

1 lata de 1 libra de habichuelas tiernas, escurrida
1 lata de 10¾ onzas de sopa de crema de setas (*Cream of Mushroom Soup*), sin diluir
1 lata de 2.8 onzas de cebollas fritas (*French Fried Onions*)

1—Encienda el horno a *350°F, 10 minutos* antes de usarlo.

2—En un molde de cristal para hornear, tamaño 8″ x 8″ x 2″, vierta las habichuelas tiernas. Cubra con la sopa de crema de setas y riegue encima las cebollas.

3—Hornée por *30 minutos.*

ESPAGUETI CON QUESO

A—6 litros (24 tazas) de agua
   2 cucharadas de sal
   1 cucharada de aceite de oliva

B—1 libra de espagueti

C—¼ libra de mantequilla
   1 taza de cebolla, picada

D—2 latas de 8 onzas de salsa de tomate

E—1 taza de queso *Parmesano,* rallado

1—En una olla bien grande, combine los ingredientes incluidos en A. Ponga el *fuego alto* hasta hervir a borbotones. Añada los espaguetis y dejè hervir destapado, por *13 minutos,* separándolos **ocasionalmente** con un tenedor de cocina.

2—Mientras tanto, en un caldero o sartén, derrita la mantequilla a *fuego bajo* y amortigüe la cebolla.

3—Añada al caldero la salsa de tomate y mezcle.

4—Tan pronto estén listo los espaguetis, escúrralos. Añada al caldero el queso *Parmesano* incluido en E. Revuelva y agregue los espaguetis. Mezcle y sirva inmediatamente. Riegue por encima queso *Parmesano* a su gusto.

ARROZ CON MAIZ

A—3 onzas (6 cucharadas) de mantequilla u oleomargarina
   2 tazas de arroz

B—1 lata de 1 libra de maíz en grano (*Whole Kernel Corn*), sin escurrir
   2 cucharaditas de sal

1—En un caldero, derrita la mantequilla u oleomargarina a *fuego bajo.* Agregue el arroz y mezcle hasta quedar bien cubierto con la grasa.

2—Escurra la lata de maíz y complete con agua hasta medir 4 tazas, si usa arroz de grano largo, o 3 tazas, si usa arroz de grano corto. **Reserve** el líquido.

3—Añada el maíz al caldero, junto con la sal y mezcle.

4—Agregue al caldero el líquido reservado, mezcle y cueza a *fuego moderado,* destapado y **sin moverlo,** hasta que seque.

5—Voltée el arroz, tape, ponga el *fuego bajo* y cueza por *20 minutos.* Voltée el arroz y sirva.

ARROZ MARDI-GRAS

A—2 latas de 12 onzas de maíz en grano (*Whole Kernel Corn*), sin escurrir

B—¼ libra de mantequilla u oleomargarina
   4 cucharadas de *Sofrito* (Vea recetas en páginas 11–13)
   1 lata de 4 onzas de pimientos morrones, escurridos y picaditos

C—1 cucharada de sal

D—3 tazas de arroz

1—Escurra las latas de maíz, **reserve** el maíz y combine con agua el líquido escurrido hasta medir 5½ tazas de líquido, si usa arroz de grano largo. (Si usa arroz de grano corto, 4 tazas.) **Reserve.**

2—En un caldero, derrita a *fuego bajo* la mantequilla u oleomargarina.

3—Añada el *Sofrito* y los pimientos morrones picaditos, mezcle y sofría a *fuego bajo* por *5 minutos.* Añada la sal y el maíz reservado y mezcle.

4—Añada el arroz y *"envuélvalo"* bien con el contenido del caldero.

5—Añada el líquido reservado y mezcle. Ponga el *fuego moderado* y cueza, destapado y **sin moverlo,** hasta que seque.

6—Voltée el arroz, tápelo, ponga el *fuego bajo* y cueza por *20 minutos.* Voltée y sirva.

GARBANZOS FRITOS

A—5 lonjas de tocineta

B—1 lata de 15 onzas de garbanzos, cocidos en agua y sal, escurridos

1—En una sartén grande, dore la tocineta a *fuego bajo,* hasta que rinda su grasa. Remueva la tocineta y escurra sobre papel absorbente. Déjela enfriar, desborónela y **reserve.**

2—Agregue los garbanzos escurridos a la sartén y dórelos a *fuego moderado,* moviendo **ocasionalmente,** para que no se peguen. Escúrralos sobre papel absorbente y sirva acompañado con la tocineta reservada.

HABICHUELAS HORNEADAS GLORIFICADAS

A—1 onza (2 cucharadas) de mantequilla u oleomargarina
½ taza de cebolla, picadita

B—1 frasco de 1 libra 1 onza de habichuelas horneadas (*Baked Beans*), o 1 lata de 1 libra de habichuelas horneadas con carne de cerdo (*Pork and Beans*)

C—3 cucharaditas de mostaza
1 cucharada de *Ketchup*
¼ taza de melao

1—Encienda el horno a *350°F., 10 minutos* antes de usarlo.

2—En una sartén, derrita la mantequilla u oleomargarina y sofría la cebolla a *fuego bajo* por *10 minutos.*

3—Vierta en la sartén el contenido del frasco o de la lata.

4—En una taza de medir, combine en el orden en que se dan los ingredientes incluidos en C. Agréguelos a la sartén, mezcle y vierta en molde de cristal para hornear, tamaño 8″ x 8″ x 2″.

5—Hornée por *20 minutos.*

Nota: Para duplicar la receta, use molde, tamaño 12″ x 7½″ x 2″. y hornée por *30 minutos.*

HABICHUELAS HORNEADAS CON "CORNED BEEF"

A—2 cebollas, cortadas en ruedas finas
2 onzas (4 cucharadas) de mantequilla u oleomargarina
1 cucharada de *Sofrito* (Vea recetas en páginas 11–13)

B—1 lata de 12 onzas de *"Corned Beef"*

C—1 lata de 1 libra de habichuelas horneadas con carne de cerdo (*Pork and Beans in Tomato Sauce*)

1—En una sartén, derrita a *fuego bajo* la mantequilla y amortígüe la cebolla, junto con el *Sofrito*.

2—Agregue el *"Corned Beef"* y mezcle. Añada las habichuelas horneadas y mezcle. Caliente a *fuego moderado* y sirva.

POSTRES RAPIDOS

COCADA

A—½ cuarta (2 onzas) de mantequilla
1 lata de 1 libra 2 onzas de coco rallado en almíbar
⅛ cucharadita de sal

B—3 huevos grandes

1—Encienda el horno a *350°F.*, *10 minutos* antes de usarlo. Engrase con oleomargarina un molde redondo de cristal para hornear, de los usados para pastel (*Pie*), tamaño 9″ diámetro, o un molde para hornear, cuadrado, tamaño 8″ x 8″ x 2″.

2—Derrita la mantequilla a *fuego bajo.*

3—En un tazón, vierta el contenido de la lata de coco rallado. Agréguele la sal y la mantequilla derretida y mezcle.

4—Aparte, bata **ligeramente** los huevos y *"envuélvalos"* en la mezcla. Vierta en el molde y hornée por *30 minutos,* o hasta dorar.

Nota: Para hacer la receta doble, vierta en molde de cristal para hornear, tamaño 13″ × 9″ × 2″ y hornée por *40 minutos* o hasta dorar.

DELICIA TROPICAL

(6 raciones)

A—½ cuarta (2 onzas) de mantequilla

B—8 guineítos niños, maduros y firmes

C—½ taza de azúcar negra (presionándola al medirla)
½ taza de cordial de anís (*Anisette Liqueur*)

D—Mantecado de vainilla

1—En una sartén, derrita la mantequilla a *fuego bajo.*

2—Monde y corte los guineítos en rueditas de ½ pulgada. Viértalos en la sartén y cueza a *fuego moderado* por *3 minutos.*

3—Riéguele el azúcar y el cordial, mezcle y cueza por *5 minutos,* moviéndolos **ocasinalmente.**

4—Sirva caliente sobre mantecado.

BIEN-ME-SABE SENCILLO

(Vea Nota)

5 yemas de huevo
1 lata de 15 onzas de leche de coco (Cream of Coconut), sin diluir

1—En una cacerola, desbarate las yemas de huevo. Agregue **lentamente** la leche de coco, mezclando con cuchara de madera.

2—Ponga la cacerola a *fuego moderado-alto* por *2 minutos.* Reduzca el fuego a *moderado* y continúe mezclando hasta que salga la primera burbuja del hervor. Retire **inmediatamente** del fuego.

3—Cuélelo y vierta en dulcera pequeña.

Nota: Si desea hacerlo más elegante, sirva en platitos sobre plantillas (*Lady Fingers*) y decorado con cucuruchos de crema batida (*Whipped Topping*).

TEMBLEQUE

A—1 lata de 15 onzas de crema de coco (*Cream of Coconut*)
⅔ taza de maicena
2½ tazas de leche
2 cucharadas de agua de azahar
2 cucharadas de azúcar
⅛ cucharadita de sal

1—En una cacerola grande, diluya la maicena en un poco de la leche. Agregue el resto de la leche y los otros ingredientes.

2—Usando cuchara de madera, mezcle a *fuego moderado-alto* hasta que comienze a tomar consistencia. Reduzca el fuego a *moderado* y mezcle hasta que hierva y espese **bien**.

3—En un molde de cristal humedecido con agua y escurrido, vierta la mezcla y deje enfriar. Tape y coloque en la nevera hasta cuajar. Vuelque en platón llano y sirva frío. (Si es de su gusto, espolvorée con canela.)

CREMA DE COCO

A—1 lata de 15 onzas de crema de coco (*Cream of Coconut*)
½ taza de maicena
3 tazas de leche
2 cucharadas de agua de azahar
2 cucharadas de azúcar
⅛ cucharadita de sal

1—En una cacerola grande, diluya la maicena en un poco de la leche. Agregue el resto de la leche y los otros ingredientes.

2—Usando cuchara de madera, mezcle a fuego *moderado-alto* hasta que comienze a tomar consistencia. Reduzca el fuego a *moderado* y mezcle hasta que salga la primera burbuja del hervor. *En seguida* vierta la mezcla en fuente honda o en platitos hondos individuales y deje enfriar. Tape y coloque en la nevera hasta el momento de servir.

Aves

Aves

POLLO CON QUESO

A—1 pollo grande, limpio
Hígado, corazón y molleja, limpios de pellejos y cartílagos

B—1 sobre de mezcla para sopa de cebolla (*Onion Soup Mix*)
1 taza de vino

C—1 lata de 10½ onzas de sopa de setas (*Cream of Mushroom Soup*), sin diluir
1 lata de 8 onzas de guisantes (*Petit-Pois*), escurrida
1 taza de queso de papa (*Cheddar*), rallado

1—Remueva y descarte el exceso de grasa del pollo. Lave y seque el pollo y los menudillos. Colóquelos en un molde de cristal para hornear, tamaño 12" x 7½" x 2". Combine y mezcle bien los ingredientes incluidos en B y riéguela sobre el pollo. Tape el molde y colóquelo en la nevera de un día para otro.

2—Al día siguiente, encienda el horno a *350°F., 10 minutos* antes de usarlo. Mezcle los ingredientes incluidos en C y viértalos sobre el pollo. Tape el molde y hornée por *1 hora*.

3—Remueva el molde del horno y divida el pollo en presas. Sirva acompañado por la salsa.

POLLO DELICIOSO

A—1 pollo grande, limpio
Hígado, molleja y corazón, limpios de pellejos y cartílagos

B—1 libra de cebollas medianas, cortadas por la mitad, horizontalmente
2 hojas de laurel

63

C—1 lata de 8½ onzas de guisantes (*Petit-Pois*), escurrida
2 onzas (4 cucharadas) de mantequilla
¼ taza de Jerez

D—1 lata de 4 onzas de pimientos morrones (para decorar)

1—Remueva y descarte el exceso de grasa del pollo. Pese el pollo, lávelo y séquelo. Adóbelo de acuerdo con la *Tabla para Adobar Pollo* que aparece en la página 8. Adobe los menudillos.

2—Coloque las cebollas cubriendo el fondo de una olla grande, que tenga tapa firme y pesada. Agregue las hojas de laurel.

3—Sobre las cebollas, coloque el pollo con la pechuga **hacia abajo**. Añada los menudillos. Tape bien la olla y cueza a *fuego moderado* por *5 minutos*.

4—Ponga el *fuego bajo* y cueza, tapado, alrededor de *1½ hora*, o hasta quedar bien cocido.

5—Saque el pollo y descarte las hojas de laurel. Divida el pollo en presas y quíteles el pellejo. Deshuese el pollo, corte la carne en pedazos y agréguelos a la olla.

6—Añada a la olla los guisantes, la mantequilla y el Jerez. Mezcle bien y cueza a *fuego moderado*, hasta que hierva. Retire del fuego y sirva en fuente honda. Caliente los pimientos morrones, escúrralos, córtelos en tiritas y decore el pollo.

POLLITO EN VINO

A—1 pollo pequeño, limpio
Hígado, molleja y corazón, limpios de pellejos y cartílagos

B—1 onza (2 cucharadas) de mantequilla

C—1 libra de papitas tiernas, mondadas y enteras
½ libra de cebollitas blancas, mondadas y enteras
½ cucharadita de sal

2 hojas de laurel

1 lata de 14½ onzas de tomates guisados (*Stewed Tomatoes*), con su líquido incluido

½ taza de vino

D—2 cucharadas de harina de trigo (opcional)

E—1 lata de 8 onzas de guisantes (*Petit-Pois*), escurrida

1—Remueva y descarte el exceso de grasa del pollo. Pese el pollo, lávelo y séquelo. Adóbelo de acuerdo con la *Tabla para Adobar Pollo* que aparece en la página 8. Adobe los menudillos.

2—En un caldero, derrita la mantequilla a *fuego bajo*. Añada el pollo y dórelo **ligeramente** a *fuego moderado-alto*. Agregue los menudillos.

3—Reduzca el fuego a *moderado* y coloque las papas debajo del pollo. Vierta en el caldero el resto de los ingredientes incluidos en C. Ponga el *fuego alto* hasta hervir. Reduzca el fuego a *moderado*, tape y cueza por *45 minutos*.

4—En una cacerola, diluya la harina de trigo en un poor de la salsa del caldero. Agréguela al caldero y mezcle. Añada los guisantes, mezcle y cueza a *fuego moderado* hasta que hierva.

CASSEROLE DE POLLO

A—3 libras de presas de pollo

B—1 onza (2 cucharadas) de mantequilla, cortada en trocitos

C—6 lonjas de tocineta, partidas en dos
1 cebolla grande, picadita
1 lata de 1 libra de zanahorias en ruedas (*Sliced Carrots*), escurrida

D—1 cucharada de maicena
1 taza de vino blanco

1—Encienda el horno a *350°F., 10 minutos* antes de usarlo.

2—Divida las pechugas en dos, a lo largo. Separe los muslos de las caderas. (Remueva cualquier astillita o pedazo de hueso que pueda quedar al cortarlas.) Pese las presas de pollo, lávelas y séquelas. Adóbelas de acuerdo con la *Tabla para Adobar Pollo* que aparece en la página 8. Colóquelas en molde de cristal para hornear, tamaño 13″ × 9″ × 2″ y adóbelas.

3—Distribuya encima de las presas de pollo los trocitos de mantequilla y hornée, destapado, por *45 minutos.*

4—Mientras tanto, en una sartén, dore las tocinetas por ambos lados a *fuego alto,* revolviéndolas y graduando el fuego según sea necesario. Saque y escurra bien las tocinetas doradas, póngalas en papel absorbente y **resérvelas.**

5—En la grasa que rindieron las tocinetas, sofría a *fuego bajo,* por *10 minutos,* las cebollas y zanahorias, revolviéndolas **ocasionalmente.**

6—Aparte, diluya la maicena en un poco del vino. Añádale el resto del vino, vierta en la sartén y mezcle.

7—Saque el molde del horno y riegue sobre el pollo el contenido de la sartén. Hornée de nuevo por *15 minutos.*

8—Retire el molde del horno. Desborone la tocineta reservada y distribúyala por encima del pollo. Sirva en el molde.

POLLO SABROSITO

A—2 libras de presas pequeñas de pollo, sin el pellejo y libres del exceso de grasa

B—½ libra de cebollas medianas, cortadas en medias ruedas
2 hojas de laurel
1 caja de 10¾ onzas de vegetales mixtos, congelados (*Mixed Vegetables*)
½ cucharadita de sal

C—2 cucharaditas de sal
2 granos de ajos, machacados
¼ taza de agua
1 lata de 10¾ onzas de sopa de setas (*Cream of Mushroom Soup*), o la de su preferencia

1—En una olla, distribuya los ingredientes en B en el orden en que se dan. Coloque encima las presas de pollo, lavadas y escurridas.

2—Riegue sobre las presas de pollo la sal incluida en C. Añada los ajos. Mezcle el agua con la sopa de setas y vierta sobre el pollo. *Tape* y cueza a *fuego moderado* por *5 minutos*. Reduzca el fuego a *bajo* y cueza por *1 hora*.

3—Sirva con las presas de pollo enteras, y si lo prefiere, deshuéselas, agregue a la olla, mezcle, dele un hervor y sirva caliente.

POLLO EN AJO

A—3 libras de presas de pollo

B—2 cucharadas de aceite de oliva
½ taza de cebolla, picada
12 granos de ajos, machacados

C—1 cucharada de orégano seco
1 cucharada de salsa inglesa (*Worcestershire Sauce*)
1 lata de 14½ onzas de tomates guisados (*Stewed Tomatoes*), o de tomates al natural (*Whole Peeled Tomatoes*)
¼ taza de Jerez

1—Remueva y descarte el exceso de grasa de las presas de pollo. Pese las presas de pollo, lávelas y séquelas. Adóbelas de acuerdo con la *Tabla para Adobar Pollo* que aparece en la página 8.

2—En un caldero, caliente el aceite de oliva incluido en B. Añada el pollo y dórelo **ligeramente** a fuego *moderado-alto*. Sáquelo del caldero y amortígüe la cebolla y los ajos, a *fuego bajo,* por *15 minutos.* Saque y descarte los ajos.

3—Añada de nuevo el pollo al caldero.

4—Agregue los ingredientes incluidos en C, tape y cueza a *fuego moderado* por *45 minutos,* o hasta quedar bien cocido el pollo. Retire el caldero del fuego y sirva el pollo, acompañado por la salsa.

POLLO BORRACHO

A—3 libras de presas de pollo, limpias del exceso de grasa
  Adobo (Vea *Tabla para Adobar Pollo,* página 8)

B—1 lata de 15½ onzas de piña triturada (*Crushed Pineapple*)
  1 cubito de caldo concentrado de pollo
  2 cebollas, cortadas en ruedas
  1 pimiento verde grande, sin semillas, cortado en trocitos

C—1 lata de 8 onzas de guisantes (*Petit-Pois*), escurrida
  ¼ taza de ron

1—**No le quite** el pellejo al pollo. Lávelo, séquelo y adóbelo.

2—Escurra la lata de piña triturada, **reserve** la piña y vierta el líquido en un caldero.

3—Agregue al caldero el cubito de caldo concentrado de pollo y disuélvalo a *fuego moderado*. Añada y mezcle el resto de los ingredientes incluidos en B.

4—Agregue las presas de pollo, colocándolas con la parte del pellejo hacia **abajo.** Ponga el *fuego alto* hasta hervir. Reduzca el fuego a *moderado,* tape y deje hervir por *45 minutos.*

5—Voltée las presas y riégueles por encima los guisantes, la piña triturada reservada y el ron. Reduzca el fuego a *bajo* y cueza, destapado, por *15 minutos.*

PRESAS DE POLLO A LA CREMA

A—2 libras de pechugas de pollo
Adobo (Vea *Tabla para Adobar Pollo,* página 8)
2 onzas (4 cucharadas) de oleomargarina

B—1 lata de 10¾ onzas de sopa de queso de papa (*Cheddar Cheese Soup*), sin diluir
¾ taza de crema de leche
¼ taza de vino blanco dulce (*Sauterne*)

C—1 caja de 10 onzas de coliflor (*Cauliflower*), congelada
1 lata de 4 onzas de pimientos morrones, escurridos y finamente picados

1—Quite el exceso de grasa a los pollos. Lávelos, séquelos y adóbelos.

2—En una sartén, derrita la mantequilla a *fuego bajo.* Agregue el pollo y dórelo, **ligeramente,** a *fuego moderado.*

3—Combine los ingredientes incluidos en B y vierta sobre el pollo. Ponga el *fuego alto* hasta hervir. Tape, reduzca a *fuego moderado* y cueza por 30 *minutos.*

4—Añada la coliflor y los pimientos morrones. Tape y cueza por *30 minutos,* o hasta que quede cocida la coliflor.

POLLO CON MANZANA

A—1 pollo grande
Adobo—(Vea *Tabla para Adobar Pollo,* página 8)

B—½ libra de cebolla, cortadas en dos, horizontalmente
1 manzana, mondada, sin corazón y cortada en 4
1 onza (2 cucharadas) de oleomargarina, cortada en trocitos
¼ taza de azúcar negra (presionándola al medirla)
1 cucharada de vinagre

C—1 caja de 10½ onzas de vegetales mixtos (*Mixed Vegetables*), congelados
½ cucharadita de sal

1—Remueva el exceso de grasa del pollo. Lávelo, séquelo y adóbelo.

2—Cubra con las cebollas el fondo de una olla que tenga tapa firme y pesada.

3—Rellene el pollo con el resto de los ingredientes incluidos en B.

4—Coloque el pollo, con la pechuga **hacia abajo,** sobre las mitades de cebolla en la olla. Tape y ponga el *fuego moderado* por 5 *minutos.* Reduzca a fuego *bajo* y cueza, tapado, por *1 hora.*

5—Añada los vegetales congelados y la sal. Tape y cueza a *fuego moderado* lo necesario hasta que se cuezan los vegetales.

POLLO ANISADO

A—1 pollo de 3 libras, limpio
1 libra de cebollas medianas, mondadas y cortadas por la mitad
3½ cucharaditas de sal de ajo
¼ cucharadita de polvo de pimienta
2 hojas de laurel
8 ciruelas negras, secas, sin semillas
2 cucharadas de pasas, sin semillas

B—1 onza (2 cucharadas) de mantequilla
¼ taza de licor de anís (*Anisette Liqueur*)
1 lata de 8½ onzas de guisantes (*Petit-Pois*), escurrida

1—Distribuya las cebollas para cubrir el fondo de una olla grande.

2—Remueva y descarte el exceso de grasa del pollo. Lávelo y séquelo. Colóquelo encima de las cebollas, con la pechuga **hacia abajo.** Añada el resto de los ingredientes incluidos en A. Tape y cueza a *fuego bajo* por *1½ hora.*

3—Saque el pollo de la olla, deshuéselo y vierta la carne en la olla. Añada a la olla los ingredientes incluidos en B, mezcle, de un hervor y sirva.

POLLO EN CHINA

A—3 libras de presas de pollo

B—1 lata de 6 onzas de jugo concentrado de china, congelado, sin diluir
¾ taza de agua
¾ taza de harina de trigo
½ cucharadita de sal

C—2 onzas (4 cucharadas) de mantequilla

D—1 cebolla mediana, cortada en ruedas

E—¼ taza de azúcar negra (presionándola al medirla)

F—1 lata de 4 onzas de setas en tajadas (*Sliced Mushrooms*), escurrida

1—Remueva y descarte el exceso de grasa de las presas de pollo. Pese las presas, lávelas y séquelas. Adóbelas de acuerdo con la *Tabla para Adobar Pollo* que aparece en la página 8.

2—Descongele el jugo de china, mezcle con el agua incluida en B y **reserve.**

3—En una bolsita plástica, combine la harina de trigo con la sal. Agregue, **una a una,** las presas de pollo y agite la bolsita, para que queden bien cubiertas con la harina.

4—En una sartén o caldero grande, derrita la mantequilla a *fuego bajo.* Añada las presas de pollo y dórelas **ligeramente** por ambos lados, a *fuego moderado-alto*. Sáquelas y escurra la sartén o caldero.

5—En seguida, añada las ruedas de cebolla a la sartén o caldero. Colóquele encima las presas de pollo.

6—Rieque el azúcar negra sobre las presas de pollo.

7—Viértale encima el jugo de china reservado. Ponga el *fuego alto* hasta hervir. Reduzca el fuego a *moderado*, tape y hierva por *45 minutos*.

8—Añada las setas, mezcle y hierva destapado, a *fuego bajo*, por *15 minutos*, regándole **ocasionalmente** la salsa por encima.

POLLO CON MAIZ A LA CREMA

A—2½ libras de presas de pollo

B—½ libra de cebollas medianas, cortadas en ruedas finas
¾ libra de papitas tiernas, mondadas y cortadas en ruedas bien finas
1 onza (2 cucharadas) de mantequilla u oleomargarina, cortada en trocitos

C—1 lata de 1 libra 1 onza de maíz a la crema (*Cream Style Corn*), sin diluir
½ cucharadita de sal

D—8 lascas de queso americano, tamaño 3½″ x 3½″

1—Encienda el horno a *350°F.*, *10 minutos* antes de usarlo.

2—Remueva y descarte el exceso de grasa y el pellejo de las presas de pollo. Pese las presas de pollo, lávelas y séquelas. Adóbelas de acuerdo con la *Tabla para Adobar Pollo* que aparece en la página 8. **Resérvelas.**

3—Cubra el fondo de un molde de cristal para hornear, tamaño 13″ x 9″ x 2″, con las ruedas de cebolla. Distribúyale encima las ruedas de papas y los trocitos de mantequilla u oleomargarina.

4—Coloque encima las presas de pollo.

5—Combine la sal con el contenido de la lata de maíz a la crema y riegue la mezcla sobre el pollo.

6—Cubra con las lascas de queso, tape el molde con papel de aluminio (*Heavy Aluminum Foil*) y hornée por *1 hora*. Destape y hornée por *15 minutos*.

POLLO EN BRANDY

A—3 libras de presas de pollo
Adobo: (Vea *Tabla para Adobar Pollo,* página 8)
¼ libra de mantequilla
2 cebollas medianas, cortadas en ruedas

B—2 cucharadas de harina de trigo
1 cucharadita de polvo *Curry* (*Curry Powder*)

C—1 taza de crema espesa o crema *Avoset* (de etiqueta azul)
⅓ taza de Brandy

1—Adobe el pollo de acuerdo con la *Tabla para Adobar Pollo,* que aparece en la página 8.

2—En una olla, derrita la mantequilla a *fuego bajo.* Agregue las cebollas y las presas de pollo. Tape y cueza a *fuego bajo* por *1 hora.*

3—Saque el pollo de la olla y **reserve**. Aparte, mezcle la harina de trigo con el polvo *Curry.* Agregue un poco de la salsa de la olla y disuelva la harina. Vierta en la olla y mezcle, con cuchara de madera, por *2 minutos.* Añada la crema y el Brandy, mezcle y cueza a *fuego moderado* hasta que hierva y espese. Agregue las presas de pollo, tape y cueza a *fuego bajo* hasta calentarlas.

POLLO REAL

3 pechugas de pollo grandes, limpias del exceso de grasa
1 sobre de mezcla para sopa de cebolla (*Onion Soup Mix*)
1 lata de 10¾ onzas de sopa de crema de espárragos (*Cream of Asparagus Soup*), sin diluir
1 lata de 10½ onzas de puntas de espárragos (*Asparagus Tips*)
8 lascas de queso suizo, tamaño 3½" x 3½"

1—Encienda el horno a *350°F., 10 minutos* antes de usarlo. Engrase el fondo de un molde de cristal para hornear, tamaño 13" x 9" x 2".

2—Remueva y descarte el pellejo a las pechugas. Separe **cuidadosamente** la carne de ambos lados de las pechugas, para obtener de cada lado una lonja de carne completa.

3—Cubra el fondo del molde con las lonjas de pechuga.

4—En un tazón, vierta el contenido del sobre de mezcla para sopa de cebolla y desborónelo bien.

5—Agregue al tazón la sopa de crema de espárragos y mezcle.

6—Escurra en un recipiente el líquido de la lata de puntas de espárragos y añada al tazón 6 cucharadas del líquido escurrido. Mezcle bien y vierta sobre las lonjas de pechuga.

7—Distribúyale encima las puntas de espárragos.

8—Cubra con las lascas de queso suizo. Tape el molde con papel de aluminio (*Heavy Aluminum Foil*) y hornée por *1 hora*.

POLLO CON PAPAS AL CALDERO

A—1 pollo de alrededor de 3 libras, limpio
   Adobo (Vea *Tabla para Adobar Pollo,* página 8)

B—2 onzas (4 cucharadas) de mantequilla u oleomargarina

C—1 taza de cebolla, picadita
1 lata de 10½ onzas de caldo de pollo (*Chicken Broth*), sin diluir
3 hojas de laurel

D—2 libras de papitas tiernas, mondadas y enteras
1 lata de 8½ onzas de guisantes (*Petit-Pois*), escurrida
1 lata de 4 onzas de setas en tajadas (*Sliced Mushrooms*), escurrida

1—Quite el exceso de grasa a los pollos. Lávelos, séquelos y adóbelos, si posible, con anticipación.

2—En un caldero, derrita a *fuego bajo* la mantequilla u oleomargarina. Agregue el pollo y dórelo **ligeramente,** a *fuego moderado-alto,* por *2 minutos.*

3—Añada los ingredientes incluidos en C y mezcle. Reduzca el fuego a *moderado,* tape y cueza por *30 minutos.*

4—Añada las papas y cueza a *fuego moderado,* tapado, por *30 minutos.*

5—Remueva el pollo, deshuéselo y añada al caldero la carne deshuesada. Agregue los guisantes y setas, mezcle y cueza destapado, a *fuego moderado,* hasta que hierva.

POLLO DE LOS DIOSES

(8 raciones)

A—4 libras de pechugas de pollo
  Adobo:
    4 granos de pimienta
    2 granos de ajo   muela
    2 cucharaditas de orégano seco   y
    3½ cucharaditas de sal   mezcle
    2 cucharaditas de aceite de oliva   en el mortero
    1 cucharadita de vinagre

B—¼ libra de mantequilla, cortada en trocitos
4 granos de ajo grandes, machacados

C—1 taza de leche

1—Remueva y descarte el pellejo y la grasa de las pechugas. **Cuidadosamente,** corte cada pechuga en dos, a lo largo. (Descarte cualquier astillita o pedazo de hueso que pueda quedar al cortarlos.) Lávelas, séquelas y adóbelas.

2—Coloque las pechugas en un caldero. Agregue los trocitos de mantequilla y los ajos machacados. Tape y cueza, a *fuego moderado,* por *1 hora.*

3—Destape y remueva las pechugas. Ponga el *fuego alto* y revuelva **rápidamente** el contenido del caldero hasta que el fondo del caldero tome un color dorado, sin quemarse. Añada la leche y raspe el caldero, con una cuchara de cocinar, para que la leche obtenga un color acaramelado. Agregue las pechugas, mezcle y sirva en seguida.

POLLO CON SALSA DE SETAS

A— 2½ libras de presas de pollo
Adobo:
2 granos de ajo
3 granos de pimienta
½ cucharadita de orégano seco
2 cucharaditas de sal
½ cucharadita de aceite de oliva
1 cucharadita de vinagre
} muela y mezcle en el mortero

B—2 cebollas medianas, cortadas en medias ruedas
1 lata de 10¾ onzas de sopa de crema de pollo (*Cream of Chicken Soup*)
½ taza de Jerez

C—2 cucharadas de harina de trigo
1 envase de 8 onzas de crema agria (*Sour Cream*)
1 lata de 8 onzas de setas asadas en mantequilla (*Broiled-in-Butter Mushrooms*), con su líquido

1—Remueva y descarte el exceso de grasa y pellejos de las presas de pollo. Lávelas, séquelas y adóbelas.

2—En una olla que tenga tapa pesada y firme, distribuya las ruedas de cebolla.

3—Coloque encima las presas de pollo y cúbralas con la sopa de pollo y el Jerez. Tape la olla y cueza a *fuego moderado* por *5 minutos*. Cueza a *fuego bajo* por *30 minutos*.

4—Mezcle la harina de trigo con la crema agria. Añada las setas, con su líquido y mezcle. Agregue la mezcla a la olla, tape y cueza por *30 minutos*.

POLLO IMPERIAL

A—4 pechugas de pollo grandes (alrededor de 3½ a 4 libras), limpias de grasa

Adobo:

2 granos de pimienta
2 granos de ajo
¾ cucharadita de orégano seco
1½ cucharadita de sal
1 cucharadita de aceite de oliva
¼ cucharadita de vinagre
}
muela
y
mezcle
en el mortero

B—8 lascas de queso suizo, tamaño 3½" x 3½"
2 huevos duros, cortados cada uno en 8 ruedas
1 lata de 4 onzas de pimientos morrones, escurridos y los pimientos cortados en tiras grandes
8 lascas de jamón hervido

C—**Salsa:**
2 onzas (4 cucharadas) de mantequilla
6 cucharadas de maicena
½ cucharadita de sal
2½ tazas de leche
1 cucharada de perejil fresco, finamente picado (Vea página 29)

D—½ taza de vino blanco dulce (*Sauterne*)

1—Con anticipación, remueva y descarte el pellejo de las pechugas. Separe **cuidadosamente** la carne de ambos lados de las pechugas, para obtener de cada lado una lonja de carne completa. Adóbelas, tápelas y **resérvelas** en la nevera hasta el momento de usarlas.

2—Encienda el horno a *350°F., 10 minutos* antes de usarlo.

3—Ponga sobre una mesa:
1 lonja de pechuga adobada
Cúbrala con una lasca de queso suizo
Acomode sobre el queso, 2 ruedas de huevo duro
Distribuya entre las ruedas de huevo las tiras de pimientos morrones
Coloque encima 1 lasca de jamón hervido

4—Doble la lonja de pechuga para formar un emparedado (*Sandwich*) y pinche con un palillo.

5—Colóquelo en un molde de cristal para hornear, tamaño 13″ x 9″ x 2″.

6—Repita el procedimiento con el resto de los ingredientes y distribúyalos en el molde, uno al lado del otro.

7—Prepare la siguiente salsa:
En una cacerola, derrita la mantequilla a *fuego bajo.* Mientras se derrite la mantequilla, diluya la maicena y la sal en la leche. Agréguela a la cacerola y mezcle bien, con cuchara de madera, a *fuego moderado-alto.* Añada el perejil y continúe mezclando hasta que comience a tomar consistencia. Baje el fuego a *moderado* y mezcle hasta que hierva. Agregue el vino y mezcle hasta que de un hervor. En seguida, vierta la salsa sobre el contenido del molde, tape con papel de aluminio (*Aluminum Foil*) y hornée por *1 hora.* Remueva los palillos y sirva.

POLLO CON CHINA FRESCA

A—1 pollo grande
Adobo—(Vea *Tabla para Adobar Pollo,* página 8)

B—3 chinas, frescas

C—1 lata de 6 onzas de concentrado de china, congelado

D—1½ taza de agua
    ¼ cucharadita de sal
    ¼ taza de azúcar negra (presionándola al medirla)

E—2 cucharadas de maicena

F—1 lata de 8 onzas de guisantes (*Petit-Pois*), escurrida
    2 cucharadas de Jerez

1—Remueva el exceso de grasa al pollo. Lávelo, séquelo y adóbelo.

2—Monde las chinas, removiendo **totalmente** la corteza blanca. Córtelas en ruedas, remueva y descarte las semillas. Distribuya las ruedas de china cubriendo el fondo de una olla que tenga tapa firme y pesada.

3—Coloque dentro del pollo el jugo concentrado de china, congelado. Agregue el pollo a la olla.

4—Riegue en los lados los ingredientes incluidos en D.

5—Tape y cueza a *fuego moderado* por *5 minutos*. Reduzca el fuego a *bajo* y cueza por *2 horas*.

6—Remueva el pollo. Escurra el líquido de la olla y cuélelo. En una cacerola, diluya la maicena en un poco del líquido escurrido. Agregue el balance del líquido y mezcle, con cuchara de madera, a *fuego moderado-alto* hasta hervir. Añada los guisantes y el Jerez, mezcle y retire la cacerola del fuego.

7—Deshuese el pollo. Combínelo con la salsa, caliente y sírvalo.

POLLO ORIENTAL

A—2½ libras de pechugas de pollo

B—1 libra de cebollas, cortadas en dos, horizontalmente
    2 hojas de laurel

C—1 cubito de caldo concentrado de pollo
1 taza de agua hirviendo

D—2 pimientos verdes, sin semillas y cortados en lonjitas
1 lata de 4 onzas de setas (*Mushrooms*), escurrida
2 tazas de apio (*Celery*), lavado y cortado en lonjitas
1 lata de castañas de agua (*Water Chestnuts*), escurrida
y las castañas cortadas en dos

E—¼ taza de maicena
¼ taza de salsa soya (*Soy Sauce*)

1—**No le quite** el pellejo a las pechugas. Remuévales y descarte
el exceso de grasa, péselas, lávelas y séquelas. Adóbelas
de acuerdo con la *Tabla para Adobar Pollo* que aparece
en la página 8.

2—Coloque las cebollas en la fondo de una olla que tenga
tapa firme y pesada. Agregue las pechugas y las hojas de
laurel. Tape la olla y cueza a *fuego moderado* por *5 minutos.* Reduzca el fuego a *bajo* y cueza, tapado, por *1 hora.*

3—Saque las pechugas, remuévales el pellejo y deshuéselas.
Corte la carne en trozos de alrededor de 1 pulgada y
agréguelos a la olla.

4—Diluya el cubito de concentrado de pollo en el agua hirviendo y añádalo a la olla.

5—Agregue los ingredientes incluidos en D, mezcle y ponga
el *fuego alto* hasta hervir. Reduzca el fuego a *bajo*, tape
y cueza por *15 minutos.*

5—Diluya la maicena en la salsa soya y viértala en la olla.
Mezcle **contínuamente** por *5 minutos* con cuchara de madera.

6—Sirva sobre tallarines chinos (*Chow Mein Noodles*).

POLLO FIESTA

A—1½ libra de pechugas de pollo
2 cebollas, cortadas por la mitad, horizontalmente

1 cucharadita de sal

2 onzas (4 cucharadas) de mantequilla, cortada en trocitos

B—2 cucharadas de harina de trigo

Leche (la necesaria, según Instrucción 2)

1 lata de 1 libra de maíz a la crema (*Corn Cream Style*)

C—1 paquete de 10 onzas con 6 nidos de hojaldre (*Patty Shells*), o 6 tajadas de pan de emparedados (*Sandwich*)

1—Coloque las cebollas en el fondo de una olla que tenga tapa firme y pesada. Remueva y descarte el exceso de grasa de las pechugas. Agréguelas a la olla, junto con el resto de los ingredientes incluidos en A. Tape y cueza a *fuego moderado* por *5 minutos*. Ponga a *fuego bajo*, tape y cueza por *1 hora.*

2—Saque las presas de pollo y las cebollas, bien escurridas. Desbarate las cebollas y **resérvelas**. Escurra el líquido de la olla en una taza de medir y complete con leche hasta medir 1 taza. **Reserve.**

3—Remueva y descarte el pellejo de las pechugas. Deshuéselas y corte la carne en trocitos.

4—En una cacerola, diluya la harina de trigo con el líquido reservado. Agregue el contenido de la lata de maíz a la crema. Mezcle, con cuchara de madera, a *fuego moderado-alto* hasta que hierva. Añada y mezcle los trocitos de pollo y las cebollas.

5—Hornée los *Patty Shells* según las instrucciones del paquete o tueste las tajadas de pan.

6—Cueza el contenido de la olla a *fuego moderado* hasta calentarse. Rellene los *Patty Shells* con la mezcla, o sírvalos sobre tajadas de pan tostado.

POLLO A LA GRAND MARNIER

A—3 libras de presas de pollo

B—2 onzas (4 cucharadas) de mantequilla

C—1 grano de ajo grande
1 cebolla mediana $\Big\}$ finamente picados
1 pimiento verde, sin semillas, cortado en trocitos
1 cucharadita de orégano seco

D—1 lata de 8 onzas de guisantes (*Petit-Pois*)
1 cubito de caldo concentrado de pollo

E—4 hojas de laurel
12 aceitunas, rellenas con pimientos morrones
1 cucharadita de alcaparritas
3 cucharadas de pasas, sin semillas (preferible pasas doradas)
10 ciruelas negras, secas, sin semillas

F—2 cucharaditas de harina de trigo (opcional)

G—¼ taza de licor *Grand Marnier*

1—Remueva y descarte el exceso de grasa de las presas de pollo. Pese las presas de pollo, lávelas y séquelas. Adóbelas de acuerdo con la *Tabla para Adobar Pollo* que aparece en la página 8.

2—En un cladero grande, derrita la mantequilla a *fuego bajo* y dore **ligeramente** el pollo a *fuego moderado-alto*.

3—Retire el pollo del caldero, añada los ingredientes incluidos en C, mezcle y sofríalos a *fuego bajo* por *10 minutos*.

4—Mientras tanto, en una taza de medir grande, escurra la lata de guisantes. **Reserve** los guisantes. Añada al líquido escurrido suficiente agua hasta medir 2 tazas. Vierta este líquido en una cacerola, añada el cubito concentrado de pollo y disuélvalo a *fuego moderado*. **Reserve**.

5—Agregue de nuevo al caldero las presas de pollo y distribú- yale encima los ingredientes incluidos en E.

6—Vierta en el caldero las 2 tazas del líquido reservado. Ponga el *fuego alto* hasta hervir. Reduzca el fuego a *moderado*, tape y hierva por *45 minutos*.

7—Saque un poco de la salsa del caldero y diluya la harina de trigo incluida en F. Agréguela al caldero y mezcle.

8—En seguida, añada el licor *Grand Marnier* y los guisantes reservados. Mezcle y cueza, destapado, por *10 minutos.* Sirva con su salsa. (Si lo prefiere, remueva el pellejo a las presas de pollo, deshuéselas y añada la carne al caldero. Mezcle y sirva en fuente honda.)

POLLO SUPREME

A—2½ libras de caderas de pollo, pequeñas

Adobo:

2 granos de ajo
3 granos de pimienta
½ cucharadita de orégano seco
2 cucharaditas de sal
½ cucharadita de aceite de oliva
1 cucharadita de vinagre

} muela y mezcle en el mortero

B—1½ tazas de cebollas, finamente picadas
1½ tazas de arroz de grano corto
1 sobre de mezcla para sopa de cebolla (*Onion Mix Soup*)
C—1 lata de 10½ onzas de crema de setas (*Cream of Mushroom Soup*), sin diluir
¾ taza de *Jerez*
1¼ taza de agua
D—Pimentón (*Paprika*), para espolvorear
1—Remueva y descarte el exceso de grasa de las caderas de pollo. Lávelas y séquelas. Adóbelas alrededor y levante el pellejo, para adobarlas bien bajo este. **Resérvelas.**
2—Encienda el horno a *350°F., 10 minutos* antes de usarlo. Engrase un molde de cristal para hornear, rectangular, tamaño 13″ × 9″ × 2″.
3—Cubra el fondo del molde con las cebollas picadas y distribuya encima el arroz.
4—En un tazón pequeño, vierta el contenido del sobre de mezcla para sopa de cebolla y **desborónelo bien.** Riéguelo sobre el arroz.

5—Coloque sobre el arroz las presas de pollo, con la parte del pellejo **hacia arriba.**

6—Mezcle bien la sopa de crema de setas con el *Jerez* y el agua. Vierta sobre las presas de pollo. Espolvoréelas con pimentón. Tape el molde y hornée por *30 minutos.* Destape y hornée por *40 minutos.*

7—Saque el molde del horno y remueva las presas de pollo. Revuelva el arroz, colóquele encima las presas de pollo y sirva.

POLLOS AGRIDULCE

A—1 pollo grande o 2 medianos
  Adobo—(Vea *Tabla para Adobar Pollo,* página 8)

B—¼ libra de mantequilla

C—3 tazas de azúcar negra (presionándola al medirla)

D—¾ taza de vinagre
  3 chorizos, sin pellejo y cortados en ruedas de ¼"

1—Remueva el exceso de grasa a los pollos. Lávelos, séquelos y adóbelos.

2—En un caldero grande, derrita la mantequilla a *fuego bajo.* Agregue los pollos y dórelos, **muy levemente,** a *fuego moderado.*

3—Agregue el azúcar y mezcle hasta que se disuelva totalmente. Añada el vinagre y los chorizos y mezcle. Tape el caldero y cueza, a *fuego bajo,* por *2 horas,* o hasta que los pollos queden cocidos.

4—Saque los pollos. Escurra la salsa en tazón de cristal y meta en la nevera. (Cuando la salsa enfríe, remueva la grasa de la superficie.) Mientras tanto, divida los pollos en presas o deshuéselos. Vierta la salsa desgrasada en el caldero. Agregue el pollo y caliente al servirlo.

POLLOS BRONCEADOS

(12 raciones)

A—2 pollos de alrededor de 3½ libras cada uno, limpios
Hígados, mollejas y corazones, limpios de pellejos y cartílagos

B—¼ libra de mantequilla, clarificada (Vea Instrucción 2)

C—1½ libra de papitas tiernas, mondadas y enteras
1 libra de cebollitas blancas, mondadas y enteras

D—2 latas de 14½ onzas de tomates al natural (*Whole Peeled Tomatoes*), con su líquido incluido
1 cucharadita de sal
12 aceitunas, rellenas con pimientos morrones
1 cucharada de alcaparritas
3 hojas de laurel
1 taza de vino dulce (Moscatel)

E—3 cucharadas de maicena
1 taza de vino dulce (Moscatel)

F—1 lata de 1 libra de guisantes (*Petit-Pois*), escurrida
1 lata de 6 onzas de setas asadas en mantequilla, (*Broiled-in-Butter Mushrooms*), escurrida

1—Remueva y descarte el exceso de grasa de los pollos. Pese los pollos, lávelos y séquelos. Adóbelos de acuerdo con la *Tabla para Adobar Pollos* que aparece en la página 8. Adobe los menudillos. **Reserve** los pollos y los menudillos, tapados, en la nevera por varias horas.

2—Clarifique la mantequilla del modo siguiente:
Corte la mantequilla en trocitos y derrítala en una cacerolita, a **fuego bien bajo.** En seguida, retire la cacerolita del fuego y déjela reposar por 5 *minutos*. Remueva el suero que sube a la superficie y cuele el líquido restante a través de un colador con pañito húmedo encima.

3—Vierta en un caldero grande la mantequilla clarificada y dore **ligeramente** los pollos, **uno a la vez.** Remuévalos del caldero.

4—Cubra el fondo del caldero con las papas y rodéelas con las cebollas.

5—Coloque encima los pollos, con las pechugas **hacia abajo.** Agregue los menudillos.

6—Distribuya en el caldero los ingredientes incluidos en D y ponga el *fuego alto* hasta hervir. Reduzca el fuego a *moderado,* tape y hierva por *1½ hora.*

7—Disuelva la maicena en el vino incluido en E y viértalo en el caldero. Mezcle y cueza, destapado, a *fuego moderado,* regando **ocasionalmente** la salsa sobre los pollos, alrededor de *30 minutos,* o hasta que queden bien cocidos. Agregue los ingredientes incluidos en F y cueza por *5 minutos.*

8—Saque los pollos y córtelos en presas. Remueva y descarte el pellejo de las pechugas. Corte las pechugas en rebanadas y colóquelas en el centro de una fuente grande y llana. Rodéelas del resto de las presas de pollo y decore alrededor con las papas y las cebollas. Sirva la salsa aparte en fuente honda.

Nota: Si sobrara salsa, **resérvela** para usarla con espaguetis o linguines hervidos.

COCA DE POLLO

A—1 molde de alrededor de 9″ a 10″, con pasta para pastel (*Pie Crust Shell*), lista para hornearse

B—3 latas de 5 onzas de pollo deshuesado (*Boned Chicken*)

C—2 onzas (4 cucharadas) de mantequilla
   ¾ libra de cebolla, cortadas en ruedas
   ½ cucharadita de polvo *Curry* (*Curry Powder*)
   1 cucharadita de sal
   6 cucharadas de salsa de tomate
   ⅓ taza de perejil, lavado, escurrido y picadito
   1 lata de 4 onzas de pimientos morrones, sin escurrir y con los pimientos morrones picaditos

1—Hornée el molde con la pasta para pastel (*Pie Crust Shell*) según instrucciones en el paquete y **resérvelo.**

2—Escurra las latas de pollo deshuesado y desmenuce bien el pollo.

3—En una sartén grande, sofría las cebollas en la mantequilla a *fuego bajo* por *15 minutos,* mezclando **ocasionalmente.**

4—Agregue el resto de los ingredientes incluidos en C y mezcle.

5—Añada el pollo desmenuzado, mezcle y ponga a *fuego moderado* hasta hervir. Retire y rellene el molde que horneó. Sirva caliente.

Nota: Puede sustituir el pollo enlatado incluido en B con sobrante de pollo de alguna receta, deshuesándolo y desmenuzándolo bien.

HIGADOS DE POLLO CON ZANAHORIAS

½ libra de hígados de pollo, limpios de nervios y pellejos
½ cucharadita de sal
1 hoja de laurel
2 cucharaditas de pasas, sin semillas
2 ciruelas negras secas, sin semillas
¼ libra de zanahorias, raspadas y cortadas en lonjitas finas
¼ taza de Jerez

1—En una olla que tenga tapa firme y pesada, combine todos los ingredientes.

2—Tape y cueza a *fuego moderado* por *5 minutos.* Reduzca el fuego a *bajo* y cueza por *½ hora.*

HIGADOS DE POLLO A LA CRIOLLA

1 libra de hígados de pollo, limpios de nervios y pellejos
1 cebolla grande, picada

2 cucharadas de *Sofrito* (Vea recetas en páginas 11–13)
1 hoja de laurel
1 cucharadita de sal
¼ taza de Jerez

1—En una olla que tenga tapa firme y pesada, vierta todos los ingredientes.

2—Mezcle, tape y ponga a *fuego moderado* por *5 minutos.*

3—Reduzca a *fuego bajo* y cueza por *30 minutos.*

HIGADOS DE POLLO CON SETAS EN JEREZ

A—4 lonjas de tocineta

B—½ taza de cebolla, finamente picada
1 lata de 2½ onzas de setas en tajaditas (*Sliced Mushrooms*), escurrida
1 libra de hígados de pollo, limpios de nervios y pellejos

C—⅓ taza de Jerez
1 cucharadita de sal
Pizca de polvo de pimienta
Gotas de *Tabasco* (opcional)

D—Arroz cocido (para servir con los hígados)

1—Fría la tocineta a *fuego moderado-alto,* volteándola **ocasionalmente,** hasta quedar dorada. Escúrrala y **reserve.**

2—En la grasa rendida por la tocineta, sofría la cebolla a *fuego bajo.* Añada los hígados y las setas, mezcle y cueza a *fuego moderado* por *5 minutos,* volteándolos **ocasionalmente.**

3—Agregue los ingredientes incluidos en C y cueza tapado, a *fuego bajo,* por *30 minutos.*

4—Sirva sobre el arroz caliente y desborone la tocineta por encima.

MENUDILLOS DE POLLO EN JEREZ

A—1¼ libra de menudillos de pollo (hígados, corazón y mollejas), pesados limpios de nervios y pellejos
1 limón verde, fresco

B—1 libra de cebolla, finamente picada

C—1½ cucharadita de sal
¼ cucharadita de polvo *Curry* (*Curry Powder*)
⅛ cucharadita de polvo de pimienta
2 hojas de laurel

D—1 lata de 4½ onzas de setas (*Mushrooms*), escurrida
1 lata de 1 libra 1 onza de guisantes (*Petit-Pois*), escurrida
¼ taza de Jerez

1—Exprima el limón en una cacerola con agua. Lave rápidamente los menudillos y escúrralos.

2—En el fondo de una olla, vierta la cebolla picada. Distribuya
encima los menudillos. Agregue los ingredientes incluidos
en C. Tape y cueza a *fuego moderado* por *5 minutos*. Reduzca el *fuego* a *bajo* y cueza por *30 minutos*.

3—Añada los ingredientes incluidos en D, mezcle, tape y
cueza por *10 minutos* a *fuego bajo*.

SOPÓN DE POLLO

A—2½ litros (10 tazas de agua)
4¾ cucharaditas de sal
2 cucharaditas de jugo de limón verde, fresco
2 cebollas, partidas en dos

B—1½ libra de pedazos grandes de calabaza, mondada y lavada
1½ libra de pedazos pequeños de yautía, mondada y lavada
1 pollo de 3 a 3½ libras, limpio, lavado y escurrido

C—1 onza de fideos finos

1—En una olla grande, combine los ingredientes incluidos en A y póngala a *fuego alto* hasta hervir.

2—Agregue los ingredientes incluidos en B y deje la olla destapada hasta que hierva. Reduzca el fuego a *moderado,* tape la olla y cueza por *1 hora.* Saque el pollo y los pedazos de calabaza. Maje la calabaza y agréguela de nuevo a la olla. (Puede usar una licuadora eléctrica, licuando la calabaza en un poco del caldo.)

3—Agregue los fideos, mezcle y cueza tapado, a *fuego moderado,* por *20 minutos.*

4—Mientras tanto, remueva el pellejo del pollo y descártelo.

5—Deshuese el pollo y corte la carne en trozos. Añádala de nuevo al sopón, mezcle y sirva caliente.

Nota: Esta receta resulta muy versátil, pues, cuando lo prefiera, puede usar el pollo hervido del sopón para preparar las siguientes recetas que aparecen en el capítulo de *Sugerencias Prácticas:*
Pollo en Salsa China
Ensaladas de Pollo
Emparedados de Pollo

Carnes

Carnes

PERNIL ESTOFADO

A—3 libras de pernil de cerdo, limpio del cuero y de grasa
Adobo:
   3 granos de ajo   ⎫ muela
   3 granos de pimienta   ⎪ y
   1½ cucharadita de orégano seco ⎬ mezcle
   1 cucharada de sal   ⎪ en el
   2 cucharaditas de vinagre   ⎭ mortero

B—3 tazas de agua
   1 frasco de 1¾ onza de alcaparrado, escurrido
   ½ libra de cebollas, cortadas en ruedas
   6 ciruelas negras secas, sin semillas
   2 hojas de laurel

C—1 libra de papitas tiernas, mondadas y enteras
   ½ taza de azúcar
   ½ cucharadita de sal
   1 taza de vino dulce o seco

1—Lave el pernil y séquelo. Dele unos cortes superficiales en la parte superior. Adóbelo a todo alrededor. Póngalo en un caldero y añada los ingredientes incluidos en B. Cueza a *fuego alto* hasta que hierva. Reduzca el fuego a *moderado,* tape y cueza por *2 horas.*

2—Destape y voltée el pernil. Añada los ingredientes incluidos en C. Ponga el *fuego alto* hasta hervir, reduzca el fuego a *moderado,* tape y cueza por *30 minutos.* Destape y cueza hasta que la salsa espese a su gusto.

PERNIL MECHADO EN SALSA NEGRA

A—5 libras de pernil de cerdo, trasero (Vea Nota en el uso de pernil de cordero o ternera)

B—Adobo:

4 granos de pimienta
4 granos de ajo
1 cucharadita de orégano seco
4 cucharaditas de sal
1 cucharada de aceite de oliva
1 cucharada de vinagre

} muela
y
mezcle
en el mortero

C—2 onzas de jamón de cocinar, lavado y cortado en trocitos
6 ciruelas negras secas, sin semillas y cortadas en dos
12 aceitunas, rellenas con pimientos morrones

D—1½ taza de azúcar negra (presionándola al medirla)
3 botellas de 12 onzas de malta

1—Quite el cuero y exceso de grasa al pernil. Lave el pernil y séquelo. En la parte superior, déle unos cortes superficiales de alrededor de ⅛ pulgada de profundidad y en forma de cuadros, como de 1½ pulgada. Distribuya y frote el adobo alrededor de todo el pernil. Cubra y coloque en la nevera hasta el día siguiente.

2—Con un cuchillo afilado, haga incisiones profundas, de alrededor de ½ pulgada de ancho, en distintas partes del pernil. Rellene cada incisión con los ingredientes incluidos en C.

3—En un caldero grande, coloque la carne y los ingredientes incluidos en D. Ponga el *fuego alto* hasta hervir. Reduzca el fuego a *moderado,* tape y hierva por *3 horas,* o hasta que el pernil esté bien cocido. (A la mitad del tiempo, voltée la carne.)

4—Saque la carne del caldero y déjela enfriar un poco. Vierta la salsa en una taza de cristal de medir y remueva la grasa que sube a la superficie.

5—Corte la carne en rebanadas y colóquelas en una fuente llana. Acompañe con la salsa, servida en fuente honda.

Nota: Puede sustituir con pernil de cordero o de ternera y ajustar el tiempo de cocción de acuerdo.

PERNIL EN CERVEZA

A—1 pernil de cerdo de 7 libras (Vea Nota, pagina 94)
  Adobo:
    8 granos de pimienta
    12 granos de ajo ⎫ muela
    2 cucharaditas de orégano seco ⎪ y
    2 cucharadas de sal ⎬ mezcle
    1 cucharada de aceite de oliva ⎪ en el mortero
    2 cucharadas de vinagre ⎭

B—2 cucharadas de aceite de oliva

C—5 latas de 10 onzas de cerveza
  4 hojas de laurel
  1 libra de cebollas, partidas en dos y cortadas en ruedas
  6 hojas de culantro, lavadas ⎫ cortados
  2 pimientos verdes, sin semillas ⎬ en
  6 ajíes dulces, sin semillas ⎭ pedazos

D—2 libras de papas pequeñas, mondadas y enteras
  ¾ cucharadita de sal
  ¼ taza de pasas, sin semillas

E—3 cucharadas de maicena

1—Quítele el cuero y el exceso de grasa al pernil. Lave el pernil, séquelo y adóbelo. Cubra y coloque en la nevera hasta el día siguiente.

2—En un caldero grande, vierta el aceite de oliva incluido en B y rote el caldero para que el aceite cubra el fondo y parte de los lados. Caliente el aceite y dore **ligeramente** el pernil por todos los lados, a *fuego moderado-alto.*

3—Agregue los intredientes incluidos en C y ponga el *fuego alto* hasta hervir. Tape, reduzca el fuego a *moderado* y hierva por *3 horas.*

4—Voltée el pernil y añada los ingredientes incluidos en D. Ponga el *fuego alto* hasta hervir. Tape, reduzca el fuego a *moderado* y deje hervir por *30 minutos.*

5—Destape, saque una taza del líquido del caldero y diluya bien la maicena. Agréguelo al caldero, mezcle y deje hervir destapado, a *fuego moderado,* lo necessario hasta que la salsa espese a su gusto.

FILETE RELLENO

A—1 filete, limpio de nervios y pellejos
  Adobo:
    1 cucharadita de sal por cada libra de filete limpio
    ½ cucharadita de ajo en polvo, en total

B—4 lonjas largas de jamón hervido
    4 lonjas largas de queso suizo
    1 cebolla   } picados
    1 lata de 4 onzas de pimientos morrones,   y
      escurridos   mezclados
    1 huevo duro

C—5 lonjas de tocineta

1—Encienda el horno a *450°F., 10 minutos* antes de usarlo.

2—Pase paño húmedo sobre el filete. Divida el filete por la mitad, a lo largo, sin separarlo. Adóbelo.

3—Mezcle los ingredientes incluidos en B y rellene el filete. Ciérrelo y pinche con palillos. Envuelva la tocineta alrededor del filete, pinchándola con palillos.

4—Colóquelo en un molde rectangular de aluminio y hornéelo en la parrilla central del horno, alrededor de *25 minutos,* o hasta que quede cocido a su gusto. Remueva y descarte los palillos antes de servir.

LOMILLO CON MAIZ Y SETAS

A—1 libra de tajadas de lomillo, de alrededor de ¼ pulgada de espesor

Adobo:

3 granos de ajo grandes ⎫ muela
¼ cucharadita de orégano seco ⎪ y
1 cucharadita de sal ⎬ mezcle
1 cucharadita de vinagre ⎭ en el mortero

B—1 onza (2 cucharadas) de mantequilla u oleomargarina

C—1 lata de 10½ onzas de sopa de setas (*Cream of Mushrooms Soup*), sin diluir
  1 lata de 7 onzas de *Mexicorn*, o maíz en grano (*Whole Corn Kernel*), sin escurrir
  1 lata de 4 onzas de setas en tajadas (*Sliced Mushrooms*), sin escurrir
  1 lata de 8 onzas de guisantes (*Petit-Pois*), escurrida

1—Adobe las tajadas de lomillo, preferiblemente con anticipación.

2—En una sartén grande, derrita la mantequilla u oleomargarina y fría la carne a *fuego moderado-alto*, alrededor de *3 minutos* por cada lado. Saque las tajadas de carne de la sartén y córtelas en trozos de alrededor de 1 pulgada.

3—Combine los ingredientes incluidos en C, viértalos en la sartén y mezcle. Añada los trozos de carne, caliente a *fuego moderado* y sirva, acompañado por arroz blanco.

LOMILLO A LA JARDINERA

A—1½ libra de tajadas de lomillo, de alrededor de ¼ pulgada de espesor
Adobo:

2 granos de pimienta ⎫
4 granos de ajo ⎪ muela
¾ cucharadita de orégano seco ⎪ y
1½ cucharadita de sal ⎬ mezcle
1 cucharadita de aceite de oliva ⎪ en el mortero
2 cucharaditas de vinagre ⎭

B—3 cucharadas de aceite de oliva

C—2 cucharadas de *Sofrito* (Vea recetas en páginas 11–13)
½ libra de pimientos verdes, sin semillas y cortados en trocitos
½ taza de cebolla, picadita

D—1 cucharada de azúcar
¾ cucharadita de sal
1 frasco de 15½ onzas de salsa para espagueti con setas (*Mushroom Spaghetti Sauce*)
1 lata de 8 onzas de zanahorias en tajaditas (*Sliced Carrots*), escurrida

1—Machaque las tajadas de lomillo, para ponerlas más finas, y adóbelas con anticipación.

2—En una sartén grande, caliente el aceite de oliva. Añada **gradualmente** las tajadas de carne y déjelas a *fuego moderado-alto* en lo que pierden el color rojizo. En seguida, sáquelas de la sartén.

3—Agregue a la sartén los ingredientes incluidos en C y sofría a *fuego bajo* por *10 minutos.*

4—Suba el fuego a *moderado,* añada los ingredientes incluidos en D, mezcle y cueza por *5 minutos.*

5—Agregue las tajadas de carne, mezcle y cueza por *5 minutos.*

TERNERA EN VINO

A—1 libra de ternera, cortada en tajadas finas
4 granos de ajo
1 cucharadita de sal

B—2 cucharadas de aceite de oliva
½ libra de cebolla, picadita

C—½ taza de salsa de tomate
¼ taza de *Ketchup*
1 taza de vino blanco dulce (*Sauterne*)

D—⅓ taza de queso *Parmesano*, rallado

1—Pase un paño húmedo por encima de la carne y séquela con papel absorbente. En un mortero, muela muy bien los ajos con la sal. Mezcle y adobe la carne con anticipación.

2—En una sartén, ponga a calentar el aceite. Añada la carne y cueza a *fuego moderado-alto*, **únicamente** en lo que pierde el color de carne cruda.

3—En seguida, ponga el *fuego moderado*. Coloque la cebolla picada debajo de las tajadas de carne y amortígüelas por *5 minutos*.

4—Agregue los ingredientes incluidos en C. Ponga el *fuego alto* hasta que hierva. Reduzca el fuego a *bajo*, tape y cueza por *20 minutos*.

5—Destape y añada el queso. Mezcle y cueza destapado, a *fuego moderado*, hasta que la salsa espese a su gusto.

CHULETAS AL RANCHO

A—4 libras de chuletas de cerdo, corte del centro (*Center Cut*), de ¾ pulgada de espesor (alrededor de 8 chuletas)
 Adobo:
   1 cucharada de sal
   ¼ cucharadita de orégano seco ⎫
   1 cucharadita de aceite de oliva ⎬ mezclados
   1 cucharadita de vinagre ⎭

B—**Salsa:**
   ½ taza de *Ketchup*
   ¾ taza de caldo de res (*Beef Bouillon*)
   1 cucharada de vinagre de vino (*Wine Vinegar*)
   1½ cucharadita de harina de trigo
   1 cucharadita de salsa soya (*Soy Sauce*)
   2 cucharadas de azúcar negra
   4 granos de ajo grandes, picados
   ¼ cucharadita de sal
   ¼ cucharadita de orégano seco

1—Remueva y descarte la grasa que rodea las chuletas. Láve-las, séquelas y adóbelas con anticipación. Colóquelas en un molde de cristal para hornear, tamaño 13″ x 9″ x 2″.

2—Encienda el horno a *350°F., 10 minutos* antes de usarlo.

3—En el tazón de la licuadora eléctrica, vierta los ingredientes incluidos en la salsa. Tape y licúe a alta velocidad por *1 minuto.*

4—Vierta la salsa en una cacerola y mezcle, con cuchara de madera, a *fuego alto,* hasta tomar consistencia. Reduzca el fuego a *moderado* y mezcle hasta que hierva. Retire del fuego y vierta la salsa sobre las chuletas.

5—Hornée por *1 hora.*

CHULETAS EN CERVEZA

A—3½ libras de chuletas de cerdo, corte del centro (*Center Cut*), de ½ pulgada de espesor

B—1 cucharada de aceite vegetal
3 cucharadas de *Sofrito* (Vea recetas en páginas 11–13)

C—½ taza de *Ketchup*
1 cucharada de sal
2 hojas de laurel
2 aceitunas, rellenas con pimientos morrones
3 latas de 10 onzas de cerveza

D—1 libra de papas, mondadas y cortadas en pedazos

E—1 lata de 1 libra de zanahorias en tajadas (*Sliced Carrots*), escurridas

1—Remueva y descarte la grasa que rodea las chuletas. Láve-las, séquelas y **resérvelas.**

2—Vierta el aceite vegetal en un caldero y caliente el *Sofrito* a *fuego bajo.*

3—Agregue al caldero los ingredientes incluidos en C y mezcle.

4—Añada las chuletas y ponga el *fuego alto* hasta hervir. Reduzca el fuego a *moderado,* tape y hierva por *15 minutos.*

5—Añada las papas, tape y hierva por *15 minutos* a *fuego moderado.*

6—Ponga el *fuego moderado-alto* y cueza, destapado, por *30 minutos.*

7—Agregue las zanahorias, mezcle y deje dar un hervor.

CHULETAS EN AGRIDULCE

A—8 chuletas, corte del centro (*Center Cut*)
Adobo:

3 granos de pimienta	
2 granos de ajo	
1 cucharadita de orégano seco	muela
1 cucharadita de aceite de oliva	y
1 cucharadita de vinagre	mezcle
1 cucharadita de sal por cada libra que pesen las chuletas, después de haberles quitado la grasa que las rodea	en el mortero

B—1 cucharada de aceite de oliva

C—¼ cucharadita de mostaza
½ taza de *Ketchup*
¼ taza de vinagre
½ taza de azúcar negra (presionándola al medirla)

D—1 lata de 8¼ onzas de ruedas de piña (*Sliced Pineapple*)

1—Remueva y descarte la grasa que rodea las chuletas. Péselas, para determinar la sal requerida en el adobo. Lávelas, séquelas y adóbelas.

2—Encienda el horno a *400°F., 10 minutos* antes de usarlo.

3—Engrase el fondo de una sartén grande con el aceite de oliva incluido en B. Ponga el *fuego moderado-alto,* agregue

4 chuletas y voltéelas por ambos lados, **solo** hasta que pierdan el color de carne cruda. En seguida, sáquelas y colóquelas en un molde de cristal para hornear, tamaño 13" x 9" x 2". Añada el resto de las chuletas a la sartén y repita lo anterior.

4—En un tazón, combine los ingredientes incluidos en C.

5—Abra la lata de ruedas de piña, escúrrala y añada al tazón 2 cucharadas del sirop escurrido. Corte las ruedas de piña en trocitos de alrededor de ½ pulgada, agréguelos al tazón y mezcle bien.

6—Vierta el contenido del tazón sobre las chuletas. Cubra el molde con papel de aluminio (*Aluminum Foil*) y hornée por *30 minutos.*

7—Destape y hornée por *30 minutos.* Retire el molde del horno y sirva en el mismo molde.

CARNE CON BERENJENA A LA EGYPTIENNE

(Pastelón de Carne con Berenjena)

A—¼ taza de aceite de oliva
1 cebolla mediana, picadita
3 granos de ajo, cortados en lonjitas
½ libra de carne de masa de res, molida

B—1 tomate grande, picadito
1 lata de 8 onzas de salsa de tomate
½ taza de agua
¾ cucharadita de sal
¼ cucharadita de polvo de pimienta ⎫
¼ cucharadita de pimentón (*Paprika*) ⎭ opcional
2 cucharadas de harina de trigo

C—1 libra de berenjena
Harina de trigo (para enharinar)

D—¾ taza de aceite de oliva

E—¼ libra de queso suizo, cortado en tajadas finas
1 onza (2 cucharadas) de mantequilla

1—En una sartén, caliente el aceite de oliva incluido en A y amortígüe la cebolla a *fuego bajo.*

2—Agregue los ajos y mezcle. Añada la carne molida y revuelva **contínuamente** a fuego *moderado-alto,* hasta que la carne pierda el color rojizo.

3—Ponga a *fuego bajo,* añada los ingredientes incluidos en B, y mezcle. Cueza a *fuego moderado,* revolviendo **ocasionalmente,** por *20 minutos.* Retire del fuego y **reserve.**

4—Mientras tanto, monde las berenjenas y córtelas en ruedas de alrededor de ¼ pulgada de espesor. *"Envuélvalas"* ligeramente en la harina de trigo incluida en C.

5—En una sartén, caliente el aceite de oliva incluido en D y fría las ruedas de berenjena a *fuego moderado, 3 minutos* por cada lado. Sáquelas y escúrralas sobre papel absorbente.

6—En un molde de cristal para hornear coloque 5 camadas de los ingredientes en el siguiente orden:
a—⅓ del relleno de carne
b—La mitad de las tajadas de berenjena
c—⅓ del relleno de carne
d—El resto de las tajadas de berenjena
e—⅓ del relleno de carne

7—Cubra la superficie con tajadas finas de queso suizo y coloque la mantequilla sobre el queso, en pequeños trocitos.

8—Encienda el horno a *350°F.* y coloque el molde en el horno hasta que el queso derrita y dore **ligeramente.**

LECHON DE MECHAR EN JEREZ
(12 raciones)

A—1 lechón de mechar, grande, o 2 medianos

B—Adobo:
  8 granos de pimienta
  4 granos de ajo
  1 cucharada de orégano seco
  1 cucharadita de sal por cada libra
    de lechón de mechar, limpio de
    grasa y pellejos
  1 cucharada de aceite de oliva
  1½ cucharadita de vinagre

} muela
y
mezcle
en el mortero

C—1 cucharada de manteca o aceite vegetal

D—1½ litro (6 tazas) de agua
  2 hojas de laurel

E—1½ libra de zanahorias, raspadas y cortadas en ruedas
    de alrededor de ½ pulgada
  1 libra de cebollitas blancas, mondadas y enteras
  2½ cucharaditas de sal
  ½ taza de Jerez
  ⅓ taza de azúcar negra (presionándola al medirla)
  8 ciruelas negras secas, sin semillas
  2 cucharadas de pasas, sin semillas

F—1 lata de 14 onzas de alcachofas (*Artichoke Hearts*), escur-
    rida, o 1 paquete de 9 onzas de alcachofas, congeladas

G—2 cucharadas de maicena
  ½ taza de Jerez

1—Limpie el lechón de mechar de grasa y de pellejos. Péselo
  para determinar la sal requerida. Lávelo, séquelo y adóbelo
  con los ingredientes incluidos en B. Cubra y coloque en
  la nevera hasta el día siguiente.

2—En un caldero grande, caliente la grasa incluida en C y
  dore **ligeramente** el lechón de mechar a *fuego moderado-
  alto.*

3—Agregue los ingredientes incluidos en D y ponga el *fuego
  alto* hasta hervir. Reduzca el fuego a *moderado* y tape.
  Hierva alrededor de *3 horas,* o hasta que la carne esté
  casi blanda. (A la mitad del tiempo, voltée el lechón.)

4—Añada los ingredientes incluidos en E y ponga el *fuego alto* hasta hervir. Reduzca el fuego a *moderado* y tape. Hierva alrededor de *1 hora*, o hasta que la carne haya ablandado. (A la mitad del tiempo, voltée el lechón.)

5—Agregue las alcachofas. (Si las usa congeladas, agréguelas directamente del congelador (*Freezer*). Tape y deje hervir a *fuego moderado* por *10 minutos*. Pruebe y ajuste la sazón, si necesario.

6—Mientras tanto, disuelva la maicena en el Jerez y añada al caldero. Mezcle y cueza, destapado, hasta que la salsa espese a su gusto.

7—Saque el lechón de mechar del caldero, córtelo en rebanadas y sírvalo en fuente llana. Acompáñelo con la salsa, servida en fuente honda.

LECHON DE MECHAR EN CERVEZA

(12 raciones)

A—1 lechón de mechar, grande, o 2 medianos

B—**Adobo:**
4 granos de ajo
4 granos de pimienta
2 cucharaditas de orégano seco
1 cucharadita de sal por cada libra de lechón de mechar, limpio de grasa y pellejos
2 cucharaditas de aceite de oliva
2 cucharaditas de vinagre

muela y mezcle en el mortero

C—1 cucharada de aceite vegetal
4 latas de 10 onzas de cerveza
4 cucharadas de *Sofrito* (Vea recetas en páginas 11–13)

D—½ taza de *Ketchup*
½ cucharadita de sal
1 cucharadita de alcaparras
12 aceitunas, rellenas con pimientos morrones

2 hojas de laurel
2 libras de papas pequeñas, mondadas y enteras
1 libra de cebollitas blancas, mondadas y enteras
1 lata de 1 libra de guisantes (*Petit-Pois*), escurrida

E—2 cucharadas de maicena (opcional)

1—Limpie el lechón de mechar de grasa y pellejos. Péselo, para determinar la sal requerida. Lávelo, séquelo y adóbelo con los ingredientes incluidos en B. Cubra y coloque en la nevera hasta el día siguiente.

2—En un caldero grande, caliente el aceite vegetal y dore **ligeramente** el lechón de mechar a *fuego moderado-alto*.

3—Añada el resto de los ingredientes incluidos en C y cueza a *fuego alto* hasta hervir. Reduzca el fuego a *moderado,* tape y cueza por *3 horas.* (A la mitad del tiempo, voltée la carne.)

4—Añada los ingredientes incluidos en D, mezcle y ponga el *fuego alto* hasta hervir. Reduzca el fuego a *moderado* y hierva, destapado, por *30 minutos,* o hasta que las papas estén cocidas.

5—Saque el lechón de mechar y las papas del caldero. Aparte, diluya la maicena en un poco de la salsa. Añádala al caldero, mezcle y deje dar un hervor, o hasta que la salsa espese a su gusto.

6—En una fuente llana, sirva el lechón de mechar, cortado en rebanadas, rodeado por las papas y las cebollas. Acompañe con la salsa, servida en una fuente honda.

SAUERBRATEN

A—5 libras de espalda o cadera de res (*Boned Chuck* o *Rump*)

B—2 tazas de agua
1 taza de vino tinto (*Burgundy*)
1 taza de vinagre

1 cucharadita de granos de pimienta
1 cucharadita de granos de pimienta dulce (*Allspice*)
4 hojas de laurel
3 zanahorias grandes, raspadas y cortadas en ruedas
2 cebollas, cortadas en ruedas
3 pedazos de apio (*Celery*), de alrededor de 2 pulgadas
3 pedazos de cáscara de limón verde, de alrededor de 2 pulgadas
1 cucharada de sal

C—2 lonjas de tocineta

D—5 cucharadas de harina de trigo
½ taza de crema agria (*Sour Cream*)

1—En un recipiente grande, aporcelanado, apropiado para usar sobre la hornilla, combine los ingredientes incluidos en B y ponga a hervir a *fuego alto* por *10 minutos.* Retire del fuego y deje enfriar.

2—Coloque la carne en el recipiente, tape y deje marinar en la nevera de un día para otro. **Ocasionalmente,** voltée la carne con tenedor o cuchara de madera.

3—Al día siguiente, encienda el horno a *375°F., 10 minutos* antes de usarlo. Retire el recipiente de la nevera, cubra la carne con las lonjas de tocineta, tape y hornée por *2 horas.*

4—Retire el recipiente del horno. Saque la carne y **reserve.** Cuele el contenido del recipiente. Saque y descarte los granos de pimienta, las hojas de laurel y las cáscaras de limón. Vierta el resto en una licuadora eléctrica, junto con el líquido colado y licúe.

5—Aparte, en el recipiente aporcelanado, combine la harina de trigo con la crema agria. Añada lo licuado y mezcle, con cuchara de madera. a *fuego moderado,* hasta que hierva y espese un poco. Cuele y sirva caliente, junto con la carne.

CARNE DE CERDO EN AGRIDULCE

A—2 libras de masa de cerdo, pesadas sin grasa ni hueso
2 litros (8 tazas) de agua
1 cucharada de sal

B—¾ taza de harina de trigo
½ cucharadita de sal
⅛ cucharadita de polvo de pimienta
2 cucharadas de agua
2 huevos grandes

C—2 pimientos verdes, sin semillas, cortados en pedazos de
alrededor de ¾"
¾ taza de vinagre

D—2 tomates ⎱ cortados en pedazos de
2 ruedas de piña enlatada ⎰ alrededor de ¾"
¾ taza de azúcar
¾ cucharadita de sal
2 cucharadas de aceite de oliva
3 cucharadas de *Ketchup*

E—3 cucharadas de maicena
1 taza de agua

F—Abundante aceite vegetal (para freir)

G—1 lata de 5½ onzas de tallarines chinos (*Chow Mein Noodles*)

1—Corte la carne en pedazos de alrededor de 1 pulgada.

2—En una olla, ponga a hervir a *fuego alto* el agua con la
sal incluida en A. Al romper a hervir, añada la carne. Al
hervir de nuevo, tape y deje hervir a *fuego moderado* alrededor de *1 hora,* o lo necesario hasta que, al pinchar
la carne, esté blanda.

3—En un tazón, combine los ingredientes incluidos en B y
cuele la mezcla.

4—Tan pronto la carne ablande, escúrrala y pásela por la mezcla hasta quedar bien cubierta. **Reserve** en un platón.

5—En una sartén grande, caliente abundante aceite vegetal. Agregue los trozos de carne y fría hasta dorarlos, sin quemarlos. Remueva la carne y ponga en papel absorbente para que absorba la grasa.

6—En una cacerola, combine los pimientos verdes con el vinagre y póngalos a amortigüar a *fuego moderado* por 5 *minutos*.

7—Agregue los ingredientes incluidos en D, mezcle y cueza a *fuego moderado-alto* hasta hervir. Reduzca el fuego a *moderado* y deje hervir por 5 *minutos*.

8—Diluya la maicena en el agua, añada a la cacerola y mezcle, con cuchara de madera, a *fuego moderado,* hasta hervir.

9—Agregue la carne frita, deje dar un hervor y sirva sobre los tallarines chinos.

PUNTA DE CADERA RELLENA

A—4 libras de carne de res (punta de cadera), pesada después de estar limpia de nervios y pellejos

B—4 granos de ajo
3 ajíes dulces, sin semillas
1 cebolla pequeña
1 pimiento verde pequeño, sin semillas
1 cucharadita de orégano seco
1 cucharadita de alcaparras
1 cucharadita de sal
1 cucharadita de aceite de oliva
1 cucharadita de vinagre

C—4 huevos duros, enteros
12 aceitunas, rellenas con pimientos morrones
3 chorizos, sin el pellejo y cortados en rueditas

D—1 cucharada de aceite vegetal

E—2 tazas de agua
   4 cucharaditas de sal
   4 hojas de laurel

F—1½ taza de vino dulce o seco

   1 libra de cebollitas blancas
   1½ libra de papas, bien pequeñas } mondadas y enteras
   ½ cucharadita de sal
   ¼ taza azúcar (opcional)

1—Con un cuchillo largo y afilado, déle un corte horizontal y profundo en una de las extremidades de la carne hacia el centro, para formar una bolsa bien ancha.

2—Mezcle los ingredientes incluidos en B y rellene con estos la bolsa, alternándolo con los ingredientes incluidos en C. Cosa la extremidad de la carne para evitar que se salga el relleno.

3—Engrase un caldero grande con el aceite vegetal incluido en D. Ponga el *fuego moderado-alto,* añada la carne y permita que pierda el color rojizo por ambos lados. En seguida, agregue los ingredientes incluidos en E. Ponga el *fuego alto* hasta hervir, reduzca el fuego a *moderado,* tape y deje hervir por *1½ hora.* (A la mitad del tiempo, voltée la carne.)

4—Añada los ingredientes incluidos en F. Ponga el *fuego alto* hasta hervir, reduzca el fuego a *moderado,* tape y deje hervir por *30 minutos.*

5—Destape y cueza lo necesario hasta espesar la salsa a su gusto.

CARNE GUISADA CON VEGETALES

A—2½ libras de carne de masa de res, limpia de nervios y pellejos
   1 libra de zanahorias

B—1 pimiento verde, sin semillas, cortado en pedazos grandes
   1 cebolla, cortada en dos, horizontalmente
   3 tallos de apio (*Celery*), lavados y cortados en pedazos
   4 tazas de agua
   1 lata de 1 libra 12 onzas de tomates al natural (*Whole
     Peeled Tomatoes*)
   1 cucharada de sal
   1 cucharada de vinagre

C—1½ libra de papas tiernas pequeñas, mondadas
   ½ cucharadita de sal

D—1 lata de 1 libra de habichuelas tiernas, escurrida

1—Corte la carne en pedazos de alrededor de 1″ y colóquela
   en un caldero. Raspe las zanahorias, córtelas en pedazos
   de alrededor de 1″ y agréguelas al caldero.

2—Añada los ingredientes incluídos en B y mezcle. Ponga
   el *fuego alto* hasta hervir a borbotones. Reduzca el fuego
   a *moderado*, *tape* y cueza por 2 *horas*.

3—Agregue los ingredientes incluídos en C y mezcle. Cueza
   destapado a *fuego moderado-alto* o *moderado*, de acuerdo
   a como note que se reduzca la salsa y espese a su gusto
   y las papas queden cocidas.

4—Añada las habichuelas tiernas, mezcle y cueza por 10
   minutos.

CARNE EMPANADA

A—1 libra de tajadas de lomillo, de alrededor de ¼ pulgada
   de espesor

Adobo:

2 granos de pimienta	
1 grano de ajo	muela
½ cucharadita de orégano seco	y
1 cucharadita de sal	mezcle
½ cucharadita de aceite de oliva	en el mortero
½ cucharadita de vinagre	

B—2 huevos

¼ cucharadita de sal

C—1 taza de polvo de pan o de galletas

D—Abundante aceite vegetal (para freir)

1—Machaque cada tajada de lomillo por ambos lados, para que queden más finas, y adóbelas.

2—Bata los huevos con la sal. Pase las tajadas de lomillo por los huevos batidos, escúrralos y *"envuélvalos"* en el polvo de galleta. Colóquelos en fuente llana, tape y **reserve** en la nevera, por lo menos ½ hora, para evitar que se separe el empanado al freirlos.

3—Vierta suficiente aceite vegetal en un *"Deep Fryer"* eléctrico (Vea Nota). Encienda el termostato del *"Deep Fryer"* a marcar 350°F.

4—Al apagarse la luz del *"Deep-Fryer"*, alce la canasta de freir, para que no quede sumergida en la grasa. Coloque en el fondo de la canasta las tajadas de lomillo que cómodamente quepan. Baje la canasta, hasta quedar sumergida en la grasa y cubriendo la carne. Fría por *6 minutos*. Sáquelas y escúrralas sobre papel absorbente. Repita el procedimiento con el resto de la carne.

Nota: Puede freir la carne en caldero o sartén profundo, con abundante aceite vegetal.

CARNE EN AGRIDULCE

A—1 litro (4 tazas) de agua

1 cucharada de sal

1 pimiento verde americano (*Bell Pepper*), sin semillas y cortado en cuatro

1 cebolla, partida en dos, horizontalmente

3 granos de ajo, picaditos

3 hojas de culantro, lavadas

B—2 libras de carne de masa de res, pesada después de estar limpia de nervios y pellejos, cortada en pedacitos de ½ pulgada

C—¾ taza de vinagre
2 pimientos verdes americanos (*Bell Peppers*), sin semillas y cortados en pedazos de alrededor de 1 pulgada cuadrada

D—2 tomates   ⎱ cortados en pedazos de
4 tajadas de piña enlatada ⎰ alrededor de ½ pulgada
¾ tazas de azúcar negra (presionándola al medirla)
¼ cucharadita de sal
3 cucharadas de *Ketchup*

E—3 cucharadas de maicena
1½ taza de caldo (Vea Instrucción 1)

F—1 lata de 3 onzas de tallarines chinos (*Chow Mein Noodles*)

1—En una olla, ponga a *fuego alto* los ingredientes incluidos en A. Al hervir, agregue la carne y tan pronto hierva, reduzca el fuego a *moderado,* tape y hierva por *1½ hora,* o hasta que la carne ablande. Cuele, mida 1½ taza del caldo escurrido y **resérvelo. Reserve** la carne.

2—En una cacerola grande, combine los ingredientes incluidos en C, tape y cueza a *fuego moderado* por *15 minutos.*

3—Añada los ingredientes incluidos en D y ponga a *fuego alto* hasta hervir. Tape, reduzca el fuego a *moderado* y cueza por *5 minutos.*

4—Aparte, diluya la maicena en un poco del caldo reservado. Añádale el resto del caldo y mezcle. Agréguelo a la cacerola y mezcle **contínuamente** a *fuego moderado-alto* hasta que hierva.

5—Añada los trozos de carne escurridos que reservó y mezcle a *fuego moderado* hasta que hierva.

6—Sirva sobre tallarines chinos (*Chow Mein Noodles*).

BOLITAS DE CARNE CON SETAS
(Boules aux Champignons)

A—1 libra de carne de masa de res, molida
1 cucharadita de sal
Pizca de polvo de pimienta
2 huevos grandes, enteros
½ taza de polvo de pan o de galleta

B—2 cucharaditas de harina de trigo
¾ taza de caldo res *(Beef Consommé)*
¾ taza de sopa de tomate *(Tomato Soup)*, sin diluir
1 lata de 6 onzas de setas *(Mushrooms)*, escurrida
2 cucharadas de vino Jerez

C—3 cucharadas de aceite de oliva
⅓ taza de cebolla, molida

1—Encienda el horno a *350°F., 10 minutos* antes de usarlo.

2—En un tazón mediano, combine la carne con el resto de los ingredientes incluidos en A y mezcle bien. Coja la mezcla por cucharaditas colmadas y forme bolitas con la palma de las manos. Colóquelas en una lámina de aluminio *(Aluminum Sheet)*, o una fuente llana.

3—Aparte, en una cacerola mediana, diluya muy bien la harina de trigo con un poco del caldo. Agregue el resto del caldo, así como los otros ingredientes incluidos en B y **resérvelo.**

4—En una sartén grande, caliente el aceite, agregue las bolitas de carne y dórelas, graduando el fuego de *moderado* a *moderado-alto,* según crea necesario, para que queden doradas atractivas, sin quemarse. Ponga el *fuego bajo* y cueza por *15 minutos.*

5—Sáquelas, escúrralas y colóquelas en un molde redondo de cristal para hornear de 10 pulgadas.

6—Agregue a la sartén las cebollas y sofríalas.

7—Añada a la sartén el contenido de la cacerola y mezcle bien a *fuego moderado-alto,* hasta hervir. Viértalo sobre las bolitas.

8—Hornée por *15 minutos.* Sirva caliente.

ANILLO DE CARNE

A—1 libra de carne de res, molida

B—1 libra de jamón hervido
1 paquete de 8 onzas de *Salami*
1 cebolla pequeña
1 pimiento verde pequeño, sin semillas

C—⅔ taza de polvo de pan o de galleta
¼ cucharadita de sal
¼ cucharadita de sal de ajo (*Garlic Salt*)
¼ cucharadita de polvo de pimienta

D—1 taza de leche

1—Encienda el horno a *350°F., 10 minutos* antes de usarlo. Engrase con oleomargarina un molde de aluminio de anillo, tamaño 8 a 9 pulgadas.

2—En un tazón grande, coloque la carne. Muela los ingredientes incluidos en B, añádalo al tazón y mezcle.

3—Combine los ingredientes incluidos en C, agréguelo al tazón y mezcle.

4—Añada la leche y mezcle todo bien. Llene el molde con la mezcle, presiónandola bien según la agrega. Hornée por *1 hora.*

5—Retire el molde del horno y deje refrescar sobre rejilla de aluminio (*Wire Rack*) por *10 minutos.* Voltéelo sobre platón llano.

Nota: El hueco puede rellenarse con cualquier receta de vegetal de su preferencia.

PICADILLO

A—2 cucharadas de aceite vegetal ⎫
   ½ taza de cebolla   ⎬ picaditos
   1 pimiento verde, sin semillas ⎪
   4 granos de ajo, grandes   ⎭

B—2 libras de carne de masa de res, molida
   1 lata de 8 onzas de salsa de tomate
   2¼ cucharaditas de sal
   ¼ cucharadita de orégano seco
   6 aceitunas, rellenas con pimientos morrones, cortados en
      rueditas finitas
   2 cucharadas de pasas, sin semillas
   4 ciruelas negras secas, sin semilla, cortadas en pedacitos

1—En un caldero, vierta el aceite vegetal y amortígüe a *fuego bajo* el picadillo incluido en A.

2—Añada la carne molida y revuelva **contínuamente,** a *fuego moderado-alto,* hasta que la carne pierda el color rojizo. En seguida, agregue la salsa de tomate y mezcle.

3—Añada el resto de los ingredientes incluidos en B y mezcle. Tape y cueza a *fuego bajo* alrededor de *30 minutos,* o hasta que la salsa del picadillo quede a la consistencia deseada. (A la mitad del tiempo, mezcle el contenido del caldero.)

Nota: El picadillo usado para acompañar las recetas de *Arroz* debe quedar con salsa.
     Usado como relleno en las recetas de *Piñón, Canelones,* etc., el picadillo debe quedar *mojadito.*
     Usado para rellenar pastas que se fríen, como las recetas de **Pastelillos, Empanadillas,** etc., el picadillo debe quedar **seco.**
     Si va a usar picadillo **mojadito** o **seco,** al llegar el picadillo a la consistencia para acompañar arroz, cuélelo, para que pierda la salsa necesaria para que quede **mojadito** o **seco.**

ALBONDIGAS BASICAS

A—2 libras de carne de masa de res, molida

1⅓ taza de pan de emparedados (*Sandwich*), sin la corteza
y bien desboronado
½ taza de leche

B—2 granos de ajo
1½ cucharadita de orégano seco   muela
¼ cucharadita de polvo de nuez moscada   y
(opcional)   mezcle
1 cucharada de sal   en
2 cucharaditas de aceite de oliva   el mortero
4 cucharaditas de vinagre

C—2 huevos

1—Vierta la carne en un tazón grande.

2—Aparte, combine el pan desboronado con la leche hasta
quedar totalmente remojado y desbaratado. Agréguelo al
tazón y mezcle con la carne.

3—Añada al tazón el contenido del mortero y mezcle. Agregue
los huevos y mezcle hasta que todo quede bien unido.

4—Coja la mezcla por cucharadas, forme bolitas con la palma
de las manos y póngalas sobre una lámina de aluminio
(*Aluminum Sheet*).

5—Cuando estén formadas todas las albóndigas, colóquelas
sobre papel encerado, por docena, una al lado de la otra.
"Envuélvalas" bien y cubra con papel de aluminio (*Heavy
Aluminum Foil*). Colóquelas en el congelador (*Freezer*),
para usarlas según se requiera.

6—Descongélelas al usarlas y cuézalas de acuerdo con la receta
que vaya a confeccionar.

ALBONDIGAS ENTOMATADAS

(24 albóndigas)

A—1 cucharada de aceite vegetal
½ libra de cebollas
2 cucharadas de *Sofrito* (Vea recetas en páginas 11–13)

B—1 lata de 10½ onzas de sopa de tomate (*Tomato Soup*),
sin diluir
½ cucharadita de sal
½ taza de agua
1 hoja de laurel

C—24 *Albóndigas Básicas* (Vea receta en página 117)

1—En un caldero grande, caliente ligeramente el aceite vegetal. Agregue las cebollas y el *Sofrito*. Ponga el *fuego moderado* y revuelva **ocasionalmente** por *10 minutos.*

2—Añada los ingredientes incluidos en B y mezcle.

3—Agregue las albóndigas, mezcle y ponga el *fuego alto* hasta hervir. En seguida, reduzca el fuego a *bajo,* tape y cueza por *15 minutos.*

4—Destape y cueza por *15 minutos.*

HAMBURGUESAS

(15 raciones)

A—2 libras de carne de masa de res, molida
⅔ taza de cebolla, picada bien menudita
2 huevos grandes
2¼ cucharaditas de sal
½ cucharadita de vinagre
1 cucharada de polvo de pan o de galleta

B—Oleomargarina (para freir)

C—15 panecitos redondos, para *"Hamburgers"*
Mantequilla u oleomargarina (para untar al pan)

D—**Aderezos:**
>   15 ruedas de cebolla
>   15 lascas de queso americano (opcional)
>   Mayonesa
>   Mostaza
>   Encurtidos dulces o agrios (*Sweet o Dill Pickles*)
>   *Ketchup*

1—En un tazón, mezcle **muy bien** la carne molida con el resto de los ingredientes incluidos en A.

2—Divida la mezcla en 15 porciones. Forme bolas y aplástelas, para formar ruedas de carne del tamaño de los panecitos. Fríalas a *fuego bajo* en oleomargarina caliente, alrededor de *3 minutos* por cada lado.

3—Corte los panecitos en dos, caliéntelos y úntelos con mantequilla u oleomargarina.

4—Coloque sobre la parte inferior del panecito 1 rueda de carne y cúbralo con una rueda de cebolla. (Si desea usar queso, coloque la lasca de queso sobre la carne.)

5—Viértale encima, a su gusto, mayonesa, mostaza, *Ketchup* y encurtidos. Cubra con la otra mitad del panecito.

Nota: Las ruedas de carne pueden prepararse en mayor cantidad, y sin cocerlas, envolverlas individualmente y conservarlas en el congelador (*Freezer*), para usarse según se requiera.

ALBONDIGON

1½ libra de carne de masa de res, molida
¾ taza de avena, sin cocer
2 huevos
1 taza de jugo de tomate
2 cucharaditas de sal
¼ taza de cebolla, picadita

1—Encienda el horno a *350°F.*, *10 minutos* antes de usarlo. Engrase con oleomargarina un molde rectangular de cristal para hornear, tamaño 9" x 5".

2—En un tazón grande, mezcle todos los ingredientes.

3—Vierta la mezcla en el molde y presiónela bien con una espátula de goma, hasta quedar bien compacta.

4—Hornée por *1 hora.*

5—Retire el molde del horno y sirva el albondigón caliente o frío. Si lo sirve caliente, puede usar como salsa el contenido de una lata de 10½ onzas de sopa de tomate (*Tomato Soup*), calentada sin diluir. Si lo sirve frío, cubra y coloque el albondigón en la nevera hasta el momento de usarlo. Vuélquelo en platón y sirva cortado en tajadas, acompañado por mermelada de albaricoque (*Apricot Preserve*), o por la mermelada de su preferencia.

BUTIFARRON PARMESANO

A—1½ libra de carne de masa de res, molida
⅓ taza de cebolla, molida

B—6 tajadas de pan de emparedados (*Sandwich*), sin la corteza
1½ taza de leche

C—1 onza (2 cucharadas) de mantequilla (a temperatura ambiente)
4½ cucharaditas de salsa inglesa (*Worcestershire Sauce*)
3 tazas de queso *Parmesano*, rallado
8 huevos

D—4 huevos duros
1 lata de 4 onzas de pimientos morrones, escurrida
10 aceitunas, rellenas con pimientos morrones

1—Encienda el horno a *350°F., 10 minutos* antes de usarlo. Engrase con oleomargarina un molde de cristal para hornear, tamaño 9″ x 5″ x 3″.

2—En un tazón bien grande, combine la carne molida con la cebolla molida.

3—Aparte, desborone el pan, remójelo en la leche y desbarátelo bien con un tenedor. Escúrralo en un colador, sin
exprimirlo. Agregue el pan escurrido al tazón y mezcle.

4—Añada los ingredientes incluidos en C y mezcle bien.

5—Vierta ⅓ parte de la mezcla en el molde y presiónela firmemente, para que quede compacta. Colóquele en el centro,
a lo largo, los huevos duros, en una hilera. Ponga una
aceituna a lo largo, a ambos lados de los huevos. Corte
en tiritas los pimientos morrones y distribúyalos a formar
una hilera a ambos lados de las aceitunas.

6—Cubra con el resto de la mezcla y presiónela firmemente.

7—Coloque el molde dentro de un molde grande y llano de
aluminio (para recoger cualquier grasa que pueda soltar
el butifarrón) y hornée por *1 hora*.

8—Retire los dos moldes del horno, levante el molde con el
butifarrón y escurra **cuidadosamente** el excedente de
grasa que pueda haber soltado. Déjelo enfriar. Vuelque
el butifarrón en platón llano y colóquelo en la nevera. Sirva
frío, cortado en rebanadas.

BUTIFARRON DELICIOSO

A—2 libras de carne de masa de res, molida
2 cucharadas de *Sofrito* (Vea páginas 11–13)

B—½ taza de agua
4 rebanadas de pan de emparedados (*Sandwich*), sin la
corteza

C—2 huevos
¼ cucharadita de polvo de nuez moscada
2½ cucharaditas de sal
1 cucharada de vinagre

D—1 cucharadita de mostaza
¼ taza de azúcar negra (presionándola al medirla)
¼ taza de vinagre de vino (*Wine Vinegar*)

⅓ taza de salsa chili (*Chili Sauce*)

1 lata de 10½ onzas de sopa de tomate (*Tomato Soup*), sin diluir

1 lata de 14 onzas de tomates guisados (*Stewed Tomatoes*), o tomates al natural (*Whole Tomatoes*)

1—Encienda el horno a *350°F., 10 minutos* antes de usarlo. Engrase el fondo de un molde de cristal para hornear, tamaño 13″ x 9″ x 2″.

2—Descongele el *Sofrito*. Ponga la carne en un tazón y combínela con el *Sofrito*.

3—Desborone el pan, remójelo en el agua y desbarátelo bien con un tenedor. Agréguelo al tazón y mezcle.

4—Aparte, en un plato hondo, mezcle bien las yemas con las claras de los huevos, sin batirlos. Añádale el resto de los ingredientes incluidos en C y mezcle. Vierta en el tazón y mezcle todo bien.

5—Déle forma de butifarrón y vuélquelo en el molde. Presiónelo firmemente hasta quedar de un tamaño aproximado de 10 pulgadas de largo por 3 pulgadas de ancho.

6—Combine los ingredientes incluidos en D, riéguelo sobre el butifarrón y hornée por *1½ hora*.

7—Sirva frío o caliente.

BUTIFARRON TROPICAL

A—¼ taza de leche
½ cucharadita de orégano seco
2¼ cucharaditas de sal
¼ cucharadita de polvo de nuez moscada
3 huevos
2 cucharadas de *Ketchup*
2 cucharadas de mantequilla u oleomargarina

B—1 cebolla, partida en cuatro
1 pimiento verde, sin semillas, partido en cuatro

4 ajíes dulces, sin semillas
3 granos de ajo

C—1 paquete de 4 onzas de embutido de hígado (*Liver Sausage*)
3 tajadas de pan de emparedados (*Sandwich*), desboronadas

D—1¾ libras de carne de masa de res, molida
3 lonjas de tocineta

E—Pepinillos dulces (*Sweet Pickles*), cortados en lonjitas
1 huevo duro, partido en cuatro   } para decorar
1 tomate, partido en dos
Ramitas de perejil, lavadas y escurridas

1—Caliente el horno a *350°F., 10 minutos* antes de usarlo. Engrase un molde de cristal para hornear, tamaño 9″ x 5″ x 3″.

2—En una licuadora eléctrica, vierta los ingredientes incluidos en A. Agregue los ingredientes incluidos en B, tape y licúe. Pare la licuadora, añada el embutido de hígado, tape y licúe. Pare de nuevo la licuadora, agregue el pan desboronado y mezcle con una espátula de goma. Tape y licúe de nuevo.

3—Coloque la carne molida en un tazón, añada los ingredientes licuados y mezcle hasta que todo quede bien unido. Vierta en el molde y presione firmemente hasta quedar bien compacto. Cubra con las lonjas de tocineta y hornée por *1½ hora*.

4—Retire del horno, remueva las lonjas de tocineta y escurra **cuidadosamente** la grasa del molde. Vuelque el butifarrón en un platón. Deje enfriar, envuelva en papel encerado y coloque en la nevera, por varias horas, antes de servir.

5—Sirva el butifarrón en fuente llana, cortado en rebanadas. Decore con los ingredientes incluidos en E.

BUTIFARRON IMPERIAL

A—2 libras de carne de masa de res, molida
1 lata de 12 onzas de jamonilla (*Luncheon Meat*)

B—½ taza de polvo de pan o de galleta
1 cucharadita de sal
½ cucharadita de polvo de nuez moscada
½ cucharadita de polvo de comino (*Cumin Powder*)

C—3 granos de ajo   ⎫ muela
    ½ cucharadita de orégano seco ⎬ y mezcle
    1 cebolla grande   ⎭ en el mortero

D—3 huevos grandes
1 cucharadita de salsa inglesa (*Worcestershire Sauce*)

E—5 huevos duros, cortados en tajaditas
1 lata de 4 onzas de pimientos morrones, escurrida y los
pimientos cortados en tiritas
1 lata de 8 onzas de zanahorias en tajadas (*Sliced Carrots*),
escurrida

F—1 huevo duro, cortado en 4, a lo largo ⎫
    4 pepinillos dulces, cortados en lonjitas ⎬ para decorar
    Ramitas de perejil, lavadas y escurridas ⎭

1—Encienda el horno a *350°F., 10 minutos* antes de usarlo.

2—En un tazón grande, combine la carne con la jamonilla.

3—Aparte, combine los ingredientes incluidos en B, añádalas
al tazón y mezcle.

4—Agregue los ingredientes incluidos en C y mezcle.

5—En una taza, desbarate los huevos incluidos en D. Aña-
dales la salsa inglesa, mezcle y vierta en el tazón.

6—Mezcle todo muy bien y amáselo con las manos hasta
quedar bien unido.

7—Ponga sobre una mesa un pedazo de papel de aluminio
(*Heavy Aluminum Foil*), tamaño 18″ x 18″. Engráselo

con oleomargarina. Vuelque la carne sobre éste y póngale encima un papel encerado.

8—Pase un rodillo sobre el papel encerado y extienda la carne hasta darle forma cuadrada, dejando 2 pulgadas libres a todo alrededor. Levante el papel encerado y descártelo.

9—Con la palma de las manos, presione repetidamente la carne hasta que quede bien unida y suave.

10—Coloque en el centro de la carne, en forma horizontal, una hilera de tajadas de huevos duros. A ambos lados de la hilera de huevos, coloque tiritas de pimientos morrones. Pegados a estos, coloque una hilera de tajaditas de zanahorias.

11—Levante un lado del papel de aluminio con la carne y déjela caer para que cubra el relleno. Proceda del mismo modo con el otro lado.

12—Presione la carne con las manos para que queden unidas ambas partes, dándole forma de butifarrón. Envuelva el butifarrón en el mismo papel de aluminio y doble las extremidades, para que queden bien selladas.

13—Coloque el butifarrón dentro de un molde grande de aluminio y hornéelo por *1 hora.*

14—Retire el molde del horno y déjelo refrescar un poco. Desenvuelva **cuidadosamente** el butifarrón y escurra el líquido y grasa rendido. Cuando el butifarrón esté totalmente frío, envuélvalo en papel encerado. Coloque en la nevera hasta el día siguiente.

15—Sirva el butifarrón en fuente llana, cortado en rebanadas. Decore la fuente con los ingredientes incluidos en F. Acompañe la carne con la mermelada de su preferencia (guayaba, fresa, albaricoque, etc.)

PASTELON DE CARNE

RELLENO:

A—2 cucharadas de *Sofrito* (Vea recetas en páginas 11-13)

B—1 cucharadita de sal
   ¼ cucharadita de vinagre
   1 libra de carne de masa de res, molida

C—½ taza de salsa de tomate
   6 aceitunas, rellenas con pimientos morrones
   1 cucharadita de alcaparras
   2 huevos duros, picados
   1 lata de 4 onzas de pimientos morrones, escurridos y
   picados
   2 cucharadas de pasas, sin semillas ⎫
   6 ciruelas negras, secas, sin semillas ⎭ opcional

1—En un caldero, caliente el *Sofrito* incluido en A.

2—Añada los ingredientes incluidos en B, mezcle y revuelva
contínuamente, a *fuego moderado-alto,* hasta que la carne
pierda el color rojizo.

3—En seguida, reduzca el fuego a *bajo,* agregue los ingredientes incluidos en C, mezcle, tape y cueza por *30 minutos.*

PASTA: (Vea Nota)

A—3 tazas de harina de trigo
   4 cucharaditas de polvo de hornear (*Baking Powder*)
   ½ cucharadita de sal

B—½ taza de manteca vegetal, bien fría
   ¾ taza de leche, fría

1—Encienda el horno a *350°F., 10 minutos* antes de usarlo.

2—En un tazón grande, cierna la harina de trigo con el polvo
de hornear y la sal.

3—Añada la manteca y únala, usando un mezclador de harina (*Dough Blender*), o dos cuchillos. Trabaje rápidamente y tan pronto la mezcla luzca en forma de grumos, agregue la leche.

4—Mezcle con un tenedor hasta formar una masa. Espolvorée levemente con harina una mesa o mármol y vierta la mezcla sobre éste. (En éste momento la mezcla lucirá como una boronía.) Amontone la mezcla con las manos y únala bien, usando los dedos. Amásela con las palmas de las manos para formar una pasta. Divida la pasta en dos porciones. Con un rodillo levemente enharinado, déle forma circular a una de las porciones, de un tamaño apropiado para cubrir un molde redondo de cristal para hornear de 9 pulgadas de diámetro (De los usados para *Pie.*)

5—Coloque un pedazo de papel encerado sobre la pasta y enróllelo junto con la pasta. Desenrróllelo sobre el molde, descarte el papel y pinche con un tenedor el fondo y los lados de la pasta.

6—Vierta el relleno en el molde.

7—Proceda con la otra porción de la pasta, siguiendo las mismas instrucciones y cubra el relleno. Pinche la cubierta en varios sitios. Presione la pasta en las orillas con un tenedor enharinado.

8—Con una brochita, pase levemente leche por encima.

9—Hornée el pastelón por *45 minutos,* o hasta dorarse.

Nota: Pueden sustituir la pasta, usando moldes de aluminio que vienen cubiertos con la pasta para pastel (*Pie Crust Shell*), congelada, lista para hornearse. Necesitará un molde para rellenarlo y otro para cubrirlo. (Moldes de 9″ de diámetro.)

CARNE PARA RELLENO

A—1 cucharada de aceite vegetal
1 libra de carne de masa de res, molida

B—1 cucharadita de sal
4 cucharadas de *Sofrito* (Vea recetas en páginas 11–13)
⅓ taza de salsa de tomate
⅓ taza de *Ketchup*
6 aceitunas, rellenas con pimientos morrones, picaditas
½ cucharadita de alcaparras
2 cucharadas de pasas, sin semillas ⎫
2 circuelas negras secas, sin semillas y ⎬ opcional
cortadas en trocitos ⎭

1—En una sartén grande, caliente un poco el aceite. Añada la carne molida y revuelva **constantemente,** a *fuego moderado-alto,* hasta que la carne pierda el color rojizo.

2—Reduzca el fuego a *bajo* y añada los ingredientes incluidos en B. Mezcle, tape y cueza por *20 minutos.* A la mitad del tiempo, revuelva el relleno. (Esta receta puede usarse para rellenar *Piñón, Canelones,* etc. Para *Pastelillos, Empanadillas,* etc., deje cocer destapado, hasta que el relleno quede **seco.**)

RELLENO DE CARNE PRACTICO

A—4 lonjas de tocineta, partidas en dos (Vea Nota)

B—6 cucharadas de *Sofrito* (Vea recetas en páginas 11–13)
2 cebollas ⎫
4 granos de ajo ⎪ molidos
2 pimientos verdes, sin semillas ⎬ o
4 aceitunas, rellenas con pimientos mo- ⎪ finamente
rrones ⎭ picados
1 lata de 8 onzas de salsa de tomate
1 cucharada de orégano seco
2 cucharaditas de sal
2 cucharadas de pasas, sin semillas
4 ciruelas negras secas, sin semilla, ⎫
cortadas en pedacitos ⎬ opcional

C—2 libras de carne de masa de res, molida

1—En un caldero, dore la tocineta a fuego *moderado-alto* hasta que rinda su grasa. Remueva la tocineta y ponga el *fuego bajo.*

2—Agregue el *Sofrito* y el resto de los ingredientes incluidos en B. Mezcle y sofría a *fuego bajo* por *10 minutos.*

3—Añada la carne molida y mezcle. Tape y cueza a *fuego bajo* alrededor de *30 minutos,* o hasta que seque al punto deseado. (Usado como relleno en *Piñon, Canelones,* etc., el relleno debe quedar **mojadito.** En recetas usado para rellenar pastas que se frien, como *Pastelillos, Empanadillas,* etc., el relleno debe quedar **seco.**)

4—Deje enfriar **totalmente** y distribuya la mezcla en saquitos de plástico (*Sandwich Bags*), en porciones de 2 cucharadas grandes (de las de cocina), en cada saquito. Envuelva cada uno en papel de aluminio y coloque en el congelador (*Freezer*), para ser usado según se requiera.

Nota: Puede substituir con ¼ libra de mantequilla u oleomargarina.

MONDONGO

(12 raciones)

A—5 libras de tripas de res
  1 libra de patas de res, picadas en pedazos
  6 limones verdes, partidos en dos

B—¼ libra de jamón de cocinar, lavado y cortado en trocitos
    de ½ pulgada
  1 libra de calabaza, mondada y cortada en trocitos
  2 cebollas medianas ⎫
  2 pimientos verdes, sin semillas ⎪
  8 ajíes dulces, sin semillas ⎬ picados
  4 granos de ajo ⎪
  6 hojas de culantro, lavadas y escurridas ⎭
  2 cucharadas de sal
  2½ litros (10 tazas) de agua

C—1 lata de 1 libra de garbanzos

1 libra de apio ⎫ mondados y cortados
1 libra de yautía ⎬ en trozos de 1½
1 libra de calabaza ⎭ pulgada

1 lata de 8 onzas de salsa de tomate
2 cucharaditas de sal

1—Remueva los excedentes de grasa de las tripas. Lávelas **repetidamente,** junto con las patas, bajo la pluma de agua. Escúrralas y séquelas. **Reserve** las patas.

2—Pase los limones por encima de las tripas y colóquelas en una olla. Exprima los limones sobre las tripas y descarte los limones. Añada suficiente agua a la olla, cubriéndolas alrededor de 2 pulgadas. Ponga el *fuego alto* y al hervir a borbotones, reduzca a *moderado* y hierva, sin tapar, por *10 minutos.*

3—Escurra y enjüague bien bajo la pluma de agua. Corte las tripas en trocitos de 1″ x 1½″. Coloque en una olla grande, tamaño 10 litros (10 qts.), junto con las patas reservadas y los ingredientes incluidos en B. Ponga a *fuego alto* hasta hervir a borbotones, reduzca el fuego a *moderado* y continúe cociendo, tapado, alrededor de *2 horas,* o hasta que las tripas ablanden.

4—Añada los garbanzos, sin escurrirlos, y el resto de los ingredientes incluidos en C. Ponga a *fuego alto* hasta hervir, reduzca a *moderado,* tape y cueza hasta que ablanden los vegetales.

5—Pruebe y ajuste la sazón. Hierva a *fuego moderado,* sin tapar, hasta que el caldo espese a su gusto.

GUISO DE "HOT DOGS"

A—2 libras de papas medianas
2 litros (8 tazas) de agua
2 cucharadas de sal

B—3 cucharadas de *Sofrito* (Vea recetas en páginas 11–13)
1 lata de 1 libra 12 onzas de tomates al natural (*Whole Peeled Tomatoes*)
1 lata de 8 onzas de salsa de tomate

C—1 paquete de 1 libra de *Hot Dogs* (*Beef Franks*), cortados cada uno en 5 pedazos
8 huevos duros, cortados por la mitad, a lo largo

1—En caso de que las papas tuvieran algún retoño, remuévalo y descártelo. Lave las papas y sin mondar, pártalas por la mitad.

2—En una olla, combine los ingredientes incluidos en A. Ponga el *fuego alto* hasta hervir. Reduzca el fuego a *moderado*, tape y hierva por *20 minutos.* Escurra las papas, móndelas y déjelas refrescar. Córtelas en 4 pedazos.

3—En un caldero grande, combine los ingredientes incluidos en B y desbarate los tomates en pedazos.

4—Añada las papas y los ingredientes incluidos en C. Mezcle, ponga el *fuego moderado* y cueza hasta que de un hervor. Sirva acompañado por arroz blanco cocido.

SOPA DE CARNE

A—1 lata de 10¾ onzas de caldo de res (*Beef Consommé*)
9 tazas de agua
½ taza de salsa de tomate
4 cucharaditas de sal
1 mazorca de maíz, cortada en tres pedazos
1 libra de cebollas, mondadas y partidas en dos
1 cucharada de vinagre
4 hojas de culantro, lavadas
½ libra de zanahorias, raspadas, lavadas y cortadas en ruedas de alrededor de 1 pulgada
1 libra de calabaza
1 libra de yautía blanca } mondadas, lavadas y cortadas en pedazos
½ libra de papas

1 libra de carne de masa de res, cortada en pedazos
1 libra de huesos de res, para sopa

B—2 onzas de fideos, partidos

1—En una olla grande, combine los ingredientes incluidos en A. Ponga el *fuego alto* hasta hervir, reduzca el fuego a *moderado,* tape y cueza por *1 hora.*

2—Agregue los fideos, tape y deje hervir por *30 minutos.*

SOPON DE CARNE FAMILIAR

(12 raciones)

A—20 tazas de agua
4 cucharaditas de jugo de limón verde, fresco
3 cucharadas de sal
2 cebollas grandes, mondadas y partidas en cuatro

B—2 libras de yautía amarilla ⎫ mondadas,
2 libras de yautía blanca ⎪ lavadas y
2 libras de batata blanca ⎬ cortadas en
2 libras de calabaza ⎭ pedazos
2 plátanos maduros (amarillos), mondados y cortados en 4 pedazos
4 mazorcas de maíz (frescas o congeladas), cortadas en pedazos
4 libras de carne de masa, picada en trozos pequeños

C—2 onzas de fideos, partidos

1—En una olla bien grande, combine los ingredientes incluidos en A. Ponga el *fuego alto* hasta hervir. Añada los ingredientes incluidos en B y al hervir, tape, ponga el *fuego moderado* y cueza por *1 hora.*

2—Saque la calabaza, májela y agregue de nuevo a la olla.

3—Añada los fideos. Hierva a *fuego moderado* por *20 minutos.*

Pescados y Mariscos

Pescados y Mariscos

PESCADO EN SALSA BECHAMEL

A—1 libra de filete de pescado fresco, limpio de pellejos o
   1 caja de 1 libra de filete de pescado congelado (*Sole*
   o *Flounder Fillets*)
   1 cucharadita de sal
   1 limón verde, fresco

B—2 huevos
   ¼ cucharadita de sal
   1 taza de polvo de galleta

C—½ taza de aceite vegetal (para freir)

1—Divida el filete de pescado en lonjas y remuévales las espinas. (Si usa filete de pescado congelado, descongélelo parcialmente. Separe las lonjas y remuévales las espinas.)
   Adobe las lonjas con la sal y el jugo del limón.

2—Aparte, desbarate los huevos y añádales la sal incluida en
   B. Pase las lonjas de pescado por los huevos y luego por
   el polvo de galleta. Colóquelas en fuente llana, listas para
   freirlas.

3—En una sartén, caliente el aceite a *fuego moderado-alto*
   y dore el pescado por ambos lados. En seguida, ponga el
   fuego bajo y cueza alrededor de *6 a 7 minutos.*

4—Remueva las lonjas de pescado y escúrralas sobre papel
   absorbente.

Salsa:

A—1 onza (2 cucharadas) de mantequilla
   2 cucharadas de harina de trigo
   ¼ cucharadita de sal
   1 taza de leche

B—2 cucharadas de queso *Parmesano,* rallado

1—En una cacerola, derrita la mantequilla a *fuego bajo.* Añada la harina y mezcle, con cuchara de madera, hasta quedar bien diluída. Añada la sal y la leche y mezcle a *fuego moderado* hasta que hierva.

2—Retire del fuego. Sirva el pescado con la salsa encima y espolvorée con el queso *Parmesano* rallado.

PESCADO EN AGRIDULCE

A—1 libra de filete de pescado fresco, limpio de pellejos o 1 caja de 1 libra de filete de pescado congelado (*Sole* o *Flounder Fillets*)

B—3 cucharadas de maicena
¼ taza de agua
1 lata de 8 onzas de salsa de tomate
1 lata de 8 onzas de trozos de piña (*Pineapple Chunks*), sin escurrir
1¼ cucharadita de sal
½ taza de azúcar negra (presionándola al medirla)
⅓ taza de vinagre de vino (*Wine Vinegar*)
¼ taza de cebolla, picadita
1 pimiento verde, sin semillas, cortado en lonjas de ½ pulgada

1—Divida el filete de pescado en lonjas y remuévales las espinas. (Si usa filete de pescado congelado, descongélelo parcialmente. Separe las lonjas y remuévales las espinas.)

2—En un tazón, diluya la maicena en el agua. Agregue el resto de los ingredientes incluidos en B y mezcle. Vierta la mitad en una olla. Coloque encima las lonjas de filete de pescado y cubra con el resto de la mezcla.

3—Tape la olla y cueza a *fuego moderado* por *10 minutos.* Destape y cueza hasta que el pescado desfleque fácilmente al pincharlo con las puntas de un tenedor.

PESCADO EN VINO

A—1 libra de filete de pescado fresco, limpio de pellejos, o
1 caja de 1 libra de filete de pescado congelado

B—½ onza (1 cucharada) de mantequilla u oleomargarina
¼ taza de cebolla, picadita
1 cucharadita de jugo de limón, fresco
½ cucharadita de sal

C—6 tajadas de queso *Suizo* (*Swiss Cheese Slices*)

D—1 lata de 10¾ onzas de sopa de crema de espárragos
(*Cream of Asparagus Soup*), sin diluir
1 cucharada de queso *Parmesano,* rallado
¼ taza de vino blanco

E—1 cucharada de polvo de pan o galleta

1—Divida el filete de pescado en lonjas y remuévale las espinas. (Si usa filete de pescado congelado, descongélelo *parcialmente.* Separe las lonjas y remuévales las espinas.) Encienda el horno a *400°F., 10 minutos* antes de usarlo. Engrase un molde rectangular de cristal para hornear.

2—Amortigüe la cebolla en la mantequilla y vierta en el molde. Cubra con las lonjas de pescado. Riéguelo con el jugo de limón y la sal. Coloque encima las tajadas de queso.

3—Aparte, mezcle los ingredientes incluidos en D y viértalos en el molde. Espolvorée con el polvo de pan o de galleta.

4—Hornée, destapado, alrededor de *20 minutos,* o hasta que el pescado desfleque fácilmente al pincharlo con las puntas de un tenedor.

PESCADO ENTOMATADO

A—1 libra de filete de pescado fresco, limpio de pellejos o
1 caja de 1 libra de filete de pescado congelado (*Sole*
o *Flounder Fillets*)

B—¼ libra de tocineta, cortadas las lonjas en trozos pequeños

C—2 cucharadas de *Sofrito* (Vea recetas en páginas 11–13)
½ taza de apio (*Celery*), picadito

D—½ cucharadita de sal
½ cucharadita de jugo de limón verde, fresco

E—1 lata de 14½ onzas de tomates al natural (*Whole Tomatoes*)

1—Encienda el horno a *400°F., 10 minutos* antes de usarlo.

2—Divida el filete de pescado en lonjas y remuévales las espinas. (Si usa filete de pescado congelado, descongélelo parcialmente. Separe las lonjas y remuévales las espinas.)

3—En una sartén, revuelva la tocineta a *fuego moderado-alto* hasta que dore y rinda su grasa. Saque la tocineta de la sartén, escurriéndola totalmente, y **resérvela.**

4—En la grasa que rindió la tocineta, amortigüe a *fuego bajo,* por *10 minutos,* los ingredientes incluidos en C.

5—Escurra bien y vierta el contenido de la sartén en el fondo de un molde rectangular de cristal para hornear. Colóquele encima las lonjas de filete de pescado. Riégueles el jugo de limón y espolvoréelas con la sal.

6—Derrame sobre el pescado el contenido de la lata de tomates al natural, con su líquido incluido y los tomates partidos en pedacitos.

7—Hornée, destapado, alrededor de *20 minutos,* o hasta que el pescado desfleque fácilmente al pincharlo con las puntas de un tenedor. Sirva, regándole la tocineta reservada.

PESCADO CON VEGETALES "ASOPAITO"

A—1 libra de cebollas, cortadas en ruedas
3 cucharadas de *Sofrito* (Vea recetas en páginas 11–13)
3 hojas de laurel

B—2 libras de filete de pescado fresco, limpio de pellejos o
2 cajas de 1 libra de filete de pescado congelado (*Sole*
o *Flounder Fillets*)

2 cajas de 10½ onzas de guisantes y zanahorias mixtos
(*Mixed Peas and Carrots*), congeladas

2 cucharaditas de sal

1 lata de 10½ onzas de sopa de cebollas (*French Onion
Soup*), sin diluir

1—En una olla que tenga tapa pesada y firme, ponga los ingredientes incluidos en A.

2—Divida el filete de pescado en lonjas y remuévales las espinas. (Si usa filete de pescado congelado, descongélelo parcialmente. Separe las lonjas y remuévales las espinas.)

3—Coloque las lonjas de pescado sobre los ingredientes en
la olla. Cubra con los guisantes y zanahorias congelados.
Riegue encima la sal y vierta sobre todo la sopa de cebollas,
sin diluir.

4—Tape la olla, ponga el *fuego bajo* y cueza por *1 hora.*

PESCADO MADRIGAL

A—1 pescado de 4 libras (capitán), escamado y limpio

2 limones verdes, frescos, grandes

¼ cucharadita de polvo de pimienta blanca

1 cucharada de sal

B—1 mazo de cebollines (alrededor de 10 cebollines), lavados
y escurridos

4 tomates medianos, cortados en medias-lunas

1 pimiento verde, sin semillas, cortado en lonjitas

1 lata de 6 onzas de setas en mantequilla (*Broiled-in-Butter
Mushrooms*), escurrida

2 granos de ajo, machacados

2 hojas de laurel

C—2 tazas de vino blanco dulce (*Sauterne*)

D—Ramitas de perejil, lavadas y escurridas (para decorar)

1—Encienda el horno a *350°F., 10 minutos* antes de usarlo.

2—Lave el pescado por dentro y por fuera. Dele 2 cortes, verticales, a ambos lados del pescado. Colóquelo en un molde de cristal para hornear, tamaño 13″ x 9″ x 2″.

3—Remueva las semillas a los limones y exprímalos por dentro y por fuera del pescado. Riegue sobre el pescado la sal y el polvo de pimienta incluidos en A.

4—Remueva y descarte las raices de los cebollines. Corte cada cebollín en trocitos, hasta el límite donde se separan las hojas del tallo. Descarte las hojas. Lave los cebollines.

5—Vierta sobre el pescado los trocitos de cebollines, junto con el resto de los ingredientes incluidos en B.

6—Riegue el vino sobre el pescado. Tape el molde y hornée alrededor de *1 hora*, o hasta que al pinchar el pescado con las puntas de un tenedor, por la parte de mayor espesor del pescado, desfleque fácilmente.

7—Saque el pescado del molde y colóquelo en un platón. Descarte las hojas de laurel y sirva con la salsa. Decore con las ramitas de perejil.

PESCADO A LA "MAMI-TELLA"

A—1½ libra de filete de pescado fresco (capitán, mero o pargo), de alrededor de ½ pulgada de espesor, limpio de pellejos y espinas

B—1¼ cucharadita de sal
¼ cucharadita de polvo de pimienta blanca
1 cucharada de jugo de limón verde, fresco

1—Encienda el horno a *400°F., 10 minutos* antes de usarlo. Engrase un molde rectangular de cristal para hornear.

2—Coloque el pescado en el molde y sazone con los ingredientes incluidos en B.

3—Hornée, destapado, *durante 10 minutos.* Voltée el pescado y hornée alrededor de *10 minutos* más, o lo necesario hasta que el pescado desfleque fácilmente al pincharlo con las puntas de un tenedor. (El tiempo de horneado se determina de acuerdo al espesor del filete de pescado usado.)

Salsa:

A—5 cucharadas de maicena
¾ cucharaditas de sal
2½ tazas de leche
1 yema de huevo
2 onzas (4 cucharadas) de mantequilla
2 ramitas de perejil, lavadas, escurridas y picadas

B—½ taza de vino blanco dulce (*Sauterne*)

C—3 huevos duros, picaditos
2 tomates, cortados en cuatro
Ramitas de perejil, lavadas y escurridas

1—Prepare la salsa como sigue:
Vierta la maicena y la sal en una cacerola. Agréguele un poco de la leche y mezcle hasta diluirla bien. Añada la yema de huevo y mezcle. Agregue el resto de la leche, la mantequilla y el perejil y mezcle.

2—Revuelva con cuchara de madera, a *fuego moderado-alto,* hasta casi hervir. Reduzca el fuego a *moderado,* añada el vino y mezcle hasta hervir.

3—Sirva el pescado en una fuente y decore con los ingredientes incluidos en C.

4—Vierta la salsa en un recipiente aparte, para servir individualmente sobre el pescado.

CAMARONES HERVIDOS

A—1 libra de colas de camarones (de 26 a 30), con su carapacho

B—1 litro (4 tazas) de agua
2 cucharadas de sal
2 hojas de laurel
2 granos de pimienta

1—Si los camarones están congelados, descongélelos en la nevera con anticipación. Lávelos y séquelos con papel absorbente.

2—En una olla ponga a hervir a *fuego alto* los ingredientes incluidos en B. Al hervir a borbotones, agregue los camarones, tape, y al hervir de nuevo a borbotones (alrededor de 3 a 5 minutos), retire del fuego y escurra los camarones. Remuévales el carapacho y la vena (vea página 29 para instrucciones).

CAMARONES AL AJILLO

A—1 libra de colas de camarones (de 26 a 30), con su carapacho
1 litro (4 tazas) de agua
2 cucharadas de sal

B—¼ libra de mantequilla
¼ taza de aceite de oliva
9 granos de ajo, finamente picados
½ cucharadita de sal
1 cucharada de jugo de limón verde, fresco
4 cucharaditas de perejil fresco, finamente picado (vea página 29 para instrucciones)
Pizca de pimienta blanca (opcional)

C—¼ taza de vino blanco

1—Si las colas de camarones están congeladas, descongélelas en la nevera con anticipación. Lávelas y séquelas con papel absorbente.

2—En una olla, combine el agua y la sal incluidos en **A**. Póngala a *fuego alto* hasta hervir a borbotones. Agregue los camarones, tape, y al hervir de nuevo a borbotones (alrededor de *3 a 5 minutos*), retire del fuego. Escurra los camarones, quíteles el carapacho y la vena (vea página 29 para instrucciones) y **reserve** en la nevera en lo que prepara la salsa.

3—**Salsa:**
En una sartén, caliente a *fuego bajo* el aceite y la mantequilla hasta derretirla. Agregue el resto de los ingredientes incluidos en B y cueza a *fuego bajo* por *15 minutos* mezclando **ocasionalmente**. Agregue el vino, mezcle y cueza por *5 minutos*.

4—Ponga el *fuego moderado*, añada los camarones, **envolviéndolos** en la salsa y cueza hasta calentarlos. Sirva acompañado con trozos de pan de agua, para mojar en la salsa.

Nota: De no servirlos inmediatamente, viértalos en recipiente de cristal y **resérvelos** en la nevera. Caliéntelos al servirlos.

CAMARONES SABROSOS

A—2 libras de camarones grandes, con su carapacho, congelados
2 litros (8 tazas) de agua
4 cucharadas de sal

B—1 lata de 10¾ onzas de sopa de crema de setas (*Cream of Mushroom Soup*), sin diluir
1 taza de leche evaporada, diluida
1 lata de 4 onzas de pimientos morrones, escurridos

C—¼ libra de mantequilla
3 cucharadas de maicena
½ cucharadita de sal
¼ cucharadita de mostaza
½ cucharadita de Salsa Inglesa (*Worcestershire Sauce*)
2 cucharadas de vino blanco

D—1 cucharada de polvo de galleta
Trocitos de mantequilla

1—Descongele los camarones en la nevera con anticipación. Lávelos y séquelos con papel absorbente.

2—En una olla, combine el agua y la sal incluidos en A. Ponga a *fuego alto* hasta hervir a borbotones. Agregue los camarones, tape y cueza por *3 minutos*. Retire la olla del fuego y escurra los camarones. Remuévales el carapacho y la vena (vea página 29 para instrucciones). Corte los camarones en 2 o 3 pedazos, de acuerdo con su tamaño, y **resérvelos.**

3—Corte en trocitos los pimientos morrones y resérvelos. Mezcle bien la sopa de setas con la leche y **resérvelas.**

4—En una olla, derrita la mantequilla a *fuego bajo.* Añada la maicena y mezcle con cuchara de madera hasta quedar bien unida. Añada el resto de los ingredientes incluidos en C y mezcle. Agregue los pimientos morrones y la mezcla de sopa y leche. Mezcle y cueza a *fuego moderado* hasta que hierva.

5—Agregue los camarones, mezcle, y enseguida vierta en molde redondo de cristal para hornear de 3 cuartillos (quarts). Riéguele el polvo de galleta y distribúyale trocitos de mantequilla. Al servirlo, pre-caliente el horno a *350°F.* y hornée, sin tapar, por 10 minutos.

CAMARONES EN CERVEZA

A—2 libras de colas de camarones (de 26 a 30 camarones por libra), con su carapacho
2 latas o botellas de 12 onzas de cerveza
2 cucharaditas de sal

B—4 cucharadas de *Sofrito* (Vea recetas en páginas 11–13)

C—8 hojas de culantro, lavadas y escurridas
8 aceitunas, rellenas con pimientos morrones

1 cucharadita de alcaparras
2 hojas de laurel
½ taza de *Ketchup*
1 libra de papas bien pequeñas, mondadas

1—Lave y escurra los camarones. En una olla grande, ponga hervir a *fuego alto* la cerveza y la sal. Cuando hierva a borbotones, agregue los camarones, reduzca el fuego a *bajo*, tape y cueza por 5 *minutos*.

2—Retire del fuego, escurra los camarones y **reserve** la cerveza.

3—Remueva y descarte el carapacho de los camarones. Déles un corte poco profundo, a lo largo de la parte superior de la cola. Remueva y descarte la vena que corre de un extremo a otro de la cola. **Reserve** los camarones.

4—Aparte, en un caldero, caliente a *fuego bajo* el *Sofrito*.

5—Añada los ingredientes incluidos en C y la cerveza que reservó. Ponga el *fuego alto* hasta hervir. Reduzca el fuego a *moderado*, tape y cueza por 30 *minutos*.

6—Agregue los camarones y cueza, tapado, a *fuego moderado*, solo hasta que dé un hervor y sirva caliente.

CAMARONES EN CREMA DE MAIZ

A—3 onzas (6 cucharadas) de mantequilla
  3 cucharadas de maicena
  1 cucharadita de salsa inglesa (*Worcestershire Sauce*)
  1 cucharadita de mostaza
  ¼ taza de vino Moscatel

B—1 lata de 1 libra 1 onza de maíz a la crema (*Cream Style Corn*), sin diluir
  1 lata de 10¾ onzas de sopa de crema de camarones (*Cream of Shrimp Soup*), sin diluir
  1 lata de 4¼ onzas de camarones partidos (*Broken Shrimps*), escurridos
  1 lata de 4¼ onzas de camarones medianos (*Medium Shrimps*), escurridos

C—1 cucharada de polvo de galleta
1 onza (2 cucharadas) de mantequilla, cortada en trocitos

1—Encienda el horno a *350°F., 10 minutos* antes de usarlo. Engrase un molde redondo de cristal para hornear, tamaño 2 cuartillos (2 qts.).

2—En una cacerola, derrita la mantequilla a *fuego bajo.* Añada la maicena y mezcle **contínuamente,** con cuchara de madera, hasta diluirla bien. Agregue el resto de los ingredientes incluidos en A y mezcle.

3—Añada los ingredientes incluidos en B y mezcle **contínuamente** a *fuego moderado* hasta que hierva.

4—Vierta en el molde, riegue con el polvo de galleta y distribúyale encima los trocitos de mantequilla.

5—Hornée por *15 minutos.*

COLAS DE LANGOSTA AL HORNO

A—Colas de langosta (Si están congeladas, descongélelas y hornéelas en seguida.)

B—Limones verdes, frescos, cortados en cuatro
Mantequilla derretida

1—Encienda el horno a *350°F., 10 minutos* antes de usarlo.

2—Ponga las colas de langosta con el carapacho **hacia abajo** y divídalas por el centro, en dos mitades, a lo largo. (Use unas tijeras especiales de cocina, o un cuchillo grande de cocina y ayúdese con una maceta.) Remueva y descarte el intestino, que tiene forma de vena incolora y que corre a todo lo largo, de un extremo a otro de la cola.

3—En un molde de aluminio, coloque las colas de langosta con el lado de la carne **hacia arriba.** Exprímales por encima jugo de limón y riégueles mantequilla derretida.

4—Hornée alrededor de *30 minutos,* o solo lo necesario, dependiendo del tamaño de las colas de langosta.

5—Retire del horno, riegue **ligeramente** con sal y viértale encima mantequilla derretida. Sirva con mantequilla derretida y pedazos de limón.

COLAS DE LANGOSTA A LA PARRILLA

A—Colas de langosta (Si están congeladas, descongélelas y áselas en seguida.)

B—Limones verdes, frescos, cortados en cuatro
Mantequilla derretida

1—Vire hacia atrás, **violentamente,** las colas de langosta para evitar que se enrosquen al asarse.

2—Ponga las colas de langosta con el carapacho **hacia abajo** y divídalas por el centro, en dos mitades, a lo largo. (Use unas tijeras especiales de cocina, o un cuchillo grande de cocina y ayúdese con una maceta.) Remueva y descarte el intestino, que tiene forma de vena incolora y que corre a todo lo largo, de un extremo a otro de la cola.

3—Engrase la rejilla del molde del asador (*Broiler Rack*). Encienda el horno, *10 minutos* antes de usarlo, con el regulador de temperatura indicando *"asar"* (*Broil*).

4—Coloque las colas de langosta, con el lado de carne **hacia arriba,** sobre la rejilla del molde. Exprímales por encima jugo de limón y riégueles mantequilla derretida. Coloque el molde a *6 pulgadas* del fuego.

5—Ase las colas de langosta alrededor de *8 a 12 minutos,* dependiendo del tamaño de las colas de langosta.

6—Retire el molde del horno, riegue las colas de langosta **ligeramente** con sal y viértales mantequilla derretida. Sirva con mantequilla derretida y pedazos de limón.

SALMOREJO DE JUEYES "ALBERTO"

A—1 lata de carne de jueyes hervidos o enlatados, escurridos

B—2 pimientos verdes, sin semillas
¼ libra de ajíes dulces, sin semillas
6 hojas de culantro
6 ramitas de culantrillo, sin el tallo
1 cebolla pequeña
6 granos de ajo
6 aceitunas rellenas con pimientos morrones
1 lata de 4 onzas de pimientos morrones, escurrida
¼ cucharadita de orégano seco

} lavados y escurridos

C—1 lata de 8 onzas de salsa de tomate
¼ taza de aceite de oliva
¼ taza de agua
1¼ cucharadita de sal

1—Muela o pique menudito los ingredientes incluídos en B. Viertalos en un caldero y agregue los ingredientes incluídos en C. Mezcle **ocasionalmente**, a *fuego moderado*, por *20 minutos.*

2—Añada la carne de jueyes y cueza por 5 *minutos* a *fuego moderado*, mezclando **ocasionalmente**. Retire del fuego y sirva caliente.

JUEYES IMPERIALES

A—1 molde de 9″ con pasta para pastel (*Pie*), congelada, lista para hornearse (*Pie Crust Shell*)

B—2 cucharadas de harina de trigo
½ taza de mayonesa
½ taza de leche
2 huevos, batidos

C—1 lata de 6 onzas de carne de jueyes (*Crab Meat*)
¼ taza de cebolla, finamente picada
¼ libra de queso suizo, rallado

1—Saque el molde del congelador (*Freezer*) *20 minutos* antes de usarlo. Encienda el horno a *350°F., 10 minutos* antes de usarlo.

2—En un tazón, combine y mezcle los ingredientes incluidos en B.

3—Escurra bien la lata de carne de jueyes. Desmenuce la carne, añádala al tazón y mezcle. Agregue el resto de los ingredientes incluidos en C y mezcle.

4—Vierta la mezcla en el molde y hornée alrededor de *45 minutos*, o lo necesario para que, al introducircle un palillo en el centro, salga seco.

5—Retire el molde del horno, déjelo refrescar por *10 minutos* en rejilla de aluminio (*Aluminum Rack*) y sirva caliente.

ATUN EN NIDOS

(12 nidos de atún)

A—2 cajas de 10 onzas con 6 nidos de hojaldre (*Patty Shells*), congelados (6 nidos en cada caja)

B—6 huevos duros, cortados en pedacitos
2 onzas (4 cucharadas) de mantequilla u oleomargarina
¼ taza de harina de trigo
¼ cucharadita de sal
½ cucharadita de polvo de nuez moscada
½ taza de leche

C—1 lata de 10¾ onzas de sopa de crema de apio (*Cream of Celery Soup*), sin diluir
1 lata de 9¼ onzas de atún, sin escurrir (Vea Nota)

1—Hornée los *"Patty Shells"* de acuerdo a las instrucciones en la caja y **resérvelos.**

2—Mientras tanto, en una cacerola, derrita la mantequilla u oleomargarina a *fuego bajo*. Añada la harina de trigo y mezcle **contínuamente,** con cuchara de madera, por *3 minutos.*

3—Añada la sal y el polvo de nuez moscada y mezcle. Agregue **lentamente** la leche y mezcle.

4—Añada y mezcle los ingredientes incluidos en C. Agregue los huevos picaditos y mezcle a *fuego moderado-alto* por *5 minutos.* Reduzca el fuego a *moderado,* mientras continúa mezclando hasta que salga la primera burbuja del hervor.

5—Retire la cacerola del fuego y distribuya la mezcla en los nidos de hojaldre (*Patty Shells*). Sirva en seguida.

Nota: Puede sustituir el atún con enlatados de otros productos de su preferencia. En ausencia de *"Patty Shells,"* puede servir sobre tostadas de pan de emparedados (*Sandwich*).

ATUN CON CODITOS

A—3 litros (12 tazas) de agua
4½ cucharaditas de sal
1 cucharadita de aceite de oliva
1 libra de macarrones en coditos (*Elbow Macaroni*)

B—¼ libra de mantequilla
½ taza, más 2 cucharadas, de harina de trigo
1½ cucharadita de sal
1 taza de cebolla, picadita

C—1 litro (4 tazas) de leche, tibia
4 lascas (¼ libra) de queso suizo, cortado en pedacitos
1 lata de 12½ onzas de atún, escurrido

1—En una olla grande, ponga a hervir a *fuego alto* el agua, la sal y el aceite de oliva. Al hervir a borbotones, añada los coditos. Déjelos hervir durante *20 minutos,* destapados, separándolos **ocasionalmente** con un tenedor de cocina. Sáquelos y escúrralos muy bien.

2—Mientras los coditos se están cociendo, prepare la siguiente salsa:

En una cacerola, derrita la mantequilla a *fuego bajo.* Añada la harina de trigo y la sal y mezcle bien, con cuchara de madera, por *2 minutos.* Agregue la cebolla picada y cueza, mezclando, por *3 minutos.* Añada **lentamente** la leche y mezcle a *fuego moderado.* Cuando empiece a tomar consistencia, añada el queso y el atún. Mezcle hasta que hierva y espese.

3—Agregue a la salsa los coditos escurridos. Mezcle bien y vierta en fuente honda. Sirva inmediatamente.

Huevos y Hortalizas

Huevos y Hortalizas

HUEVOS CON ATUN "AU GRATIN"

A—2 onzas (4 cucharadas) de mantequilla
  3 cucharadas de harina de trigo
  1 cucharadita de sal
  1½ taza de leche

B—1 lata de 8 onzas de guisantes (*Petit Pois*), escurrida
  1 lata de 9¼ onzas de atún, escurrida
  6 huevos duros, cortados en rebanadas

C—8 lascas de queso suizo

1—Encienda el horno a *350°F., 10 minutos* antes de usarlo. Engrase un molde de cristal para hornear, tamaño 8″ x 8″ x 2″.

2—En una cacerola, derrita a *fuego bajo* la mantequilla. Añada la harina de trigo y mezcle bien, con cuchara de madera. Agregue la sal y la leche y mezcle **contínuamente** hasta hervir.

3—Añada los ingredientes incluidos en B y mezcle.

4—Vierta en el molde y cubra con las lascas de queso.

5—Hornée alrededor de *10 minutos,* o hasta que derrita el queso.

HUEVOS CON VEGETALES Y SETAS

A—1 caja de 10 onzas de espinacas (*Spinach*), congeladas, o el vegetal de su preferencia

B—6 huevos duros, picaditos
  ¾ cucharadita de sal

155

1 lata de 10¾ onzas de sopa de crema de setas (*Cream of Mushroom Soup*), sin diluir

2 onzas (¼ taza) de queso de papa (*Cheddar*), rallado

1—Hierva y sazone el vegetal de acuerdo a las instrucciones de la caja, o hasta quedar cocido. Escúrralo y **resérvelo.**

2—Encienda el horno a *350°F., 10 minutos* antes de usarlo. Engrase con oleomargarina un molde de cristal para hornear, tamaño 8″ x 8″ x 2″.

3—Distribuya la espinaca en el fondo del molde.

4—Combine los ingredientes incluidos en B y viértalos sobre la espinaca.

5—Hornée alrededor de *15 minutos,* o hasta calentar y que derrita el queso en la salsa.

HUEVOS A LA ITALIANA

A—6 huevos duros, picaditos

B—1 lata de 8½ onzas de zanahorias en cuadritos, escurrida
1 pimiento verde, sin semillas ⎱ picaditos
¼ taza de cebolla ⎰
¼ cucharadita de orégano seco
¼ cucharadita de polvo de pimienta
1 cucharadita de sal de ajo
1 lata de 10¾ onzas de salsa para espagueti

C—6 tajadas de pan de emparedados (*Sandwich*), tostadas
¼ taza de queso *Parmesano,* rallado

1—En una cacerola, combine los ingredientes incluidos en B. Ponga a *fuego moderado* y cueza por *10 minutos.*

2—Agregue los huevos picaditos y mezcle a *temperatura moderada* hasta hervir.

3—Sirva sobre las tajadas de pan de emparedados tostadas y riéguelas con el queso *Parmesano.*

HUEVOS CON MAIZ Y QUESO

A—1 lata de 1 libra de maíz en grano, escurrida
   4 galletas de soda

B—8 huevos duros, cortados en tajaditas
   1 cucharadita de sal

C—2 tazas de *Salsa Blanca Mediana* (Vea receta en página
   261)
   1 onza (2 cucharadas) de mantequilla, cortada en trocitos
   1 queso *Velveeta*, pequeño, cortado en lonjas finas

1—Encienda el horno a *350°F., 10 minutos* antes de usarlo.

2—Cubra el fondo de un molde de cristal para hornear, tamaño 12" x 7½" x 2", con el maíz en grano escurrido.

3—Triture 2 galletas de soda y riéguelas sobre el maíz.

4—Distribuya encima las tajadas de huevo y riégueles la sal.

5—Cúbralo con la salsa blanca. Triture las otras 2 galletas de soda y riéguelas sobre la salsa.

6—Añada los trocitos de mantequilla y cubra con las lonjas de queso.

7—Hornée alrededor de *10 minutos*, o hasta que se derrita el queso.

HUEVOS CON PAPAS Y "HOT DOGS"

A—1½ libra de papas medianas
   1½ litro (6 tazas) de agua
   1 cucharada de sal

B—2 cucharadas de *Sofrito* (Vea recetas en páginas 11–13)
   1 lata de 10¾ onzas de sopa de tomate (*Tomato Soup*),
   sin diluir
   1 lata de 14½ onzas de tomates guisados (*Stewed Tomatoes*), o de tomates al natural (*Whole* o *Peeled Tomatoes*)
   ¼ taza de agua

C—1 paquete de 1 libra de *Hot Dogs* (*Beef Franks*), cortados cada uno en 5 pedazos

6 huevos duros, cortados en dos, a lo largo

1—En caso de que las papas tuvieran algún retoño, remuévalo y descártelo. Lave las papas, y **sin mondar,** pártalas por la mitad.

2—En una olla, combine los ingredientes incluidos en A. Ponga el *fuego alto* hasta hervir. Reduzca el fuego a *moderado,* tape y hierva por *20 minutos.* Escurra, monde las papas y déjelas refrescar. Córtelas en 4 pedazos.

3—En un caldero grande, combine el *Sofrito* con el resto de los ingredientes incluidos en B. Añada las papas y los *Hot Dogs* y mezcle. Agregue los huevos duros, revuelva y cueza a *fuego moderado-alto* hasta que la salsa espese a su gusto.

HUEVOS DUROS EN SALSA DE SETAS

A—4 huevos duros

B—1 lata de 13 onzas de sopa de crema de setas (*Cream of Mushroom Soup*), sin diluir

⅛ cucharadita de sal

6 cucharadas de leche

C—4 rebanadas de pan de emparedados (*Sandwich*)

1—Desbarate los huevos duros con un tenedor.

2—En una cacerola, combine la leche y la sal con el contenido de la lata de sopa de crema de setas. Mezcle bien. Ponga a *fuego moderado* hasta que hierva.

3—Añada los huevos desbaratados, mezcle y deje a *fuego bajo.* Mientras tanto, tueste el pan.

4—Retire la cacerola del fuego y sirva el contenido sobre las rebanadas de pan, acompañado por el vegetal de su preferencia.

HUEVOS REVUELTOS A LA ESPAÑOLA

A—3 cucharadas de aceite de oliva
½ libra de jamón hervido ⎤
4 tomates maduros ⎦ picaditos

B—6 huevos

C—2 cucharadas de leche
½ cucharadita de azúcar
⅛ cucharadita de pimentón (*Paprika*)
Pizca de polvo de pimienta
¼ cucharadita de sal

D—4 rebanadas de pan de emparedados (*Sandwich*)

1—En una sartén, sofría el jamón y los tomates en el aceite de oliva a *fuego moderado,* mezclando con cuchara de madera, por *5 minutos.*

2—Bata bien los huevos, añádales los ingredientes incluidos en C y mezcle.

3—Vierta la mezcla en la sartén y revuelva a *fuego bajo,* hasta que los huevos queden cocidos y sequen a la consistencia de su gusto.

4—Sirva sobre las rebanadas de pan, tostadas.

HUEVOS REVUELTOS A LO PERICO

A—1 onza (2 cucharadas) de mantequilla u oleomargarina

B—4 huevos
1 cebolla, pequeña ⎤
1 tomate, pequeño ⎦ bien picaditos
½ cucharadita de sal

1—En una sartén, derrita la mantequilla a *fuego bajo.*

2—Mientras tanto, vierta en una licuadora eléctrica todos los ingredientes incluidos en B. Licúe a velocidad máxima por *1 minuto.*

3—Agregue lo licuado a la sartén. Ponga el *fuego moderado* hasta tomar consistencia. Reduzca el fuego a *bajo* y revuelva, desbaratando la mezcla **contínuamente**, hasta que el huevo seque a su gusto. Sirva en seguida.

SOUFFLE DE QUESO

A—2 onzas (4 cucharadas) de mantequilla
¾ cucharadita de sal

B—6 cucharadas de maicena
1 taza de leche

C—½ taza de queso de papa (*Cheddar*), rallado

D—6 huevos grandes

1—Encienda el horno a *350°F., 10 minutos* antes de usarlo. Engrase con oleomargarina un molde especial para *soufflé*, o un molde redondo de cristal para hornear, tamaño 8½" x 3½".

2—En una cacerola grande, derrita la mantequilla, junto con la sal, a *fuego bajo.*

3—Aparte, diluya bien la maicena en un poco de la leche. Agregue el resto de la leche y mezcle.

4—Tan pronto derrita la mantequilla, añada la maicena diluida y mezcle, con cuchara de madera, a *fuego moderado-alto* por *2 minutos.* Reduzca a *fuego moderado* y mezcle hasta que hierva.

5—Añada el queso y mezcle **vigorosamente** hasta que desaparezca en la mezcla. Retire del fuego, añada **gradualmente** las yemas, mezcle y deje enfriar.

6—Aparte, bata a *"punto de nieve"* las claras y *"envuélvalas"* en la mezcla. Vierta en el molde y hornée por *30 minutos,* o hasta que, al introducir un palillo, salga seco. Sirva en seguida.

SOUFFLE DE PAPA

A—2 onzas (4 cucharadas) de mantequilla u oleomargarina
2 tazas de leche
1½ taza de agua
1¼ cucharadita de sal

B—5 tazas de hojuelas (**Flakes**) de 1 caja de 13.3 onzas de papas majadas instantáneas

C—4 huevos (separe yemas y claras)
¾ taza de queso suizo, rallado en tiritas

1—Encienda el horno a *350°F., 10 minutos* antes de usarlo. Engrase un molde redondo de cristal para hornear, tamaño 2 cuartillos (2 qts.).

2—En una olla o cacerola bien grande, ponga a hervir a *fuego alto* los ingredientes incluidos en A. Tan pronto hierva, retire del fuego y añada, **todo de una vez,** las 5 tazas del contenido de la caja de papas. Mezcle **vigorosamente,** con cuchara de madera, hasta que la mezcla tome consistencia de papa majada.

3—Agregue y mezcle bien las yemas de huevo y el queso rallado.

4—Aparte, en un tazón, bata a *"punto de nieve"* las claras que reservó y *"envuélvalas"* en la mezcla.

5—Vierta la mezcla en el molde y hornée alrededor de *40 minutos,* hasta dorar, o lo necesario hasta que, al introducirle un palillo en el centro, salga seco.

SOUFFLE DE MAIZ A LA CREMA

A—2 onzas (4 cucharadas) de mantequilla

B—4 cucharadas de harina de trigo
2 cucharadas de azúcar
¾ cucharadita de sal
Pizca de polvo de pimienta blanca

C—1 taza de leche
   1 lata de 1 libra de maíz a la crema (*Cream Style Corn*),
   sin diluir

D—4 huevos

1—Encienda el horno a *350°F.*, *10 minutos* antes de usarlo.
Engrase con oleomargarina un molde redondo de cristal
para hornear, tamaño 2 cuartillos (2 qts.). Ponga a derretir
la mantequilla a *fuego bajo.*

2—Aparte, combine en un tazón los ingredientes incluidos
en B. Añada un poco de la leche y mezcle hasta diluir la
harina de trigo. Agregue el resto de la leche y el contenido
de la lata de maíz a la crema. Mezcle bien.

3—Bata los huevos y *"envuélvalos"* en la mezcla. Vierta en
el molde y hornée por *1 hora.* Sirva en seguida.

PAPAS REALES

A—8 papas *Idaho* grandes (para asar)

B—¼ libra de mantequilla
   1 cucharadita de sal
   3 huevos
   ¼ taza de queso *Parmesano,* rallado
   1 frasco de 6 onzas de crema espesa o crema *"Avoset"*
   (de etiqueta azul)

C—Pimentón (*Paprika*) (para espolvorear las papas)

1—Encienda el horno a *450°F.*, *10 minutos* antes de usarlo.
En caso de que las papas tuvieran algún retoño, remuévalo
y descártelo. Lave las papas y restréguelas bien con el
cepillo de lavar hortalizas. Escúrralas, séquelas y envuélvalas, individualmente, en papel de aluminio pesado (*Heavy
Aluminum Foil*).

2—Hornée alrededor de *1½ hora,* o hasta ablandar.

3—Saque las papas del horno, quíteles el papel de aluminio e inmediatamente corte una tajada fina en la parte de la papa que se horneó **hacia abajo.** Remueva la pulpa, sin romper la cáscara. Coloque las papas ahuecadas en una lámina de aluminio (*Aluminum Sheet*).

4—Maje la pulpa en seguida y mezcle muy bien con los ingredientes incluidos en B. Rellene las papas ahuecadas y espolvoréelas ligeramente con pimentón. Colóquelas en la lámina de aluminio (*Aluminum Sheet*).

5—Reduzca la temperatura del horno a *375°F.* y hornée alrededor de *20 minutos.*

Nota: Si sobra mezcla luego de rellenar las papas, viértala en un molde y hornée a la vez que hornea las papas.

PAPA ILUSION

A—¼ libra de mantequilla
  1 litro (4 tazas) de leche
  3 tazas de agua
  1 cucharada de sal
  ½ taza de azúcar

B—5 tazas de hojuelas (*Flakes*) de 1 caja de 13.3 onzas de papas majadas instantáneas (*Mashed Potatoes*)

C—4 huevos grandes

D—1 cucharada de polvo de galleta
  Pimentón (*Paprika*), para espolvorear

1—Encienda el horno a *350°F., 10 minutos* antes de usarlo.

2—Engrase con oleomargarina un molde de cristal para hornear rectangular, tamaño 13″ x 9″ x 2″. En una olla o cacerola bien grande, combine y mezcle los ingredientes incluidos en A. Póngalo, sin tapar, a *fuego alto* hasta comenzar a hervir.

4—En seguida, retire del fuego la olla o cacerola y agregue, **todo de una vez,** las 5 tazas del contenido de la caja de papas majadas instantáneas. Mezcle **vigorosamente,** con cuchara de madera, hasta obtener consistencia de papa majada.

5—Aparte, bata bien los huevos y *"envuelva"* en la mezcla.

6—Vierta en el molde y distribuya la mezcla con una espátula.

7—Riéguele encima 1 cucharada de polvo de galleta y espolvorée levemente con el pimentón.

8—Hornée por *30 minutos* y sirva en seguida.

PAPAS CON CEBOLLAS A LA CREMA

A—1½ libra de papas pequeñas
2 litros (8 tazas) de agua
1½ cucharada de sal

B—¼ libra de mantequilla u oleomargarina
½ taza de harina de trigo
1¼ cucharadita de sal
1 taza de cebolla, picadita

C—1 litro (4 tazas) de leche tibia

1—En caso de que las papas tuvieran algún retoño, remuévalo y descártelo. Lave las papas y déjelas sin mondar.

2—En una olla, ponga a hervir a *fuego alto* el agua y la sal incluidos en A. Al hervir, agregue las papas, ponga el *fuego moderado,* tape y hierva por *30 minutos.*

3—Mientras tanto, en una cacerola, derrita la mantequilla a *fuego bajo.* Añada la harina de trigo y la sal y revuelva **contínuamente,** con cuchara de madera, por *3 minutos.* Añada la cebolla y revuelva por *2 minutos.*

4—Agregue **lentamente** la leche tibia, mezcle y revuelva a *fuego moderado-alto* por *5 minutos.* Reduzca el fuego a *moderado* y continúe revolviendo hasta que hierva. En seguida, retírela del fuego y resérvela en otra hornilla a temperatura tibia (*Warm*).

5—Tan pronto las papas estan listas, escúrralas, móndelas y córtelas en tajadas de alrededor de ½ pulgada. En una fuente honda, alterne salsa y tajadas de papa, comenzando y terminando con la salsa. Sirva caliente.

PASTELON DE PAPA Y CARNE "A LA MICHI"

A—½ taza de cebolla, picadita
  2 cucharadas de *Sofrito*
  2 libras de carne de masa de res, molida
  4 cucharadas de *Adobo*
  1 lata de 8 onzas de salsa de tomate
  6 aceitunas, rellenas con pimiento morrones,
    cortadas en rueditas finitas
  2 cucharadas de pasas, sin semillas
  4 ciruelas secas, sin semillas, cortadas
    en pedacitos   } opcional

B—¼ libra de mantequilla
  4 tazas de leche
  3 tazas de agua
  1 cucharada de sal
  5 tazas de hojuelas (*Flakes*) de 1 caja grande (13.3 onzas)
    de papas majadas instantáneas (*Mashed Potatoes*)

C—4 huevos grandes

D—1 taza de queso *Parmesano*, rallado

1—Encienda el horno a *350°F., 10 minutos* antes de usarlo. Engrase con oleomargarina molde rectangular de cristal para hornear, tamaño 13″ × 9″ × 2″.

2—En un caldero mediano, amortigüe a *fuego bajo* la cebolla y el *Sofrito* por *10 minutos*. Agregue la carne y riéguele el adobo. Mezcle **contínuamente** a *fuego moderado*, hasta que la carne pierda el color rojizo. **Enseguida,** añada la salsa de tomate y el resto de los ingredientes incluidos en A. Mezcle, tape y cueza a *fuego bajo* por *10 minutos*.

3—En una olla o cacerola bien grande, combine los ingredientes incluidos en B. Pónga, **sin tapar,** a *fuego alto* hasta que note que va a comenzar a hervir. **Enseguida,** retírela del fuego y agregue todas las hojuelas. Mezcle **vigorosamente,** con cuchara de madera, hasta obtener consistencia de papa majada.

4—Aparte, bata bien los huevos y envuélvalos en la papa majada. Esparza en el molde **la mitad** de la papa majada. Viértale encima el contenido del caldero. Cúbralo con el resto de la papa majada y nivélelo con una espátula de goma. Espolvoréele el queso *Parmesano* rallado y hornée por ½ *hora.*

COL EN COCIDO SECO

A—1 taza de aceite de oliva
½ taza de vinagre
1 cucharadita de sal

B—½ libra de cebollas medianas, cortadas en medias ruedas
½ libra de papas pequeñas, mondadas y cortadas en ruedas **bien finas**

C—2 latas de 1 libra 4 onzas de garbanzos hervidos en caldo de tomate ⎫
1 lata de 1 libra de habichuelas tiernas, ⎬ escurridas
cortadas en pedazos ⎭

D—2 tomates pequeños, cortados en medias ruedas
1 libra de pedazos de col, pesados sin el corazón y cortados en pedazos de alrededor de 1 pulgada
1 chorizo grande, sin pellejo y cortado en ruedas finas
½ taza de queso *Parmesano,* rallado

1—Combine los ingredientes incluidos en A y vierta un poco de la salsa en el fondo de una olla que tenga tapa firme y pesada.

2—Coloque en el fondo de la olla las ruedas de cebolla y encima las ruedas de papa.

3—Mezcle los ingredientes incluidos en C y añádalos a la olla, alternando con los ingredientes incluidos en D.

4—Vierta encima el resto de la salsa, tape, ponga el *fuego bajo* y cueza por *2 horas,* o lo necesario hasta que las papas ablanden. Revuelva y sirva caliente o frío.

PASTELON DE PLATANOS MADUROS
(AMARILLOS) CON QUESO

A—6 plátanos (amarillos) grandes, maduros
2 litros (8 tazas) de agua
4½ cucharaditas de sal

B—¼ libra de mantequilla u oleomargarina
¾ taza de harina de trigo

C—½ libra de queso de papa (*Cheddar*), rallado en tiritas

1—Encienda el horno a *350°F., 10 minutos* antes de usarlo. Engrase un molde de cristal para hornear, tamaño 9" o 10" diámetro, de los usados para hacer pastel (*Pie*).

2—Corte los amarillos en dos y, **sin mondar,** colóquelos en una olla con el agua y la sal incluidos en A. Ponga el *fuego alto* hasta hervir. Reduzca el fuego a *moderado,* tape y deje hervir por *20 minutos.* Escurra y móndelos.

3—En un tazón, maje los amarillos **inmediatamente.** Agregue la mantequilla y mezcle. Añada la harina de trigo y mezcle bien.

4—Extienda en el fondo del molde la mitad de la mezcla de amarillos. Distribuya encima el queso rallado y cubra con el resto de la mezcla de amarillos.

5—Hornée alrededor de *30 minutos.*

PASTELON DE PLATANOS MADUROS (AMARILLOS) CON CARNE

RELLENO:

A—2 cucharadas de *Sofrito* (Vea recetas en páginas 11–13)

B—½ libra de carbe de masa de res, molida
    ¼ taza de salsa de tomate
    ½ cucharadita de sal
    3 aceitunas, rellenas con pimientos morrones
    ½ cucharadita de alcaparras
    1 cucharada de pasas, sin semillas   } opcional
    2 ciruelas negras secas, sin semillas, picadas

C—2 huevos duros, picaditos

1—En un caldero, caliente el *Sofrito* a *fuego bajo*. Agregue los ingredientes incluidos en B, mezcle bien, tape y cueza a *fuego moderado* por *10 minutos*. Destape y cueza por *10 minutos*, revolviendo **ocasionalmente**. Añada los huevos y mezcle bien. **Reserve.**

MASA:

4 o 5 plátanos maduros (amarillos), grandes
1½ litro (6 tazas) de agua
1 cucharada de sal
2 onzas (4 cucharadas) de mantequilla u oleomargarina
½ taza de harina de trigo

1—En una olla, combine las 6 tazas de agua con la cucharada de sal.

2—Agregue los amarillos, **sin mondar** y partidos en dos. Hierva a *fuego alto* por *15 minutos*. Escurra, monde y maje **inmediatamente**. Añada y mezcle la mantequilla u oleomargarina. Agregue la harina de trigo y mezcle.

3—Encienda el horno a *350°F.*, *10 minutos* antes de usarlo. Engrase un molde redondo de cristal para hornear, tamaño 9 o 10 pulgadas de diámetro, de los usados para hacer pastel (*Pie*), y extienda sobre el molde la mitad de la mezcla de amarillo.

4—Distribuya encima el relleno reservado y cubra con el resto de la mezcla de amarillo.

5—Hornée alrededor de *30 minutos.*

PIÑON CON "CORNED BEEF"

A—2 cucharadas de aceite de oliva
½ taza de cebolla ⎫
3 granos de ajo grandes ⎭ picaditos
2 cucharadas de *Sofrito* (Vea recetas en páginas 11–13)

B—¼ taza de salsa de tomate
1 cucharada de azúcar (opcional)
1 cucharada de pasas, sin semillas
¼ cucharadita de alcaparras
4 aceitunas, rellenas con pimientos morrones
1 lata de 12 onzas de *Corned Beef*
1 lata de ½ libra de habichuelas tiernas (*French style*), escurridas *y picadas*

C—4 o 5 plátanos (amarillos) grandes, bien maduros
Abundante manteca o aceite vegetal (para freir)

D—2 huevos

1—Encienda el horno a *350°F., 10 minutos* antes de usarlo. Engrase con oleomargarina un molde de cristal para hornear, tamaño 12″ x 7½″ x 2″.

2—En una sartén, caliente el aceite de oliva, añada el resto de los ingredientes incluidos en A y amortígüelos a *fuego bajo.*

3—Añada los ingredientes incluidos en B, revuelva y cueza por *10 minutos* a *fuego bajo,* tapado.

4—Mientras tanto, monde los amarillos, divida cada uno en 4 tajadas, a lo largo.

5—Fría las tajadas de amarillo, sáquelas y colóquelas sobre papel absorbente.

6—Cubra con la mitad de las tajadas de amarillo el fondo del molde.

7—Distribuya el relleno sobre éstas y cubra la mezcla con el resto de las tajadas.

8—Bata bien los huevos y viértaselos encima.

9—Hornée alrededor de *30 minutos*, o hasta que cuaje el huevo.

10—Deje reposar por *5 minutos* y sirva en el mismo molde.

Nota: Para receta **doble**, use 8—10 amarillos grandes. **No** duplique el resto de los ingredientes, exceptuando el tamaño de la lata de habichuelas tiernas, que debe usar 1 lata de 1 libra. Use molde tamaño 13″ x 9″ x 2″.

TOSTONES DE PANAPEN

A—1 panapén de alrededor de 3 libras
   1 litro (4 tazas) de agua
   2 cucharadas de sal

B—Abundante manteca o aceite vegetal (para freir)

1—Monde el panapén, pártalo en cuatro y remuévale la parte esponjosa (tripa) del centro. Córtelo en tajadas de alrededor de 1½ pulgadas de ancho. Divida cada tajada en trozos de alrededor de 2 pulgadas de largo.

2—Remójelos por *15 minutos* en el agua con la sal. Escúrralos bien.

3—Caliente la grasa a *fuego moderado (Termómetro de Freir-350°F.)* y fría los tostones alrededor de *7 minutos*.

4—Sáque los pedazos de panapén y aplástelos.

5—Fríalos de nuevo con la grasa un poco más caliente (*Termómetro de Freir-375°F*), hasta que doren.

6—Sáquelos y escúrralos sobre papel absorbente.

PANAPEN EN SALSA DE QUESO

A—1 panapén de alrededor de 3 libras
1 litro (4 tazas) de agua
1 cucharada de sal

B—**Salsa:**
¼ libra de oleomargarina
½ taza de harina de trigo
1 cucharadita de sal
1 litro (4 tazas) de leche

C—1½ taza de queso de papa (*Cheddar*), rallado en tiritas

1—Engrase con oleomargarina un molde redondo de cristal para hornear, tamaño 3 cuartillos (3 qts.). Encienda el horno a *375 °F.* cuando haya hervido el panapén.

2—Monde el panapén, pártalo en cuatro y remuévale la parte esponjosa (tripa) del centro. Corte trocitos de panapén de alrededor de ½ pulgada. Péselos y use 1½ libra en esta receta. (**Reserve** los sobrantes para comerlos fritos.)

3—Ponga a hervir en una olla el agua y la sal. Añada los trocitos de panapén y deje hervir, tapado, a *fuego moderado,* por *20 minutos.*

4—Mientras tanto, prepare la salsa como sigue:
En una cacerola, derrita a *fuego bajo* la oleomargarina. Agréguele la harina y mueva, con cuchara de madera, por **breves segundos** para que una. Añada, **poco a poco,** la leche y agregue la sal. Suba el fuego a *moderado-alto* y continúe mezclando hasta que la salsa empiece a tomar consistencia. Reduzca el fuego a *moderado* y mezcle hasta que hierva.

5—Retire la cacerola del fuego. Escurra el panapén, añádalo a la cacerola y mezcle.

6—Vierta ⅓ de la salsa en el molde. Riegue encima ½ taza del queso rallado. Vierta el resto de la salsa. Cubra con el resto del queso rallado.

7—Hornée, tapado, por *15 minutos.*

TORTA DE MAIZ "CAMILLE"

A—1 lata de 1 libra de maíz a la crema (*Cream Style Corn*)
½ taza de leche
⅓ taza de azúcar
1 cucharadita de vainilla
¼ cucharadita de sal
2 onzas (4 cucharadas) de mantequilla, cortada en trocitos

B—4 huevos

1—Encienda el horno a *350°F., 10 minutos* antes de usarlo.
Engrase con oleomargarina un molde de cristal para hornear, tamaño 8" x 8" x 2".

2—Mezcle, en el orden en que se dan, los ingredientes incluidos en A.

3—Bata **ligeramente** los huevos y *"envuélvalos"* en la mezcla.
Vierta en el molde y hornée *1 hora*, o hasta dorar. (Puede servirse caliente o frío.)

Nota: Para receta doble, use molde rectangular, tamaño 13" x 9" x 2" y hornée alrededor de *1½ hora*, o hasta dorar.

CASSEROLE DE MAIZ

A—4 lonjas de tocineta

B—½ onza (1 cucharada) de mantequilla
2 cucharadas de cebolla, picadita
2 cucharadas de harina de trigo
1 cucharadita de sal

C—1 taza de crema agria (*Sour Cream*)
2 tazas de maíz en grano enlatado, escurrido

1—Encienda el horno a *350°F., 10 minutos* antes de usarlo.

2—En una sartén, dore las tocinetas a *fuego moderado-alto* hasta dorar, sin quemarse. Sáquelas y escúrralas en papel absorbente. Déjelas refrescar, desborónelas y **resérvelas.**

3—Agregue a la sartén la mantequilla y mezcle con la grasa rendida por la tocineta.

4—Agregue la cebolla picada y sofríala. Añada la tocineta reservada.

5—Añada la harina de trigo y la sal incluidas en B. Mezcle a *fuego moderado* hasta que se disuelva la harina y coja consistencia.

6—Añada los ingredientes incluidos en C y mezcle.

7—Vierta la mezcla en molde de cristal para hornear redondo, tamaño 2 cuartillos (2 qts.) y hornée por *30 minutos.*

BUDIN DE MAIZ

A—3 cucharadas de maicena
1 lata de 13 onzas de leche evaporada, sin diluir

B—1 lata de 1 libra de maíz a la crema (*Cream Style Corn*)
¼ cucharadita de sal
1 cucharadita de vainilla
1 taza de azúcar
2 onzas (4 cucharadas) de mantequilla
3 huevos grandes, ligeramente batidos

C—2 onzas (4 cucharadas) de mantequilla, cortada en trocitos

1—Encienda el horno a *350°F., 10 minutos* antes de usarlo. Engrase un molde de cristal para hornear, tamaño 8" x 8" x 2".

2—En una cacerola, diluya la maicena en un poco de la leche. Agregue el resto de la leche y los ingredientes incluidos en B. Mezcle y vierta en el molde.

3—Distribuya encima los trocitos de mantequilla incluidos en C.

4—Hornée por *1 hora*, o hasta dorar.

HABICHUELAS TIERNAS ALMENDRADAS

A—2 cajas de 10 onzas de habichuelas tiernas, congeladas
1 taza de agua
¾ cucharadita de sal

B—1 onza (2 cucharadas) de mantequilla

C—2 onzas (4 cucharadas) de mantequilla
½ libra de cebollitas blancas, finamente picadas
1 cucharada de vino blanco dulce (*Sauterne*)

D—2 cucharadas de almendras en tajaditas (*Slivered Almonds*), tostaditas

1—En una olla grande, combine los ingredientes incluidos en A a *fuego alto* hasta hervir. En lo que toma punto de hervor, separe las habichuelas tiernas con un tenedor de cocina. Al hervir a borbotones, agregue la mantequilla incluida en B. Tape, reduzca el fuego a *bajo* y cueza alrededor de *15 minutos,* o hasta que las habichuelas tiernas queden cocidas.

2—Mientras tanto, en una sartén grande, derrita a *fuego bajo* la mantequilla incluida en C. Añada la cebolla y amortígüela.

3—Agregue el vino y mezcle.

4—Escurra las habichuelas tiernas, añádalas a la sartén y mezcle.

5—Al momento de servir, agregue las almendras, revuelva y sirva en seguida.

BATATAS EN ALMIBAR

A—1 litro (4 tazas) de agua
1 cucharada de sal
2 libras de batatas pequeñas, lavadas y restregadas con cepillo de lavar hortalizas

B—2 tazas de azúcar
1½ taza de agua

C—1 cucharadita de vainilla
2 onzas (4 cucharadas) de mantequilla

1—En una olla, caliente a *fuego alto* hasta hervir los ingredientes incluidos en A. Tape y hierva a *fuego moderado* por *30 minutos.*

2—Escurra las batatas, móndelas y córtelas en tajadas de alrededor de ¼ pulgada.

3—Ponga las tajadas en una sartén. Combine los ingredientes incluidos en B, mezcle y vierta sobre las batatas. Cueza a *fuego moderado* hasta que el almíbar espese (*Termómetro de Dulce-222° F.*).

4—Agregue los ingredientes incluidos en C y cueza hasta que la mantequilla derrita. Retire la sartén del fuego y sirva.

YUCA CON TOCINETA Y AJO

A—2 litros (8 tazas) de agua
1½ cucharada de sal
1 paquete de 2 libras de yuca, congelada

B—1 libra de tocineta, cortada en trocitos de ¼ pulgada
6 granos de ajo, grandes, picaditos

1—En una olla, ponga a hervir a *fuego alto* el agua y la sal incluidas en A. Al hervir, añada la yuca, **sin descongelar.** Cuando hierva de nuevo, tape y hierva por *6 minutos.* Escúrrala, distribúyala en un platón y déjela enfriar.

2—Mientras tanto, en una sartén grande, combine la tocineta y los ajos. Revuelva a *fuego moderado-alto* hasta que la tocineta dore y rinda su grasa. Remueva la tocineta dorada, escurriéndola bien. Colóquela sobre papel absorbente y **reserve,** destapada. **Reserve** la grasa en la sartén.

3—Corte la yuca en dos, a lo largo. Remueva las fibras y corte la yuca en trocitos. Agréguelos a la sartén, mezcle y caliente. Vierta en molde de cristal para hornear, tamaño 13" x 9" x 2". Riegue con la tocineta reservada y sirva.

TOSTONES DE PLATANO

A—Plátanos verdes

B—Abundante manteca o aceite vegetal (para freír)

1—Monde los plátanos y córtelos en ruedas de alrededor de 1 pulgada. (En corte recto, no diagonal.) Remójelos en agua con sal según los va cortando.

2—En un caldero o *"Deep-Fryer,"* caliente la grasa a *fuego moderado (Termómetro de Freir-350°F.).*

3—Escurra bien los plátanos y fría, **virándolos ocasionalmente,** por 7 *minutos,* para que se cuezan, sin tostarse.

4—Saque los plátanos y aplástelos. Viértalos de nuevo en grasa más caliente (*Termómetro de Freir-375°F*) y fría hasta dorarlos. Sáquelos y escúrralos sobre papel absorbente. Sirva inmediatamente.

"BROCCOLI" CON QUESO

A—1 paquete de 20 onzas de brécol en pedazos (*Broccoli Cuts*), congelado

B—¼ libra de oleomargarina
1 mazo de cebollines ⎱ lavados y
2 tallos de apio (*Celery*) ⎰ finamente picados

C—2 cucharadas de harina de trigo

D—1 rollo de 6 onzas de queso de ajo (*Garlic Cheese*)
1 lata de 10¾ onzas de sopa de setas (*Cream of Mushroom Soup*), **sin diluir**
1 lata de 4½ onzas de setas partidas (*Sliced Mushrooms*), **escurridas**

E—2 onzas (4 cucharadas) de oleomargarina
½ taza de pan rallado sazonado (*Seasoned Bread Crumbs*)

1—Encienda el horno a *350°F.*, *10 minutos* antes de usarlo.
Engrase con oleomargarina un molde de cristal para hornear, tamaño 12″ × 7½″ × 2″.

2—Hierva el *broccoli* de acuerdo con las instrucciones del paquete. Escúrralo, apisonándolo **bien** para que quede **bien seco y reserve.**

3—En una cacerola, derrita a *fuego bajo* la oleomargarina incluida en B. Agregue el picadillo de cebollines y *celery* y amortígüelos.

4—Añada la harina de trigo y mezcle a *fuego moderado* hasta tomar consistencia.

5—Corte en pedazos el queso de ajo y agréguelo. Añada la sopa de setas y las setas. Mezcle, hasta que derrita el queso.

6—Agregue, el *broccoli* reservado y mezcle. Vierta en el molde.

7—Aparte, derrita a *fuego bajo* la oleomargarina incluida en E. Añádale el pan rallado y mezcle, **únicamente** para que se cubra bien con la oleomargarina.

8—Distribúyalo sobre la superficie del molde. Hornée por *30 minutos* y sirva en seguida.

Nota: Para receta doble, use molde tamaño 13″ × 9″ × 2″ y hornée alrededor de *45 minutos*.

VEGETALES EN SALSA BLANCA ENCEBOLLADA

A—1 caja de 10 onzas del vegetal congelado de su preferencia

B—2 onzas (4 cucharadas) de mantequilla
¼ taza de harina de trigo
¾ cucharadita de sal
½ taza de cebolla, picadita
2 tazas de leche, tibia

C—1 cucharada de polvo de galleta
1 onza (2 cucharadas) de mantequilla, cortada en trocitos

1—Hierva el contenido de la caja de vegetales de acuerdo con las instrucciones de la caja, o lo necesario hasta que el vegetal ablande.

2—Encienda el horno a *350°F.*, *10 minutos* antes de usarlo.

3—En una cacerola, derrita la mantequilla a *fuego bajo.* Añada la harina de trigo y la sal. Revuelva **continuamente,** con cuchara de madera, por *2 minutos.*

4—Agregue la cebolla picadita y continúe revolviendo por *2 minutos.*

5—Añada **lentamente** la leche tibia y mezcle a *fuego moderado-alto* por *3 minutos.*

6—Escurra los vegetales y combínelos con la salsa.

7—Vierta en molde de cristal para hornear, tamaño 8" x 8" x 2". Espolvorée con el polvo de galleta y distribúyale los trocitos de mantequilla encima.

8—Hornée alrededor de *10 minutos.*

QUICHE DE VEGETALES

(6–8 raciones)

A—2 cajas de 10 onzas del vegetal congelado de su preferencia (espinaca, coliflor, *broccoli,* etc.)

B—½ taza de *Bisquick* o *Jiffy Mix*
1 envase de 8 onzas (1 taza) de crema agria (*Sour Cream*)
1 taza de requesón (*Cottage Cheese*)
¼ libra de oleomargarina, derretida
2 huevos

C—1 paquete de 6 onzas de queso *Muenster,* en lascas
1 paquete de 8 onzas de queso *Mozzarella,* rallado

1—Encienda el horno a *350°F., 10 minutos* antes de usarlo. Engrase un molde de cristal para hornear, tamaño 8″ x 8″ x 2″.

2—Hierva los vegetales según instrucciones del paquete y escúrralos bien. Distribúyalos en el fondo del molde.

3—En el tazón grande de la batidora eléctrica, vierta los ingredientes incluidos en B. Bata a velocidad baja, **solo** hasta unirlos. Bata a velocidad alta por *15 segundos.* Vierta la mezcla sobre el vegetal.

4—Cubra con las lascas de queso *Muenster.*

5—Riéguele encima el queso *Mozzarella*, rallado.

6—Hornée por *30 minutos.* Retire el molde del horno, deje refrescar por *5 minutos* y sirva.

QUICHE DE ESPARRAGOS

A—1 molde de 9⅝″, con pasta para pastel (*Pie*), congelada, lista para hornearse (*Pie Crust Shell*)

B—1 caja de 10 onzas de espárragos, congelados
½ taza de agua
½ cucharadita de sal

C—1½ taza de queso suizo, rallado en tiritas

D—¾ taza de leche evaporada, sin diluir
½ cucharadita de sal
⅛ cucharadita de polvo de nuez moscada

E—3 huevos

1—Veinte minutos antes de usarlos, remueva del congelador (*Freezer*) el molde y la caja de espárragos. Encienda el horno a *450°F., 10 minutos* antes de usarlo.

2—Pinche por varias partes el fondo y los lados del molde. Meta el molde al horno y hornée por *5 minutos.* Retire el molde del horno y deje reposar sobre parrilla de aluminio (*Wire Rack*) hasta enfriar.

3—Riegue el queso rallado sobre el fondo del molde y **reserve.**

4—En una olla o cacerola, coloque los ingredientes incluidos en B. Ponga el *fuego alto* hasta hervir. En seguida, tape, reduzca el fuego a *bajo* y cueza el tiempo necesario hasta que ablanden los espárragos. Retire del fuego, escurra los espárragos, córtelos y desmenúcelos bien. Viértalos en un tazón.

5—Agregue al tazón los ingredientes incluidos en D y mezcle.

6—Bata los huevos, *"envuélvalos"* en la mezcla y vierta en el molde reservado.

7—Reduzca la temperatura del horno a *350°F.* y hornée alrededor de *40 minutos,* o hasta que al introducirle un palillo en el centro, salga seco.

VEGETALES EN SALSA CON JEREZ

A—**Vegetal:**
   3 cajas de 10 onzas del vegetal congelado de su preferencia
   1½ taza de agua
   1½ cucharadita de sal

B—**Salsa:**
   ¼ libra de mantequilla
   1 cucharadita de sal
   ½ taza de maicena
   2 latas de 13 onzas de leche evaporada, sin diluir
   1 taza de Jerez

1—En una olla, coloque los ingredientes incluidos en A. Póngalos a *fuego alto* hasta hervir. Tape, reduzca el fuego a *moderado* y hierva alrededor de *8 minutos,* o hasta que cuezan los vegetales. Escúrralos y **reserve.**

2—Prepare la salsa como sigue:
En una cacerola grande, derrita la mantequilla junto con la sal. Tan pronto derrita, suba el fuego a *moderado* y añada la maicena **poco a poco,** mezclando **contínuamente** con cuchara de madera. Agregue **lentamente** la leche y mezcle bien. Cueza a *fuego moderado-alto* hasta que comience a tomar consistencia. Reduzca el fuego a *moderado* y mezcle **vigorosamente** hasta que hierva. Añada **poco a poco** el Jerez y siga mezclando hasta que hierva de nuevo.

3—Combine con los vegetales reservados y sirva.

MANGU DOMINICANO

A—2 cebollas grandes, cortadas en ruedas
¼ taza de vinagre
1 cucharadita de sal

B—3 plátanos verdes
8 tazas de agua
2 cucharadas de sal

C—2 onzas (4 cucharadas) de mantequilla (a temperatura ambiente)

D—¼ taza de aceite de oliva

1—En un tazón, remoje las ruedas de cebolla con el vinagre y la sal alrededor de *15 minutos.*

2—Mientras tanto, monde los plátanos. Hierva en una olla con el agua y la sal incluidos en B, hasta que ablanden. Añada 1 taza de agua y dé un hervor **rápido.**

3—En un tazón, maje los plátanos y agrégueles un poco del agua en que hirvieron, hasta formar una pasta. Añada la mantequilla y mezcle. Coloque la mezcla en un platón.

4—Aparte, en un caldero, caliente el aceite de oliva. Escurra las cebollas y añádalas. Cueza a *fuego moderado* por *5 minutos.* Vierta sobre los plátanos y sirva.

GUINEITOS NIÑOS EN VINO

(12 raciones)

A—36 guineitos niños
¼ libra de mantequilla

B—2 tazas de azúcar
1 taza de agua
2 cucharaditas de vainilla

C—1 taza de vino Moscatel

1—En una sartén grande, derrita la mantequilla a *fuego bajo*.

2—Dore **ligeramente** los guineitos a fuego *moderado-alto* y luego a *fuego moderado*.

3—Riégueles encima el azúcar.

4—Combine la vainilla con el agua y viértala sobre los guineitos.

5—Ponga el *fuego moderado-alto* y al hervir, reduzca el fuego a *moderado*. Hierva por 5 *minutos*.

6—Riegue el vino sobre los guineitos y déjelos dar un hervor. Remueva los guineitos, escurriéndolos bien y colóquelos en una fuente. Hierva el almíbar hasta que espese a su gusto y vierta sobre los guineitos.

YAUTIAS MAJADAS

A—3 libras de yautía blanca
10 tazas de agua
4½ cucharaditas de sal

B—¼ libra de mantequilla
¼ cucharadita de sal
1 taza de leche caliente

1—Lave las yautías y móndelas. Córtelas en pedazos, lávelas de nuevo y escúrralas.

2—En una olla, combine el agua y la sal incluidas en A. Agregue las yautías y cueza a *fuego alto* hasta hervir. Tape y cueza a *fuego moderado* alrededor de *30 minutos*, o hasta que ablande la yautía.

3—Escurra las yautías y májelas en seguida en un tazón. Agrégueles los ingredientes incluidos en B, mezcle bien y sirva caliente.

BERENJENA CRIOLLA

A—2 libras de berenjenas
2 pimientos verdes, sin semillas
8 ajíes dulces, sin semillas

B—¼ taza de aceite de oliva
2 cebollas medianas ⎱ picados
4 granos de ajo ⎰

C—2 tomates, cortados en pedacitos
2 hojas de laurel
½ cucharadita de orégano seco
2 cucharaditas de sal

1—Monde las berenjenas y córtelas en pedazos de alrededor de 1 pulgada. Corte los pimientos en pedazos de alrededor de ½ pulgada. Corte los ajíes dulces en 4 pedazos.

2—En una sartén grande, caliente el aceite y sofría las cebollas y los ajos por *15 minutos* a *fuego bajo*.

3—Añada a la sartén las berenjenas, pimientos y ajíes y mezcle. Sofría por *5 minutos* a *fuego moderado*.

4—Añada los tomates a la sartén, junto con el resto de los ingredientes incluidos en C. Mezcle, tape la sartén y cueza a *fuego moderado* por *30 minutos*.

5—Sirva caliente, acompañado por arroz blanco.

BERENJENA PARMIGIANA

A—2 libras de berenjenas pequeñas
   1 litro (4 tazas) de agua
   1 cucharada de sal

B—15 onzas de queso *Ricotta*
   ⅓ taza de queso *Parmesano*, rallado
   6 ramitas de perejil, lavado, escurrido y picadito
   8 onzas de queso *Mozzarella*, rallado

C—¾ taza de aceite de oliva (para freir)

D—1 taza de salsa de tomate

1—Encienda el horno a *350°F., 10 minutos* antes de usarlo.

2—Monde las berenjenas y córtelas en ruedas de ½ pulgada. En un tazón, combine el agua y la sal incluida en A y remoje las berenjenas por *30 minutos*. Escúrralas bien y séquelas en papel absorbente.

3—En una sartén grande, caliente a *fuego alto* 2 cucharadas del aceite de oliva. Tan pronto comience a humear, reduzca el fuego a *moderado* y añada en seguida una camada de las berenjenas. Voltéelas **inmediatamente** y dórelas muy **ligeramente** por ambos lados. Sáquelas de la sartén y colóquelas sobre papel absorbente.

4—Agregue a la sartén 2 cucharadas del aceite de oliva y repita el procedimiento hasta haber dorado todas las tajadas de berenjena.

5—Riegue ½ taza de la salsa de tomate en un molde de cristal para hornear, tamaño 13" x 9" x 2". Coloque en el molde la mitad de las tajadas de berenjena.

6—Aparte, en un tazón, mezcle los ingredientes incluidos en B y distribuya la mitad de la mezcle sobre las tajadas de berenjena.

7—Cubra con el resto de las tajadas de berenjena. Riegue sobre éstas la ½ taza restante de la salsa de tomate. Distribúyale encima el resto de la mezcla.

8—Meta el molde al horno y hornée, destapado, alrededor de *45 minutos,* o hasta que quede cocida la berenjena.

9—Retire el molde del horno y deje reposar por *10 minutos* antes de servirla.

BERENJENA CON SALMON

A—¼ taza de aceite de oliva
2 cebollas grandes, picaditas
3 granos de ajo grandes
½ cucharadita de sal

B—2 cucharadas de *Sofrito* (Vea recetas en páginas 11–13)
1½ libra de berenjena (alrededor de 4 medianas), mondadas y picadas en cuadritos

C—1 lata de 10¾ onzas de sopa de tomate (*Tomato Soup*), sin diluir
1 lata de 15½ onzas de salmón, con su líquido incluido

1—En un caldero, amortígüe los ingredientes incluidos en A a *fuego bajo.*

2—Agregue los ingredientes incluidos en B y sofría **ligeramente.**

3—Añada los ingredientes incluidos en C, tape y cueza a *fuego bajo* alrededor de ½ *hora,* o hasta que quede cocida la berenjena.

CASTAÑAS ASADAS

(*Chestnuts*)

A—Castañas

B—¼ taza de agua

1—Encienda el horno a *450°F., 10 minutos* antes de usarlo.

2—Con un cuchillo afilado, **cuidadosamente** de un corte en forma de cruz en la parte redonda de cada castaña. Colóquelas en un molde de aluminio llano y agregue el agua incluida en B.

3—Hornée por *15 minutos,* o hasta que abran la corteza. Retire el molde del horno y saque unas cuantas castañas a la vez. Aún calientes, remuévales la corteza y monde las castañas.

HAYACAS MODERNAS (BASICAS)

(8 hayacas)

RELLENO: (Vea Nota)

A—1 pollo de 2 libras, pesado después de limpio

B—Adobo:

1 grano de ajo	
2 granos de pimienta	muela
1 cucharadita de orégano seco	y
2 cucharaditas de sal	mezcle
1 cucharadita de aceite de oliva	en el mortero
1 cucharadita de vinagre	

C—1 libra de cebollas medianas, mondadas y cortadas por la mitad, horizontalmente

1—Lave el pollo, séquelo y adóbelo. Distribuya la cebolla en el fondo de una olla que tenga tapa pesada y firme. Coloque encima el pollo, con la pechuga **hacia abajo.** Tape y cueza ,a *fuego bajo* por *1 hora.*

2—Saque el pollo de la olla, remuévale y descarte el pellejo. Deshuese el pollo, corte la carne en trocitos y póngalos en un tazón. Desbarate las cebollas remanentes en la olla y añádalas al tazón, junto con el líquido rendido. Mezcle y **reserve** para rellenar las hayacas.

Nota: De acuerdo a su gusto, el relleno de las hayacas puede variarlo, usando otras recetas de aves, carne o mariscos. Sobrantes de recetas, tales como butifarrones, relleno de pavo horneado, etc., pueden usarse también como relleno.

ORDEN EN LA MESA DONDE SE PREPARAN LAS HAYACAS:

Coloque sobre la mesa:

A—El relleno ya cocido.

B—Aderezos:
Divida en varios recipientes los ingredientes que se dan a continuación. Así estarán listos para ser distribuidos encima del relleno de las hayacas. (Estos ingredientes pueden variarse o eliminarse de acuerdo al relleno que escoja para preparar sus hayacas.)
> 3 huevos duros, cortados en 16 ruedas finas
> 1 lata de 4 onzas de pimientos morrones, escurrida y los pimientos morrones cortados en 24 tiritas
> 4 ciruelas negras secas, sin semillas y cortada cada una en 4 pedacitos
> 24 pasas, sin semillas
> 24 alcaparras
> 8 aceitunas, rellenas con pimientos morrones y cortada cada una en 3 rueditas
> 8 almendras

C—Materiales:
Pedazos grandes de hoja de plátano, lavadas y amortigüadas, o papel especial para pasteles (*Parchment Paper*), tamaño 12 pulgadas cuadradas.
Un recipiente pequeño con aceite vegetal y una brochita, para engrasar.
Papel de aluminio pesado (*Heavy Aluminum Foil*) y cordón.

MASA BASICA:

Nota: Debido a que la masa de las hayacas después que está cocida endurece rápidamente al enfriarse, se recomienda cocerla cuando el relleno y todo lo relativo a la receta esté sobre su mesa de trabajo, listo para preparar las hayacas.

A—1 lata de 1 libra 1 onza de maíz en grano, sin escurrir
    1 taza de agua

B—1 taza de harina de maíz, fina
1 cucharadita de sal
2 cucharadas de azúcar

C—2 onzas (4 cucharadas) de oleomargarina

1—Vierta los ingredientes incluidos en A en una licuadora eléctrica. Tape y licúe por *3 minutos* a máxima velocidad.

2—Aparte, en una cacerola, combine los ingredientes incluidos en B. Agregue lo licuado y mezcle con cuchara de madera.

3—Ponga la cacerola a *fuego moderado-alto* y mezcle hasta que comience a espesar. Reduzca el fuego a *moderado* y continúe mezclando hasta que salga la primera burbuja del hervor. Inmediatamente retire la cacerola del fuego y añada la oleomargarina. Mezcle **vigorosamente** hasta que una bien. En seguida, proceda a preparar las hayacas.

MODO DE PREPARAR LAS HAYACAS:

1—Con la brochita, engrase ligeramente uno de los pedazos de hoja de plátano, o de papel especial para pasteles (*Parchment Paper*).

2—Coloque en el centro 3 cucharadas colmadas de la masa. Extiéndala a formar un cuadrado de alrededor de 6 pulgadas.

3—Vierta en el centro de esta masa 2 cucharadas de relleno y extiéndalo hacia arriba y hacia los lados, dejando como ½ pulgada libre en los bordes.

4—Distribuya sobre el relleno lo siguiente:
2 ruedas de huevos
3 tiritas de pimientos morrones
2 pedacitos de ciruela
4 pasas, sin semillas
4 alcaparras
3 rueditas de aceitunas
1 almendra

5—Doble la hoja de plátano o papel en tal forma, que la base de la masa, al quedar doblada, descanse sobre el borde de la masa de arriba, formando de este modo la tapa y el fondo de la hayaca. Déle un segundo doblez a la hoja de plátano o papel, por el nivel donde termina el borde de la hayaca y aplane ligeramente con la palma de la mano. Doble hacia adentro, al nivel de los bordes laterales de la hayaca, los lados izquierdo y derecho de la hoja de plátano o papel.

6—Proceda del mismo modo con el resto de las hayacas.

7—Coloque las hayacas en paquetes de **dos en dos,** quedando hacia adentro los lados que han sido doblados.

8—Envuelva cada paquete en papel de aluminio (*Heavy Aluminum Foil*) y amárrelos bien.

9—En una olla grande, ponga a hervir a borbotones 5 litros de agua (20 tazas) con 3 cucharadas de sal. Añada las hayacas, tape y hierva por *30 minutos.* Después que se han cocido, retírelas **inmediatamente** del agua. Sírvalas caliente.

HAYACAS GOURMET

(8 hayacas)

RELLENO:

A—4 cucharaditas de aceite de oliva
1 cucharadita de orégano seco
1 cebolla grande
1 pimiento verde, sin semillas
3 ajíes dulces, sin semillas   } picaditos
3 granos de ajo grandes

B—2¼ cucharaditas de sal
1½ cucharadita de vinagre
2 libras de pechugas de pollo

C—1 lata de 4 onzas de pimientos morrones

D—½ taza de salsa de tomate
1 cucharadita de alcaparras
¼ taza de pasas, sin semillas (preferible, pasas doradas)

1—En un caldero, caliente el aceite. Agregue el orégano y el resto de los ingredientes incluidos en A. Sofríalos a *fuego bajo* por *10 minutos*.

2—Añada los ingredientes incluidos en B y sofría las pechugas a *fuego moderado* por 5 *minutos*.

3—Escurra en el caldero el líquido de la lata de pimientos morrones. Corte los pimientos morrones en tiritas y resérvelas.

4—Agregue al caldero los ingredientes incluidos en D. Mezcle y ponga el *fuego alto* hasta hervir. Reduzca el fuego a *bajo* y cueza por *30 minutos*.

5—Retire del fuego. Saque las pechugas y **resérvelas**. Vierta el resto del contenido del caldero en una licuadora eléctrica. Tápela y licúe a máxima velocidad. **Resérvelo** para usarlo en la confección de la **MASA** de las hayacas. (Lo licuado rendirá aproximadamente 2 tazas.)

6—Quite y descarte el pellejo de las pechugas y deshuéselas. Desmenuce la carne, distribúyala en 8 porciones y **resérvela**.

ORDEN EN LA MESA DONDE SE PREPARAN LAS HAYACAS:

Coloque sobre la mesa:

A—El relleno ya cocido.

B—Aderezos:
Divida en varios recipientes los ingredientes que se dan a continuación. Así estarán listos para ser distribuidos encima del relleno de las hayacas. (Estos ingredientes pueden variarse o eliminarse, de acuerdo al relleno que escoja para preparar sus hayacas.)

3 huevos duros, cortados en 16 ruedas finas
1 lata de 4 onzas de pimientos morrones, escurrida y
   los pimientos cortados en 24 tiritas
4 ciruelas negras secas, sin semillas y cortada cada una
   en 4 pedacitos
24 pasas, sin semillas (preferible, pasas doradas)
24 alcaparras
8 aceitunas, rellenas con pimientos morrones y cortada
   cada una en 3 rueditas
16 almendras

C—Materiales:
Pedazos grandes de hoja de plátano, lavadas y amortigüadas, o papel especial para pasteles (*Parchment Paper*),
tamaño 12 pulgadas cuadradas.
Un recipiente pequeño con aceite vegetal y una brochita,
para engrasar.
Papel de aluminio pesado (*Heavy Aluminum Foil*) y cordón.

MASA:

Nota: Debido a que la masa de las hayacas después que está cocida endurece
rápidamente al enfriarse, se recomienda cocerla cuando el relleno y
todo lo relativo a las hayacas esté sobre su mesa de trabajo, listo
para preparar las hayacas.

A—1 lata de 1 libra 1 onza de maíz en grano (*Whole Corn
   Kernel*), escurrida
   2 tazas de lo licuado (reservado, según instrucción 5 en
   la preparación del relleno.)

B—1 taza de harina de maíz, fina
   ¾ cucharadita de sal
   2 cucharadas de azúcar

C—2 onzas (4 cucharadas) de mantequilla

D—5 litros (20 tazas) de agua
   3 cucharadas de sal

1—Vierta los ingredientes incluidos en A en una licuadora eléctrica. Tape y licúe por *3 minutos* a máxima velocidad.

2—Aparte, en una cacerola, combine los ingredientes incluidos en B.

3—Agréguele lo licuado y mezcle **contínuamente,** con cuchara de madera, a *fuego alto,* alrededor de *2 minutos.* Reduzca el fuego a *moderado* y continúe mezclando alrededor de *2 minutos,* o lo necesario hasta que empiece a hervir. En seguida, retire la cacerola del fuego.

4—Añada la mantequilla y mezcle hasta que todo una bien. Inmediatamente comience a preparar las hayacas.

5—Siga las instrucciones del modo de preparar las hayacas, según la receta de *Hayacas Básicas,* página 186).

YUCA EMPANADA AL HORNO

A—2 paquetes de 1¼ libra cada uno de trozos de yuca congelada
12 tazas de agua
3 cucharadas de sal

B—2 onzas (4 cucharadas) de mantequilla u oleomargarina
1½ taza de leche caliente
2 cucharadas de azúcar

C—1 huevo
2 cucharadas de polvo de pan o galleta

1—Corte los trozos de yuca congelada en dos, a lo largo, y remuévales las fibras. En una olla, ponga a hervir a *fuego alto* el agua y la sal. Al hervir, añada la yuca, **sin descongelar.** Tape y hierva hasta que **ablande bien.**

2—Encienda el horno a *350°F. 10 minutos* antes de usarlo. Engrase un molde de cristal para hornear y riéguele en el fondo **1 cucharada** de polvo de pan o galleta.

3—Tan pronto la yuca esté blanda, escúrrala y **májela bien** en un tazón. Añada los ingredientes incluidos en B y mezcle. Bata bien el huevo y *"envuélvalo"* en la mezcla. Vierta en el molde. Espolvorée con **1 cucharada** de polvo de pan o galleta y hornée, *destapado,* por *30 minutos.*

Pastas

Pastas

ESPAGUETI FLORENTINO

A—¼ taza de aceite de oliva
½ taza de cebolla, finamente picada

B—2 latas de 6 onzas de pasta de tomate
2¼ tazas de agua
¼ cucharadita de sal
¼ cucharadita de sal de ajo
⅛ cucharadita de polvo de pimienta
½ cucharadita de azúcar
¼ cucharadita de orégano seco
3 ramitas de perejil, lavado, secado y picadito

C—6 litros (24 tazas) de agua
2 cucharadas de sal
1 cucharada de aceite de oliva

D—1 libra de espagueti

E—Queso *Parmesano*, rallado (para espolvorear)

1—En un caldero, amortígüe, a *fuego bajo*, la cebolla en el aceite de oliva incluido en A.

2—Mezcle la pasta de tomate con el agua y agréguela al caldero. Añada el resto de los ingredientes incluidos en B. Cueza a *fuego bien bajo* (*Simmer*) por *30 minutos*, mezclando **ocasionalmente**. Remueva la hoja de laurel.

3—En una olla grande, combine los ingredientes incluidos en C. Ponga el *fuego alto* hasta hervir a borbotones. Añada los espaguetis. Hierva destapado, por *13 minutos*, separándolos **ocasionalmente** con un tenedor de cocina.

4—Tan pronto estén listos, escúrralos, viértalos en la salsa, caliente y sirva en seguida. Riegue encima queso *Parmesano* rallado a gusto.

ESPAGUETI EN SALSA VERDE

A—1 libra de lonjas de tocineta, cortada en trocitos de alrededor de ¼ pulgada

B—½ taza de cebolla
¼ taza de ramitas de perejil, lavadas, picadas y escurridas

C—2 frascos de crema de leche o crema *Avoset* (de etiqueta verde)

D—1 libra de espagueti
6 litros (24 tazas) de agua
2 cucharadas de sal
1 cucharada de aceite de oliva

1—En una sartén grande, fría la tocineta a *fuego moderado-alto*. Revuelva **contínuamente** hasta que la tocineta dore y rinda su grasa. Saque la tocineta dorada, escúrrala sobre papel absorbente y **resérvela**.

2—Agregue a la sartén la cebolla y el perejil, mezcle y sofríalos a *fuego bajo* por *15 minutos*.

3—Mientras tanto, en una olla bien grande, ponga a hervir a *fuego alto* el agua con la sal y el aceite. Al hervir a borbotones, añada los espaguetis y hierva, destapado, por *13 minutos*, separándolos **ocasionalmente** con tenedor de cocina.

4—Añada a la sartén la crema y la tocineta reservada, desboronada. Mezcle y deje dar un hervor a *fuego moderado-alto*.

5—Tan pronto los espaguetis estén listos, escúrralos, añádalos a la sartén, mezcle y sirva inmediatamente.

ESPAGUETI CON CAMARONES

A—6 litros (24 tazas) de agua
2 cucharadas de sal
1 cucharada de aceite de oliva
1 libra de espagueti

B—½ libra de mantequilla
1 cucharadita de orégano seco
¼ cucharadita de polvo de pimienta
½ taza (4 onzas) de licor de anís (*Anisette Liqueur*)
2 latas de 4½ onzas de camarones partidos (*Broken Shrimps*), escurridos

C—Queso *Parmesano,* rallado (para espolvorear)

1—En una olla bien grande, ponga a hervir el agua, la sal y el aceite. Al hervir a borbotones, añada los espaguetis. Hierva a *fuego alto*, destapado, por *13 minutos,* separándolos **ocasionalmente** con un tenedor de cocina.

2—Aparte, en una sartén grande, derrita la mantequilla a *fuego moderado.* Añádale el resto de los ingredientes incluidos en B, mezcle y cueza por *5 minutos.*

3—Escurra los espaguetis y viértalos en la sartén. Mezcle y sirva inmediatamente. Riegue por encima queso *Parmesano* a su gusto.

ESPAGUETI A LA IMPERIAL

A—4 cucharadas de *Sofrito* (Vea recetas en páginas 11–13)
1 libra de carne de masa de res, molida

B—½ taza de cebolla, picadita
1¼ cucharadita de sal
1 lata de 10¾ onzas de sopa de tomates (*Tomato Bisque* o *Tomato Soup*), sin diluir
1 lata de 1 libra 12 onzas de tomates al natural (*Whole Peeled Tomatoes*), con su líquido incluido y los tomates cortados en pedacitos

C—6 litros (24 tazas) de agua
2 cucharadas de sal
1 cucharada de aceite de oliva

D—1 libra de espagueti

E—½ taza de queso *Parmesano,* rallado

1—En un caldero grande, caliente el *Sofrito.* Añada la carne y mezcle. Tape y cueza a *fuego bajo* por *30 minutos.*

2—Agregue los ingredientes incluidos en B, mezcle y **reserve.**

3—En una olla bien grande, combine los ingredientes incluidos en C. Ponga el *fuego alto* hasta hervir a borbotones. Añada los espaguetis y hierva, destapado, a *fuego alto* por *13 minutos,* separándolos **ocasionalmente** con un tenedor de cocina.

4—Mientras tanto, agregue al caldero el queso *Parmesano* incluido en E. Mezcle, tape y cueza a *fuego bajo* por *10 minutos.*

5—Tan pronto los espaguetis estén listos, escúrralos bien y viértalos en el caldero. Mezcle y sirva inmediatamente. Riegue por encima queso *Parmesano* a su gusto.

ESPAGUETI A LA CARBONARA SENCILLO

A—1 libra de lonjas de tocineta

B—6 litros (24 tazas) de agua
2 cucharadas de sal
1 cucharada de aceite de oliva

C—1 libra de espagueti

D—6 huevos
¼ cucharadita de sal

E—1 taza de queso *Parmesano,* rallado

1—En un caldero o sartén grande, fría las lonjas de tocineta a *fuego moderado-alto* hasta que rindan parte de su grasa. Reduzca el fuego a *moderado* y continúe friendo hasta que doren, sin quemarse. Sáquelas, escúrralas sobre papel absorbente y **resérvelas. Reserve** la grasa en el caldero.

2—Aparte, en una olla grande, combine los ingredientes incluidos en B. Ponga el *fuego alto* y al hervir a borbotones agregue los espaguetis. Hierva, destapado, por *13 minutos,* separándolos **ocasionalmente** con un tenedor de cocina.

3—Unos minutos antes de estar listos los espaguetis, desborone la tocineta y **resérvela.** Ponga a calentar a *fuego bajo* la grasa reservada en el caldero.

4—Tan pronto están listos los espaguetis, escúrralos, viértalos en el caldero y revuelva.

5—**Inmediatamente,** bata los huevos con la sal y añádalos al caldero. Revuelva hasta que queden cocidos.

6—Agregue el queso *Parmesano* y mezcle.

7—Añada la tocineta desboronada, mezcle y sirva inmediatamente.

ESPAGUETI A LA CARBONARA

A—3 litros (12 tazas) de agua
   1 cucharada de sal
   1 cucharada de aceite de oliva

B—1 libra de espagueti

C—½ onza (1 cucharada) de mantequilla
   ¼ libra de jamón *Prosciutto,* cortado en trocitos

D—3 huevos grandes
   1 taza de crema de leche

E—2 onzas (4 cucharadas) de mantequilla (a temperatura ambiente)
   ¾ taza de queso *Parmesano,* rallado

1—En una olla grande, combine el agua, la sal y el aceite. Ponga a *fuego alto* y al hervir a borbotones, agregue los espaguetis. Déjelos cocer, destapados, a *fuego alto* por *13 minutos,* separándolos **ocasionalmente** con un tenedor de cocina.

2—Mientras se cuecen los espaguetis, en una sartén pequeña, derrita a *fuego bajo* la mantequilla incluida en C. Añada el jamón y revuelva alrededor de *3 minutos.* Retire del fuego y **reserve.**

3—En un tazón, bata los huevos y añádales la crema, **poco a poco,** mientras bate. Vierta lo batido en una cacerola y mezcle, con cuchara de madera, a *fuego bajo* por *5 minutos.* Retire del fuego y **reserve.**

4—Tan pronto los espaguetis estén listos, escúrralos bien y viértalos en un tazón grande.

5—En seguida, añádales la mantequilla incluida en E y mezcle.

6—Agregue los ingredientes reservados y mezcle.

7—Finalmente, agregue el queso *Parmesano* rallado. Mezcle todo bien, vierta en fuente honda y sirva inmediatamente.

LINGUINI ALLE VONGOLI

A—3 litros (12 tazas) de agua
1½ cucharada de sal
1 cucharada de aceite de oliva

B—1 libra de *linguini*

C—2 latas de 6¼ onzas de mantequilla danesa o ¾ libra de mantequilla
2 latas de 8 onzas de almejas picaditas (*Minced Clams*) escurridas
1 cucharadita de orégano seco
⅛ cucharadita de polvo de pimienta
1 taza de vino blanco dulce (*Sauterne*)

D—1 taza de queso *Parmesano,* rallado

1—En una olla grande, combine los ingredientes incluidos en A. Ponga el *fuego alto* hasta hervir a borbotones. Añada los *linguini* y hierva destapado, *por 13 minutos,* separándolos **ocasionalmente** con un tenedor de cocina.

2—Mientras los *linguini* están hirviendo, en una sartén grande derrita la mantequilla a *fuego bajo*. Agregue el resto de los ingredientes incluidos en C y mezcle. Ponga el *fuego moderado* y cueza hasta que estén listos los *linguini*.

3—Escurra los *linguini*, combine con el contenido de la sartén y sirva inmediatamente en fuente honda. Acompañe con el queso *Parmesano* incluido en D.

LINGUINI CON MAIZ

A—3 litros (12 tazas) de agua
  1 cucharada de sal
  1 cucharada de aceite de oliva

B—½ libra de *linguini*

C—4 lonjas de tocineta, cortadas en pedazos

D—1 lata de 8 onzas de maíz a la crema
  1 taza de leche
  ½ onza (1 cucharada) de mantequilla
  ¼ taza de queso *Parmesano*, rallado

E—½ taza de queso *Parmesano*, rallado

1—Encienda el horno a *350°F., 10 minutos* antes de usarlo.

2—En una olla grande, combine los ingredientes incluidos en A. Ponga el *fuego alto* hasta hervir a borbotones. Añada los *linguini* y deje hervir, destapado, por *13 minutos*, separándolos **ocasionalmente** con un tenedor de cocina. Escurra y **reserve** los *linguini*.

3—Mientras tanto, en una sartén, dore la tocineta, revolviendo a *fuego moderado-alto* hasta que rinda su grasa y dore, sin quemarse. Saque y escurra la tocineta sobre papel absorbente. Déjela refrescar, desborónela y **reserve**.

4—Aparte, en una cacerola, mezcle los ingredientes incluidos en D, para formar una lechada, y caliente.

5—En un molde redondo de cristal para hornear, tamaño 2 cuartillos (2 qts.) distribuya los ingredientes en 3 camadas en el siguiente orden:

Primera camada—*Linguini*
Lechada
Tocineta desboronada
Queso *Parmesano*

Repita, en el mismo orden, las próximas dos camadas.

6—Hornée por *30 minutos* y sirva en seguida.

MACARRONES ENTOMATADOS CON ATUN

A—6 litros (24 tazas) de agua
2 cucharadas de sal
1 cucharada de aceite de oliva
1 libra de macarrones

B—4 cucharadas de *Sofrito* (Vea recetas en páginas 11–13)

C—1 cucharadita de alcaparras
6 aceitunas, rellenas con pimientos morrones
1 lata de 14½ onzas de tomates al natural (*Whole Peeled Tomatoes*), sin escurrir
1 frasco de 15½ onzas de salsa para espagueti (*Spaghetti Sauce*)
1 lata de 12½ onzas de atún, sin escurrir
½ taza de queso *Parmesano*, rallado

1—En una olla grande, ponga a hervir a *fuego alto* el agua, sal y aceite de oliva incluidos en A. Al hervir a borbotones, añada los macarrones y hierva destapado, por *20 minutos*, separándolos **ocasionalmente** con un tenedor de cocina.

2—Mientras tanto, en un caldero o sartén grande, caliente el *Sofrito* a *fuego bajo*. Agregue los ingredientes incluidos en C, en el orden en que se dan y mezcle.

3—Escurra los macarrones, agréguelos al caldero, mezcle bien y sirva inmediatamente. Riegue por encima queso *Parmesano* a su gusto.

LASAGNA A LA SAN JUAN

(12 raciones)

A—2 cucharadas de aceite de oliva ⎫
   2 onzas de tocino, lavado   ⎬ picaditos
   6 granos de ajo   ⎭

B—1 onza (2 cucharadas) de mantequilla ⎫
   ¾ taza de cebolla   ⎬ picaditos
   ¼ taza de pimiento verde, sin semillas ⎭

C—1½ libra de carne de masa de res, molida
   1 huevo
   ¼ taza de polvo de pan o de galleta

D—1 lata de 14½ onzas de tomates al natural (*Whole Peeled
   Tomatoes*), con su líquido incluido
   1½ cucharadita de sal
   1 cucharada de azúcar
   ¼ cucharadita de polvo de pimienta
   1½ cucharadita de orégano seco
   1 cucharadita de albahaca seca (*Basil Leaves*)
   ⅓ taza de ramitas de perejil, lavadas, escurridas y muy
   bien picaditas
   ¼ taza de pasas, sin semillas
   3 cucharadas de pasta de tomate (*Tomato Paste*)
   ¼ taza de vino blanco

E—6 litros (24 tazas) de agua
   2 cucharadas de sal
   1 cucharada de aceite de oliva
   1 paquete de 1 libra de pasta de *lasagna* rizada (*Ribbed*
   o *Curly Lasagna*)

F—**Salsa**
   ¼ libra de mantequilla
   1 cucharadita de sal
   ½ taza de harina de trigo
   1 litro (4 tazas) de leche

G—Quesos

3 paquetes de 4 onzas de queso *Mozzarella*, rallado
12 onzas de requesón (*Ricotta* o *Pot Cottage Cheese*)
1½ taza de queso *Parmesano*, rallado

1—Encienda el horno a *350°F.*, *10 minutos* antes de usarlo.
Engrase un molde de *lasagna*, tamaño 16″ x 10″ x 3″.

2—En una sartén grande, caliente el aceite de oliva incluido
en A. Dore **rápidamente** el picadillo de tocino y ajo. Sáquelo bien escurrido y descártelo.

3—Reduzca el fuego a *bajo*, añada los ingredientes incluidos
en B y sofría por *10 minutos*, mezclando **ocasionalmente.**

4—Mientras tanto, aparte, ponga la carne en un tazón y
mézclela bien con el resto de los ingredientes incluidos
en C. Añádala a la sartén.

5—Ponga el *fuego moderado-alto* y mezcle **contínuamente,**
hasta que la carne pierda el color rojizo.

6—En seguida, reduzca el fuego a *bajo* y añada los tomates
al natural, con su líquido incluido. Desbarate los tomates
en pequeños pedacitos con la cuchara. Añada el resto
de los ingredientes incluidos en D. Cueza destapado, a
fuego bajo, por *15 minutos*, mezclándolo **ocasionalmente.**

7—En una olla bien grande, combine el agua, sal y aceite
de oliva incluidos en E. Ponga a *fuego alto* hasta hervir
a borbotones. Añada, **una a una,** las tiras de *lasagna*, separándolas **ocasionalmente** con un tenedor de cocina, para
evitar que se peguen. Hierva, destapado, por *12 minutos*.
Saque y escurra, **una a una,** las tiras y en seguida colóquelas **una al lado de la otra,** sobre una lámina de aluminio
(*Aluminum Sheet*). **Resérvelas.**

8—Mientras están hirviendo las tiras de *lasagna*, prepare
la salsa como sigue:

En una cacerola, derrita la mantequilla a *fuego bajo*. Añada la sal y la harina y mezcle, con cuchara de madera, por *2 minutos*. Agregue la leche y mezcle **contínuamente,** a fuego moderado, hasta que hierva y espese. Retire del fuego. (Si termina la salsa antes de necesitarla, coloque la cacerola sobre otra hornilla a temperatura tibia (*Warm*).

9—En el molde de *lasagna,* alterne camadas de los ingredientes en el siguiente orden:

   a—Cubra el fondo del molde **ligeramente** con la salsa.
   b—Acomode 3 tiras de *lasagna* sobre la salsa.
   c—Cubra con ⅓ parte de la salsa.
   d—Distribuya encima la mitad de la mezcla de carne.
   e—Riegue encima los quesos como sigue:

   1 paquete del queso *Mozzarella,* rallado
   4 onzas de requesón
   ½ taza de queso *Parmesano,* rallado

   f—Repita, una vez más, las Instrucciones *9b, 9c, 9d* y *9e*.
   g—Cubra con 3 tiras de *lasagna*.
   h—Viértale encima el resto de la salsa.
   i—Riegue sobre esto el balance de los quesos en el orden de arriba.

10—Hornée, destapada, por *30 minutos*.

11—Retire el molde del horno y déjelo reposar sobre rejilla de aluminio (*Wire Rack*) por *15 minutos* antes de servir.

LASAGNA CON JEREZ

(12 raciones)

I—**Relleno:**

   A—1 libra de carne de masa de res, molida
   ½ libra de jamón hervido
   1 pimiento verde, sin semillas
   1 ají dulce, sin semillas   } molidos
   1 cebolla mediana
   1 lata de 4 onzas de hígado de ganso (*Paté de Foie*)

1 lata de 6 onzas de pasta de tomate (*Tomato Paste*)

6 aceitunas, rellenas con pimientos morrones, picaditas

1 cucharadita de alcaparras

1 grano de ajo ⎫ muela

1 cucharadita de orégano seco ⎪ y

1¾ cucharadita de sal ⎬ mezcle

¼ cucharadita de vinagre ⎭ en el mortero

1 taza de Jerez

B—2 cucharadas de aceite vegetal

1—En un tazón grande, combine los ingredientes incluidos en A, mezclando bien según los va agregando.

2—En una sartén grande, caliente el aceite vegetal incluido en B y añada el picadillo del tazón. Mezcle y revuelva **contínuamente,** a *fuego alto,* hasta que la carne pierda el color rojizo.

3—**Inmediatamente,** ponga el fuego *bajo,* tápelo y déjelo cocer durante *30 minutos.* (A la mitad del tiempo, revuélvalo.)

II—**Pasta:**

A—6 litros (12 tazas) de agua

2 cucharadas de sal

1 cucharada de aceite de oliva

B—1 libra de *lasagna* rizada (*Ribbed* or *Curly Lasagna*)

1—En una olla bien grande, ponga a hervir a *fuego alto* los ingredientes incluidos en A. Al hervir a borbotones, añada, **una a una,** 10 tiras de *lasagna.* Hierva destapado, por *5 minutos,* separándolas **ocasionalmente** con un tenedor de cocina, para evitar que se peguen. Saque y escurra, **una a una,** las tiras y en seguida, colóquelas **una al lado de la otra,** sobre una lámina de aluminio (*Aluminum Sheet*). Repita el mismo procedimiento con el resto de las tiras. **Resérvelas.**

III—Salsa:

A—¼ libra de mantequilla
1¼ cucharadita de sal
½ taza de harina de trigo
1 taza de cebolla, picadita
12 granos de pimienta
2 hojas de laurel

B—1 litro (4 tazas) de leche, tibia

1—En una cacerola, derrita la mantequilla a *fuego bajo.* Añada la sal y la harina de trigo y revuelva, con cuchara de madera, por *2 minutos.* Agregue la cebolla y el resto de los ingredientes incluidos en A. Revuelva a *fuego bajo* por *3 minutos.*

2—Añada **lentamente** la leche tibia. Cueza a *fuego moderado-alto,* mezclando **contínuamente,** por *5 minutos.* Ponga el *fuego moderado* y continúe mezclando hasta que hierva. Retire del fuego, cuele y **reserve.** (Si termina la salsa antes de necesitarla, coloque la cacerola sobre otra hornilla a temperatura tibia (*Warm*).

IV—Quesos:

3 paquetes de 4 onzas de queso *Mozzarella,* rallado en tiritas
12 onzas de requesón (*Ricotta* o *Pot Cottage Cheese*)
1½ taza de queso *Parmesano,* rallado

1—Encienda el horno a *350°F., 10 minutos* antes de usarlo. Engrase con oleomargarina un molde de cristal para hornear, tamaño 16" x 10" x 3".

2—En el molde, alterne camadas de los ingredientes en el siguiente orden:
a—Cubra el fondo del molde **ligeramente** con la salsa.
b—Acomode 3 tiras de *lasagna* sobre la salsa.
c—Cubra con ⅓ de la salsa.

    d—Distribuya encima la mitad del relleno.

    e—Riegue sobre esto los quesos como sigue:
    1—El contenido de 1 paquete de 4 onzas de queso *Mozzarella*, rallado
    2—4 onzas de requesón
    3—½ taza de queso *Parmesano*, rallado

    f—Repita una vez más las Instrucciones **2b, 2c, 2d** y **2e.**

    g—Coloque encima 3 tiras de *lasagna*.

    h—Cubra con el resto de la salsa.

    i—Riegue los quesos como sigue:
    1—El contenido de 1 paquete de 4 onzas de queso *Mozzarella*, rallado
    2—4 onzas de requesón
    3—½ taza de queso *Parmesano*, rallado

3—Hornée, destapado, por *30 minutos.*

4—Retire el molde del horno y déjelo reposar sobre rejilla de aluminio (*Wire Rack*) por *15 minutos* antes de servir.

EMPANADILLAS

(12 Empanadillas)

A—¼ libra (1 taza) de queso suizo, rallado en tiritas
2 granos de ajo grandes, rallados

B—3 tazas de harina de trigo
1 cucharada de polvo de hornear (*Baking Powder*)
1½ cucharadita de sal
9 cucharadas de manteca vegetal, bien fría (presionándola al medirla)
¾ taza de agua, bien fría

C—Abundante manteca o aceite vegetal (para freir)

1—Combine el queso rallado con los ajos rallados y déjelo en la nevera hasta el momento de usarlo.

2—En un tazón, cierna la harina de trigo con el polvo de hornear y con la sal. Añada la manteca vegetal y únala con la harina, usando un mezclador de harina (*Dough Blender*), o usando dos cuchillos, con los cuales cortará la manteca, uniéndola con la harina, hasta dejarla del tamaño de garbanzos. (Es importante que trabaje rápido, para evitar que la manteca se derrita.)

3—Agregue el agua **lentamente,** a la vez que, con un tenedor, la va mezclando bien con la harina. Mezcle hasta que en el fondo del tazón no quede harina suelta.

4—Espolvorée **levemente** con harina una tabla grande, o un mármol para amasar. Vierta la mezcla sobre éste, amontónela con las manos y únalas con los dedos. Amásela con la palma de las manos. Cuando lo crea conveniente, espolvorée harina de nuevo sobre la tabla en donde está amasando. (Debe amasar **solo** lo necesario hasta dejar la masa suave y que no pegue de los dedos.) Déle forma de bola, cúbralo con un pañito y déjela reposar por *30 minutos.*

5—Destápela y con las manos, déle forma de un rollo largo, de alrededor de 12 pulgadas. Corte el rollo en 12 rueditas y colóquelas en un platón. Tápelas y colóquelas en la nevera hasta el momento de usarlas.

6—Ponga una ruedita en tabla **ligeramente** enharinada y estírela con el rodillo enharinado hasta dejar la masa fina.

7—Coloque en el centro de la masa 1 cucharada colmada del queso rallado. Doble la masa sobre éste y corte en forma de media luna, usando un platito hondo de postre, que colocará sobre la masa. (Procure darle a la empanadilla una altura de alrededor de 2 pulgadas, para permitir que se infle al freirla.)

8—Para unir las orillas de la empanadilla, apriétela con la punta de los dedos húmedos y luego oprímala, por ambos lados, con la punta de un tenedor levemente enharinado.

9—Según vaya preparando las empanadillas, colóquelas en fuente llana o lámina de aluminio (*Aluminum Sheet*) leve-

mente enharinada. Tápelas y **reserve** en la nevera, para
que estén bien frías al freirlas.

10—Fríalas en abundante manteca o aceite vegetal caliente
(*Termómetro de Freir—350°F.*). Tan pronto se inflen, comience a regarles por encima la grasa caliente, usando
una cuchara de cocinar de mango largo (esto las mantendrá infladas). A la mitad del tiempo, vírelas y dórelas por
el otro lado.

11—Sáquelas y colóquelas sobre papel absorbente. Sírvalas inmediatamente.

EMPANADILLAS DE CARNE

(12 empanadillas)

A—**Masa:**
  2 tazas de harina de trigo especial para bizcocho (*Self-
  Rising Flour*)
  2 cucharadas de azúcar
  Pizca de sal
  1 cucharadita de polvo de hornear (*Baking Powder*)
  1 huevo
  2 onzas de mantequilla ⎱
  4 onzas de queso crema ⎰ a temperatura
  (*Philadelphia Cream Cheese*) ⎰ ambiente
  2 cucharadas de vino seco

B—**Relleno:**
  Use las cucharadas necesarias de *Picadillo*. (Vea receta
  en página 116.) Mida las cucharadas con el picadillo
  colado, para que el relleno quede **seco.**

C—Abundante aceite vegetal o manteca (para freir)

1—En un tazón, combine los ingredientes incluidos en A.
  Amáselos con las manos hasta que no quede harina suelta
  en el fondo del tazón y todo una bien. Cubra el tazón y
  deje reposar en la nevera por *1 hora.*

2—Espolvorée **levemente** con harina una mesa o mármol para amasar. Retire el tazón de la nevera, destápelo y usando una cuchara de cocina, saque un poco de la mezcla. Con la palma de las manos, dele forma de bola. Colóquela en la mesa, o mármol para amasar.

3—Con un rodillo enharinado, estire la masa, procurando darle forma circular, hasta dejar la masa fina, pero no transparente.

4—Coloque en el centro de la masa 1 cucharada del relleno. Doble la masa sobre éste y córtela en forma de media luna, usando un platito hondo de postre, que colocará sobre la masa. Procure darle una altura de alrededor de 2½ a 3 pulgadas, lo cual le permitirá que la enpanadilla se infle al freirla.

5—Una la masa de las empanadillas, doblando la orilla hacia atrás y presionándola con los dedos humedecidos con agua. Oprimalas, por ambos lados, con la punta de un tenedor levemente enharinado. Según vaya preparando las empanadillas, colóquelas en platón llano. Tápelas y conserve en la nevera hasta el momento de freirlas.

6—Fría las empanadillas, **gradualmente,** en grasa caliente (*Termómetro de Freir—375°F.*) hasta quedar doradas. Tan pronto se inflen, comienze a regarles por encima de la grasa caliente, usando una cuchara de cocina de mango largo; esto las mantendrá infladas.

7—Sáquelas, escúrrelas bien y colóquelas sobre papel absorbente.

Cereales y Granos

Cereales y Granos

ARROZ CON MANTEQUILLA Y AJO

A—2 onzas (4 cucharadas) de mantequilla
2 tazas de arroz
1 cucharada de sal de ajo

B—4 tazas de agua (si usa arroz de grano largo)
3 tazas de agua (si usa arroz de grano corto)

1—En un caldero mediano, derrita la mantequilla a *fuego bajo.* Agregue el arroz y mezcle hasta quedar bien cubierto con la grasa.

2—Añada el agua y la sal y mezcle. Cueza a *fuego moderado-alto* hasta hervir. Reduzca el fuego a *moderado* y cueza, destapado y **sin moverlo,** hasta que seque.

4—Voltée el arroz, ponga el *fuego bajo,* tape y cueza por *20 minutos.* Voltée el arroz y sirva.

ARROZ CON TOCINO

A—¼ libra de tocino

B—2 tazas de arroz

C—4 tazas de agua (si usa arroz de grano largo)
3 tazas de agua (si usa arroz de grano corto)
1 cucharadita de sal

1—Lave y seque el tocino. Remueva el cuero del tocino y corte el tocino en trocitos.

2—En un caldero mediano, ponga a sofreir a *fuego moderado* el cuero y los trocitos de tocino, **moviéndolo a menudo,** para que no se peguen. Cuando los trocitos de tocino queden bien dorados, pero sin quemarse, y hayan rendido su grasa, saque el cuero y descártelo.

3—Añada el arroz al caldero y mezcle, hasta quedar bien cubierto con la grasa. Agregue el agua y la sal, mezcle y cueza a *fuego moderado*, destapado y **sin moverlo**, hasta que seque.

4—Voltée el arroz y tape. Ponga el *fuego bajo* y cueza por *20 minutos*. Voltée y sirva.

ARROZ CON CAMARONES ENLATADOS

A—2 onzas (4 cucharadas) de mantequilla u oleomargarina
½ taza de cebolla, picadita

B—1 lata de 10½ onzas de sopa de cebolla (*French Onion Soup*), sin diluir
1 lata de 4½ onzas de camarones medianos
1 lata de 7 onzas de pimientos morrones
C—1 taza de arroz de grano largo

1—En un caldero mediano, derrita la mantequilla u oleomargarina a *fuego bajo* y amortígüe la cebolla.

2—Mientras tanto, vierta en una cacerola el contenido de la lata de sopa de cebollas.

3—Ponga sobre la cacerola un colador y cuele las latas de camarones y de pimientos morrones. **Reserve** el líquido en la cacerola.

4—Saque los pimientos morrones del colador y píquelos menuditos. Viértalos en un tazón.

5—Agregue los camarones al tazón.

6—Añada la taza de arroz al caldero y mezcle hasta quedar bien cubierto con la grasa.

7—Agregue los camarones y los pimientos morrones. Revuelva.

8—Agregue el líquido de la cacerola, mezcle y ponga a *fuego moderado*. Cueza, destapado y sin moverlo, hasta que seque.

9—Voltée el arroz, tape y cueza a *fuego bajo* por *20 minutos*. Voltée y sirva.

ARROZ DORADO

A—2 onzas (4 cucharadas) de mantequilla u oleomargarina
2 tazas de arroz

B—2 latas de 10½ onzas de caldo de res (*Beef Consommé*)
Agua—la necesaria para completar, junto con el contenido de las latas de caldo, 4 tazas de líquido, si usa arroz de grano largo, o 3 tazas, si usa arroz de grano corto
1 cucharadita de sal

1—En un caldero, derrita a *fuego bajo* la mantequilla u oleomargarina.

2—Agregue el arroz mezcle hasta quedar bien cubierto con lagrasa.

3—Añada el líquido y la sal, mezcle y ponga el *fuego moderado-alto* hasta hervir. Reduzca el fuego a *moderado* y cueza, destapado y sin moverlo, hasta que seque.

4—Voltée el arroz, tape y cueza a *fuego bajo* por *20 minutos*. Voltée el arroz y sirva.

ARROZ CON CALAMARES

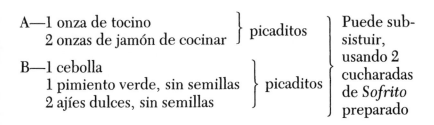

A—1 onza de tocino
2 onzas de jamón de cocinar } picaditos

B—1 cebolla
1 pimiento verde, sin semillas } picaditos
2 ajíes dulces, sin semillas

Puede substituir, usando 2 cucharadas de *Sofrito* preparado

C—½ taza de salsa de tomate
  2 latas de 4½ onzas de calamares en su tinta
  8 aceitunas, rellenas con pimientos morrones
  1 cucharadita de alcaparras
  2 cucharaditas de sal

D—2 tazas de arroz de grano corto
  4 tazas de agua

1—Coloque el tocino en un caldero a *fuego alto* para que dore y rinda su grasa. Agregue el jamón y dórelo **rápidamente**. Ponga el *fuego bajo,* añada la cebolla y amortígüela. Añada el pimiento verde y los ajíes dulces. Mezcle y cueza por *3 minutos.*

2—Añada los ingredientes incluidos en C y mezcle.

3—Agregue el arroz y mezcle bien.

4—Añada el agua (preferiblemente caliente). Mezcle y cueza, a *fuego moderado*, hasta que seque.

5—Voltée el arroz, tape y cueza, a *fuego bajo*, por *20 minutos.*

6—Voltée el arroz y sirva caliente.

ARROZ CON CARNE AL HORNO

A—2 onzas (4 cucharadas) de mantequilla u oleomargarina
  1 pimiento verde, sin semillas ⎫
  1 cebolla   ⎬ picaditos
  8 granos de ajo   ⎭

B—1 libra de carne de masa de res, molida

C—1 taza de arroz de grano largo
  2 cucharaditas de sal
  ½ taza de caldo de res (*Beef Consommé*), sin diluir
  1 lata de 1 libra de tomates al natural (*Whole Peeled Tomatoes*), con su líquido incluido y los tomates desbaratados

Nota: Si sustituye *Sofrito*, elimine la instrucción I, caliente el *Sofrito* a *fuego bajo*, y proceda con el resto de las instrucciones.

1—Encienda el horno a *350° F.*, *10 minutos* antes de usarlo.

2—En una sartén o caldero, derrita la mantequilla a *fuego bajo*. Amortígüe el resto de los ingredientes incluidos en A. Añada la carne y revuelva **contínuamente** a *fuego moderado-alto* hasta que pierda el color rojizo. En seguida, agregue los ingredientes incluidos en C, mezcle y vierta en molde de cristal para hornear de 2 cuartillos (*2 Quarts*).

3—Tape el molde y hornée por *30 minutos*. Voltée el arroz y hornée por *30 minutos* más, *tapado*. Voltée y sirva.

ARROZ CHINO SENCILLO

A—3 onzas (6 cucharadas) de mantequilla
   2 tazas de arroz de grano largo

B—2 latas de 14 onzas de vegetales orientales mixtos (*Fancy Mixed Chinese Vegetables*)

C—2¼ cucharaditas de sal   3¾ tazas de agua

D—2 onzas (4 cucharadas) de salsa soya (*Soya Sauce*)
   1 lata de 8 onzas de castañas de agua (*Water Chestnuts*), escurridas

1—En un caldero, derrita la mantequilla a *fuego bajo*.
   Añada el arroz y mezcle hasta que la grasa lo cubra.

2—Escurra las latas de vegetales en un colador. Páselo **rápidamente** por la pluma de agua y escúrralos bien. Agregue los vegetales al caldero y mezcle.

3—Agregue la sal y el agua, mezcle y ponga el *fuego alto* hasta hervir. Reduzca el fuego a *moderado* y cueza, *destapado* y **sin moverlo**, hasta que seque.

4—Voltée el arroz. Agregue la salsa soya y las castañas escurridas. Mezcle, *tape*, reduzca el fuego a *bajo* y cueza por *20 minutos*. Voltée y sirva.

ARROZ ENCEBOLLADO AL HORNO

A—1 lata de 10½ onzas de sopa de cebolla (*French Onion Soup*), sin diluir
1 lata de 1 libra 1 onza de maíz en grano (*Whole Kernel Corn*), sin escurrir
1½ taza de arroz de grano largo
⅓ taza de queso *Parmesano*, rallado

B—2 cucharadas de salsa soya (*Soy Sauce*)
1 cucharadita de sal
½ taza de agua

C—1 onza (2 cucharadas) de mantequilla u oleomargarina, cortada en trocitos

1—Encienda el horno a *350°F., 10 minutos* antes de usarlo.

2—En un tazón, mezcle los ingredientes incluidos en A.

3—Aparte, mezcle la salsa soya con el agua y la sal. Agréguelos al tazón y mezcle.

4—Vierta en un molde redondo, de cristal para hornear, tamaño 2 cuartillos (2 *Quarts*). Distribúyale encima los trocitos de mantequilla u oleomargarina. Tape el molde y hornée por *30 minutos*. Destape y hornée por *30 minutos* maś. Voltée el arroz y sirva.

ARROZ CON TOCINETA

½ libra de tocineta, cortada en pedazos de 1 pulgada
1¼ taza de cebolla, picadita
1 sobre de mezcla para sopa de cebolla (*Onion Soup Mix*)
2 tazas de arroz de grano largo
1 lata de 10½ onzas de sopa de cebolla (*French Onion Soup*)

1—En un caldero, fría la tocineta a *fuego moderado* hasta que dore y rinda su grasa. Saque la tocineta y **reserve**.

2—Agregue al caldero la cebolla picadita y sofríala a *fuego bajo* hasta amortiguarla. Añada el contenido del sobre

de mezcla para sopa de cebolla y mezcle. Agregue el
arroz y mezcle.

3—Aparte, complete con agua el contenido de la lata de
sopa de cebolla hasta medir 4 tazas. Viértalo en el caldero,
mezcle y cueza a *fuego moderado* hasta que seque.

4—Voltée el arroz, *tape* y cueza a *fuego bajo* por *30 minutos*.

5—Voltée el arroz y deje reposar por *5 minutos*. Mientras
tanto, caliente la tocineta y desbórónela, acompañando
el arroz.

ARROZ "ABI"

¼ libra de oleomargarina
1 taza de cebolla, picadita
1 sobre de mezcla para sopa de cebolla (*Onion Soup Mix*)
3 tazas de arroz grano largo
2 latas de 10½ onzas de sopa de cebolla (*French Onion Soup*)

1—En un caldero, derrita la oleomargarina y amortigüe la
cebolla. Añada el contenido del sobre de mezcla para
sopa de cebolla y mezcle. Agregue el arroz y mezcle.

2—Aparte, combine la sopa de cebolla con agua hasta medir
5½ tazas. Vierta en el caldero, mezcle y cueza a *fuego
moderado* hasta que seque.

3—Voltée el arroz, reduzca el fuego a *bajo, tape* y cueza
por *20 minutos*.

ARROZ CON SALCHICHAS Y GARBANZOS

A—4 cucharadas de *Sofrito* (Vea recetas en páginas 11–13)
¼ taza de aceite vegetal con achiote (Vea receta en página
10)
2 latas de 5 onzas de salchichas, escurridas y cortadas en
cuatro
8 aceitunas, rellenas con pimientos morrones
1 cucharadita de alcaparras

B—3 tazas de arroz
3½ cucharaditas de sal
1 lata de 1 libra de garbanzos, sin escurrir

1—En un caldero, combine los ingredientes incluidos en A
y cueza a *fuego bajo* por *5 minutos*.

2—Añada el arroz y la sal y mezcle.

3—Escurra la lata de garbanzos y **resérvelos.** Mida el líquido
escurrido y complete con agua hasta medir 5½ tazas de
líquido, si usa arroz de grano largo, o 4 tazas, si usa arroz
de grano corto.

4—Agregue el líquido al caldero, mezcle y cueza a *fuego moderado*, destapado y **sin moverlo,** hasta que seque.

5—Añada los garbanzos y voltée el arroz. Tape y cueza a
fuego bajo por *20 minutos*. Voltée el arroz y sirva.

ARROZ MEJICANO

A—1 lata de 1 libra 12 onzas de tomates al natural (*Whole
Peeled Tomatoes*)
1 lata de 10½ onzas de sopa de tomates (*Tomato Soup*),
sin diluir
1 lata de 10½ onzas de sopa de cebollas (*French Onion
Soup*), sin diluir

B—¼ taza de manteca o aceite vegetal
2 libras de carne de masa de res, molida

C—4 cucharadas de *Sofrito* (Vea recetas en páginas 11–13)
10 aceitunas, rellenas con pimientos morrones
1 cucharadita de alcaparras
¼ taza de pasas, sin semillas
2 cucharaditas de sal

D—2 tazas de arroz de grano corto

1—Encienda el horno a *350°F., 10 minutos* antes de usarlo.
Tenga listo un molde redondo de cristal para hornear, tamaño 3 cuartillos (3 qts.)

2—En un tazón, vierta el contenido de la lata de tomates al natural y corte los tomates en pedazos. Agregue al tazón la sopa de tomates y la sopa de cebollas. Mezcle y **reserve.**

3—En un caldero grande, caliente el aceite. Agregue la carne y revuelva **contínuamente** a *fuego moderado-alto,* hasta que la carne pierda el color rojizo.

4—En seguida, reduzca el fuego a *moderado,* añada y mezcle los ingredientes incluidos en C.

5—Añada el arroz y mezcle.

6—Agregue el contenido del tazón al caldero y mezcle.

7—Vierta en el molde y hornée por *1 hora.*

8—Retire el molde del horno y sirva en el mismo molde.

ARROZ AL HORNO

A—½ libra (8 lonjas) de tocineta

B—1 lata de 1 libra de garbanzos, sin escurrir
1 lata de 10 ½ onzas de sopa de cebollas (*French Onion Soup*), sin diluir
1 lata de 10½ onzas de caldo de res (*Beef Consommé*), sin diluir

C—2 tazas de arroz de grano largo
2 chorizos, sin el pellejo y cortados en ruedas finas
2 sobres de 4 onzas de queso *Mozzarella,* rallado (o 1 queso *Mozzarella,* de 8 onzas entero, que debe rallar en tiritas)

1—Encienda el horno a *350°F., 10 minutos* antes de usarlo.

2—Coloque en el fondo de un molde de cristal para hornear, tamaño 3 cuartillos (3 qts.), dos de las lonjas de tocineta, partidas por la mitad.

3—Sobre un tazón, escurra la lata de garbanzos y **resérvelos.** Combine el líquido escurrido con el contenido de las latas de sopa de cebolla y caldo de res. **Resérvelo.**

4—Distribuya en el molde los garbanzos y el líquido reservado, alternándolos con los ingredientes incluidos en C.

5—Cubra con el resto de las lonjas de tocineta.

6—Tape el molde y hornée por *1½ hora.*

7—Retire el molde del horno y remueva las tocinetas que cubren la superficie. Voltée el arroz.

8—En una sartén, dore las tocinetas, escurrálas y desoborónelas sobre el molde. Sirva en seguida en el mismo molde.

ARROZ CON MASITAS DE CERDO

A—1 libra de masa de cerdo, cortada en trocitos de 1 pulgada
  1 litro (4 tazas) de agua
  1 cebolla, partida en dos
  1½ cucharadita de sal

B—2 cucharadas de manteca o aceite vegetal
  2 onzas de jamón de cocinar, lavado y picadito

C—4 cucharadas de *Sofrito* (Vea recetas en páginas 11–13)
  ¼ taza de salsa de tomate
  10 aceitunas, rellenas con pimientos morrones
  1 cucharada de alcaparras
  2 cucharadas de aceite vegetal con achiote (Vea receta en página 10)

D—2½ tazas de arroz de grano corto

E—1 lata de 1 libra de gandules, escurridos
  ¼ taza de jugo de naranja agria (opcional)
  2½ cucharaditas de sal

1—En una olla, combine los ingredientes incluidos en A. Hierva destapado, por *30 minutos, a fuego moderado.* Escurra y cuele. **Reserve** el líquido y la carne en recipientes aparte.

2—En un caldero grande, caliente la grasa incluida en B y dore el jamón de cocinar a *fuego alto.* Ponga el *fuego bajo,* añada los ingredientes incluidos en C y la carne reservada. Mezcle y sofría por *3 minutos.*

3—Añada el arroz, mezcle y sofría hasta que el arroz quede cubierto con la grasa.

4—Agregue los ingredientes incluidos en E y mezcle.

5—Añada el líquido caliente reservado, mezcle y deje hervir destapado, a *fuego moderado,* hasta que seque.

6—Voltée el arroz y ponga el *fuego bajo.* Tape y cueza por *20 minutos.* Voltée el arroz y sirva en seguida.

ARROZ CATALAN

(*Rosetscat*)

A—¼ taza de aceite de oliva
1 grano de ajo, machacado
¼ libra de jamón de cocinar, picadito

B—2 tomates
1 cebolla
1 cucharada de perejil, lavado y escurrido ⎬ picaditos
1 cucharada de pimentón (*Paprika*)

C—1 libra de butifarras

D—1½ taza de agua, hirviendo
1 cubito de caldo concentrado de res
¼ cucharadita de azafrán (Vea Nota)

E—1½ taza de arroz de grano largo
1 cucharadita de sal

F—1 lata de 1 libra de garbanzos, hervidos en agua y sal, escurridos

1—Encienda el horno a *350°F., 10 minutos* antes de usarlo.

2—En un caldero grande, ponga a calentar el aceite. Agregue el ajo machacado y el jamón de cocinar picadito. Revuelva ocasionalmente a *fuego moderado-alto*, hasta que dore el ajo, sin quemarse.

3—Reduzca el fuego a *moderado* y añada los ingredientes incluidos en B. Sofría, mezclando **ocasionalmente**, hasta amortigüarlos.

4—Remueva y descarte el pellejo de las butifarras. Córtelas en trozos de alrededor de 1 pulgada, agréguelas y dórelas ligeramente.

5—Aparte, al agua hirviendo incluida en D, añada el azafrán. Añada el cubito de caldo concentrado y disuélvalo bien. Vierta el líquido en el caldero.

6—Agregue la sal y el arroz y mezcle.

7—Añada los garbanzos escurridos y mezcle.

8—Tape el caldero y termine la cocción en el horno. Hornée alrededor de *30 minutos,* o hasta que el arroz haya secado.

9—Retire el caldero del horno, voltée el arroz y sirva en seguida.

Nota: El azafrán puede sustituirlo con 1 cucharada de aceite vegetal con achiote, en cuyo caso debe agregarlo directamente al caldero.

ARROZ CON FRIJOLES NEGROS

(*Congrí*)

A—3 lonjas de tocineta, cortadas en trocitos
1 cebolla ⎫
1 pimiento verde, sin semillas ⎬ picaditos
¼ cucharadita de orégano seco
½ cucharadita de polvo de comino (*Cumin Powder*)
1 hoja de laurel

B—1 lata de 16 onzas de frijoles negros, sin escurrir

C—1½ taza de arroz de grano largo

D—2¼ tazas de agua
   1½ cucharadita de sal
   1 cucharadita de vinagre

E—3 lonjas de tocineta ⎫
   1 cebolla, picadita   ⎬ opcional

1—En un caldero, ponga a *fuego moderado* las tocinetas incluidas en A a que rindan su grasa. Tan pronto doren, reduzca
el fuego a *bajo* y agregue el resto de los ingredientes incluidos en A. Sofríalos por *5 minutos.*

2—Añada los frijoles negros, incluyendo su líquido, mezcle
y sofría por *5 minutos.*

3—Agregue el arroz, mezcle y sofría por *3 minutos.*

4—Añada el agua, la sal y el vinagre, mezcle y cueza a *fuego
moderado* hasta que seque.

5—Voltée el arroz, reduzca el fuego a *bajo,* tape y cueza
por *20 minutos.*

6—Mientras tanto, aparte, dore a *fuego moderado-alto* las tocinetas incluidas en E. Remuévalas y escúrralas sobre papel
absorbente. Añada la cebolla picadita y sofríala a *fuego
bajo.* Tan pronto el arroz esté listo, escurra las cebollas y
viértalas sobre el arroz. Desborone las tocinetas encima.

ARROZ CON JUEYES

A—¼ taza de aceite vegetal
   4 cucharadas de *Sofrito* (Vea recetas en páginas 11–13)
   1 cucharadita de alcaparras
   10 aceitunas, rellenas con pimientos morrones
   2 cucharadas de *Ketchup*
   2½ cucharaditas de sal
   2 cucharadas de aceite vegetal con achiote (Vea receta
      en página 10)

B—1 libra de carne de jueyes
   2¼ tazas de arroz

C—4 tazas de agua (Si usa arroz de grano largo)
3 tazas de agua (Si usa arroz de grano corto)

1—En un caldero, caliente el aceite vegetal a *fuego bajo* y sofría el resto de los ingredientes incluidos en A por 5 *minutos.*

2—Agregue la carne de jueyes y mezcle. Añada el arroz y revuelva bien con el resto de los ingredientes en el caldero.

3—Agregue el agua, mezcle y cueza a *fuego moderado,* destapado y **sin moverlo,** hasta que seque.

4—Voltée el arroz, reduzca el fuego a *bajo,* tape y cueza por *20 minutos.* Voltée y sirva.

ARROZ CHINO

A—6 tazas de agua
1 cucharada de sal
6 cucharadas de aceite de oliva
3 tazas de arroz de grano largo

B—½ libra de tocineta, cortada en pedazos de alrededor de 1 pulgada
¾ libra de jamón hervido, cortado en cuadros de alrededor de ½ pulgada
1 taza de cebolla, bien picadita

C—6 huevos

D—¼ cucharadita de sal

E—1 lata de 1 libra de vegetales chinos mixtos (*Fancy Mixed Chinese Vegetables*)

F—1 lata de 1 libra de retoños de habichuelas (*Bean Sprouts*), escurrida
1 lata de 8 onzas de retoños de bambú (*Bamboo Shoots*), escurrida

G—3 onzas (6 cucharadas) de salsa soya (*Soy Sauce*)

H—1 lata de 5½ onzas de tallarines chinos (*Chow Mein Noodles*)

1—En un caldero mediano, combine los tres primeros ingredientes incluidos en A. Póngalos a *fuego alto* hasta hervir. Añada el arroz, mezcle bien, reduzca el fuego a *moderado* y cueza, destapado y **sin moverlo,** hasta que seque.

2—Voltée el arroz, tape, cueza a *fuego bajo* por *15 minutos* y **reserve.**

3—En un caldero grande, ponga la tocineta a *fuego moderado-alto,* revolviéndola **contínuamente** hasta que dore y rinda su grasa. Usando una cuchara de cocina, de hoyos pequeños, escurra bien la tocineta dorada y **resérvela** en un tazón.

4—Agregue al caldero el jamón, revuélvalo y dórelo **ligeramente** a *fuego moderado.* Escúrralo bien y viértalo en el tazón.

5—Agregue al caldero la cebolla picadita y amortígüela a *fuego bajo.* Sáquela y escúrrala en colador, presionándola con una cuchara, sobre el caldero. Vierta la cebolla en el tazón.

6—Bata bien los huevos, añádalos al caldero y revuelva a *fuego moderado* hasta que tomen consistencia de revoltillo.

7—Agregue al caldero la sal y los ingredientes que reservó en el tazón y mezcle.

8—Aparte, escurra sobre un colador la lata de vegetales mixtos, páselos **rápidamente** por agua y escúrralos bien. Añada los vegetales al caldero y mezcle.

9—Agregue el contenido de las latas escurridas incluidas en F y mezcle.

10—Añada el arroz que reservó y mezcle todo bien. Riéguele encima la salsa soya (*Soy Sauce*), revuelva y sirva en seguida.

11—Acompañe, en recipiente aparte, con tallarines chinos (*Chow Mein Noodles*).

ARROZ CON GANDULES NAVIDAD

A—¼ libra de mantequilla u oleomargarina
    8 cucharadas de *Sofrito* (Vea recetas en páginas 11–13)
    16 aceitunas, rellenas con pimientos morrones
    2 cucharadas de sal
    ½ taza de aceite vegetal con achiote (Vea receta en página 10)
    2 latas de 1 libra de gandules, escurridos

B—4 tazas de arroz de grano largo

C—½ taza de jugo de naranja agria fresca (opcional)
    7½ tazas de agua (8 tazas, si no usa el jugo de naranja)

1—En un caldero, caliente la grasa a *fuego bajo*. Añada el *Sofrito* y el resto de los ingredientes incluidos en A y cueza por *2 o 3 minutos*. Agregue el arroz y mezcle bien.

2—Añada el jugo de naranja y el agua, mezcle y cueza a *fuego moderado, destapado* y **sin moverlo,** hasta que seque.

3—Voltée el arroz, tape y cueza a *fuego bajo* por *20 minutos*. Voltée y sirva.

ARROZ FIESTA
(12 raciones)

A—1½ cuarta (6 onzas) de mantequilla
    1½ taza de cebolla, picadita

B—3 tazas de arroz de grano largo

C—3 latas de 1 libra de vegetales mixtos (*Mixed Vegetables*), sin escurrir
    3 latas de 10¾ onzas de caldo de res o de polloy (*Beef o Chicken Consommé*), sin diluir
    1 cucharada de sal

1—En un caldero grande, derrita la mantequilla a *fuego bajo.* Añada la cebolla y sofría por *10 minutos.*

2—Agregue el arroz, mezcle y sofría por *2 minutos.*

3—Añada los ingredientes incluidos en C y mezcle. Ponga el *fuego moderado* y hierva, destapado y **sin moverlo,** hasta que seque.

4—Voltée el arroz, reduzca el fuego a *bajo,* tape y cueza por *30 minutos.* Voltée y sirva.

ANILLO DE ARROZ

A—6 tazas de agua

B—¼ libra de mantequilla u oleomargarina
2 granos de ajo grandes, machacados
2½ cucharaditas de sal

C—3 tazas de arroz de grano largo
½ taza de queso *Parmesano,* rallado

D—1 lata de 4 onzas de pimientos morrones, escurrida
1 lata de 8 onzas de guisantes (*Petit-Pois*), escurrida

1—En una cacerola, caliente el agua a *fuego alto* hasta hervir.

2—En un caldero, derrita a *fuego bajo* la mantequilla. Añada los ajos y sofríalos por *3 minutos.* Remuévalos y descártelos. Agregue la sal y mezcle.

3—Añada el arroz y mezcle hasta quedar cubierto con la grasa. Agregue el queso y mezcle.

4—Vierta en el caldero el agua caliente. Mezcle y cueza a *fuego moderado,* destapado y **sin moverlo,** hasta que seque.

5—Voltée el arroz, tape y cueza a *fuego bajo* por *20 minutos.* (Si termina antes del momento de servirlo, pase el caldero a otra hornilla y manténgalo tapado a temperatura templada (*Warm*).

6—Al momento de servirlo, voltée el arroz y vierta por cucharadas en molde de aluminio de *"anillo,"* tamaño 10½ pulgadas de diámetro x 2½ pulgadas de alto. Según va colocando el arroz, presiónelo bien con una cuchara de servir, o con una espátula de goma.

7—Vuelque el molde sobre un platón redondo, llano y grande. (Le quedará formando el anillo de arroz.)

8—Decore, colocando sobre el arroz pimientos morrones calientes, cortados en lonjitas. Alrededor del *"anillo,"* distribuya los guisantes (*Petit-Pois*), calientes.

Nota: Puede rellenar el hueco del centro con vegetales a la crema, o con cualquier otra receta adecuada de su preferencia.

SAMBUMBIA

A—½ taza de manteca o aceite vegetal
1 libra de cebolla, finamente picada

B—¼ taza de salsa de tomate
1 cucharada de *Ketchup*
1 huevo
4 cucharaditas de sal
2 cucharadas de *Sofrito* (Vea recetas en páginas 11–13)
2 cucharadas de aceite vegetal con achiote (página 10)
10 aceitunas, rellenas con pimientos morrones
1 cucharadita de alcaparras
¼ taza de pasas, sin semillas

C—1½ libra de carne de masa de res, molida

D—3 tazas de arroz de grano largo

E—¼ taza de jugo de naranja agria fresca
1 lata de 1 libra 12 onzas de tomates al natural (*Whole Peeled Tomatoes*), sin escurrir y los tomates cortados en pedazos
1 lata de 10½ onzas de sopa de cebollas (*Onion Soup*), sin diluir

1 lata de 10½ onzas de sopa de tomate (*Tomato Soup*), sin diluir

F—Hoja de plátano, lavada (opcional)

1—Encienda el horno a *350°F., 10 minutos* antes de usarlo.

2—En un caldero, caliente la grasa y amortígüe la cebolla a *fuego bajo.*

3—Aparte, en un tazón, combine los ingredientes incluidos en B y **resérvelos.**

4—Añada la carne molida al caldero y revuelva **contínuamente** a *fuego moderado-alto,* hasta que la carne pierda el color rojizo.

5—En seguida, reduzca el fuego a *moderado.* Añada los ingredientes reservados y revuelva. Tape y cueza a *fuego bajo* por *15 minutos.*

6—Agregue el arroz y mezcle.

7—Aparte, combine los ingredientes incluidos en E. Agréguelos al caldero y mezcle.

8—Tape el caldero y hornée por *45 minutos.*

9—Retire el caldero del horno y voltée el arroz. Cubra el arroz con la hoja de plátano, tape y hornée por *45 minutos.*

PAELLITA DE FIESTA "MARIE"

(12 raciones)

A—2 libras de alas de pollo
4 libras de muslos y caderas de pollo
Adobo: 8 granos de pimienta
4 granos de ajo
1 cucharada de orégano seco   muela
2 cucharadas de sal   y mezcle
1 cucharada de aceite de oliva   en el mortero
2 cucharaditas de vinagre

B—12 tazas de agua caliente
¼ taza de sal
6 libras de camarones frescos, con carapachos y cabezas

C—1 taza de aceite de oliva
4 granos de ajo grandes, machacados

D—6 granos de ajo grandes ⎫
2 cebollas grandes ⎬ bien picados
2 tomates ⎭

E—1 sobrecito de azafrán

F—1 cucharada de *Paprika*
1 cucharada de sal

G—4½ tazas de arroz de grano largo

H—10 tazas del líquido colado (Vea Instrucción 6)

I—1 paquete de 10 onzas de guisantes, (*Sweet Green Peas*), congelados

J—1 limón verde fresco, grande

K—1 lata de 4 onzas de pimientos morrones ⎫
1 lata de 10½ onzas de puntas de espárragos ⎬ escurridos
(*Asparagus Tips*) ⎭
1 limón verde

1—Lave, seque y adobe las presas de pollo el día anterior. **Reserve** en la nevera. (Vea Nota.)

2—Al comenzar a hacer la paellita, lave bien los camarones. En una olla grande, ponga a *fuego alto* el agua y la sal incluida en B. Al hervir, agregue los camarones. Ponga el *fuego bajo* y cueza por *10 minutos*.

3—Escurra los camarones y agregue el líquido escurrido de nuevo a la olla. Quite a los camarones la cabeza y el carapacho. Agregue a la olla las cabezas y los carapachos de los camarones y baje el fuego a tibio (*Warm*). Remueva y descarte la vena que corre de un extremo a otro de las colas de los camarones. **Reserve** los camarones en la nevera.

4—Agregue a la olla las alas de pollo incluidas en A.

5—En una sartén grande, caliente un poco el aceite y los ajos incluidos en C. Sofría los muslos y las caderas a *fuego moderado-alto* por *15 minutos*, volteándolos **ocasionalmente**. Retire las presas de pollo. Cuele el aceite sobrante y **reserve**. Remueva el pellejo y deshuese las presas de pollo. Agregue a la olla el pellejo y los huesos. **Reserve** la carne de pollo en la nevera.

6—Ponga la olla a *fuego bajo*, tape y cueza por *1 hora*. Cuele el líquido, **reserve** 10 tazas y descarte los desechos.

7—En una paellera, sofría los ingredientes includos en D con el aceite que reservó. En una sartén pequeña, tueste **ligeramente** el azafrán y agréguelo a la paellera, junto con los ingredientes incluidos en F.

8—Agregue el arroz, mezcle y sofría **ligeramente**. Añada las 10 tazas del líquido colado, mezcle y cueza a *fuego moderado-alto* hasta que hierva. Reduzca el fuego a *moderado* y cueza hasta que seque, pero no del todo. Agregue los guisantes congelados. Cuando seque, añada la carne de pollo y los camarones reservados. Voltée el arroz y deje cocer por *10 minutos*.

9—Riegue el jugo de limón incluido en J.

10—Decore con los ingredientes incluidos en K. Deje reposar por *10 minutos* y sirva caliente.

Nota: Para simplificar su tarea el día de la fiesta, puede preparar los pasos 1 al 6 desde el día anterior. *Media hora* antes de usarlos, saque de la nevera los camarones, la carne del pollo y el líquido reservado.

FRIJOLES NEGROS

A—1 libra de frijoles negros
2 litros (8 tazas) de agua

B—⅔ taza de aceite de oliva
6 granos de ajo
2 cebollas } finamente picados
6 ajíes dulces, sin semillas o molidos

C—4 cucharaditas de sal
¼ cucharadita de polvo de pimienta
2 cucharadas de azúcar
2 hojas de laurel
¼ cucharadita de comino en polvo (*Ground Cumin*)

D—2 cucharadas de vino seco
1½ cucharada de vinagre

E—½ taza de cebolla, finamente picada

1—Escoja y lave muy bien los frijoles en distintas aguas, descartando los que estén partidos o las partículas extrañas. Escúrralos y póngalos a remojar, en agua que los cubra, hasta el día siguiente.

2—Escurra los frijoles, enjuáguelos en agua fresca y escúrralos de nuevo. Viértalos en una olla, junto con el agua incluida en A. Póngalos a *fuego alto* hasta hervir. Reduzca el fuego a *moderado*, tape y hierva por *45 minutos.* Escurra **muy bien** de la olla 1 taza de frijoles y **resérvelos.**

3—En una sartén, caliente el aceite de oliva y sofría a *fuego bajo* el resto de los ingredientes incluidos en B por *10 minutos,* mezclando **ocasionalmente.**

4—Maje los frijoles reservados, agréguelos a la sartén y mezcle.

5—Vierta el contenido de la sartén en la olla y mezcle. Tape y deje hervir por *1 hora* a *fuego moderado.*

6—Agregue los ingredientes incluidos en D, tape y cueza a *fuego bajo* por *1 hora.*

7—Destape y cueza hasta que la salsa espese a su gusto.

8—Sirva individualmente, en tazas o platos de sopa, y riégueles encima la cebolla finamente picada.

GARBANZOS CON CHORIZOS

A—1 libra de papas medianas, mondadas, lavadas y enteras
½ libra de pedazos de col, pesados sin el corazón
1½ litro (6 tazas) de agua
1 cucharada de sal

B—½ taza de cebolla, picadita

C—1 lata de 4 onzas de pimientos morrones
2 latas de 1 libra de garbanzos
2 chorizos, sin el pellejo y cortados en ruedas de alrededor
de ¼ pulgada

D—1 lata de 8 onzas de salsa de tomate
¼ taza de aceite de oliva
5 cucharaditas de vinagre

E—3 lonjas de tocineta

1—En una olla, combine los ingredientes incluidos en A. Ponga
a *fuego alto* hasta hervir. Reduzca el fuego a *moderado*,
tape y cueza por *20 minutos.* Saque la col y las papas.
Pique la col menudita y **resérvela.** Deje refrescar las papas,
córtelas en rebanadas finas y **resérvelas.**

2—Escurra los pimientos morrones y **reserve** el líquido. Corte
los pimientos morrones en tiritas finas y **resérvelas.**

3—Escurra las latas de garbanzos y **reserve** 1 taza del líquido
escurrido. **Reserve** los garbanzos.

4—Prepare una salsa, mezclando en un tazón los ingredientes
incluidos en D con el líquido escurrido de los pimientos
morrones y con la taza del líquido de los garbanzos que
reservó.

5—Divida la cebolla y todos los ingredientes reservados en
dos porciones, para ser colocados en un molde de cristal
para hornear, tamaño 12" x 7½" x 2" en el siguiente orden:

Primera Camada:

a—Rebanadas de papas, a cubrir el fondo del molde
b—Col
c—Cebolla
d—Garbanzos
e—Salsa
f—Ruedas de chorizo
g—Tiritas de pimientos morrones, cubriendo los chorizos

Segunda Camada:

Repita los ingredientes en el mismo orden.

6—Coloque encima las lonjas de tocineta.

7—Encienda el horno a *350°F.*, *10 minutos* antes de usarlo. Hornée por *30 minutos.* Aumente el fuego a *375°F.* y hornée por *10 minutos* más, o hasta que dore bien la tocineta.

8—Retire el molde del horno y déjelo reposar por *5 minutos.* Mientras tanto, remueva las tocinetas, desborónelas y riéguelas sobre el molde.

LENTEJAS

A—1 libra de lentejas
1½ litro (6 tazas) de agua

B—1 taza de aceite de oliva
8 granos de ajo, machacados
4 cebollas grandes, cortadas en ruedas

C—2 cucharaditas de sal
3 cucharadas de vinagre

1—En una olla, ponga a *fuego alto* el agua incluida en A. Escoja, lave y escurra las lentejas. Al hervir el agua, agréguelas. Al hervir de nuevo, tape y deje hervir por *10 minutos.*

2—Mientras tanto, en una sartén, caliente el aceite. Agregue los ajos y revuelva a *fuego moderado-alto* hasta que doren, sin quemarse. Saque y descarte los ajos.

3—Reduzca el fuego a *moderado,* añada las cebollas y amortigüe por 5 *minutos.* Agregue la sal y el vinagre y revuelva. Añada el contenido de la sartén a la olla.

4—Mezcle y cueza destapado, a *fuego moderado,* alrededor de 10 minutos, o hasta que terminen de ablandar las lentejas y la salsa espese a su gusto.

HABICHUELAS HORNEADAS CON CARNE

A—1 cucharada de aceite vegetal
   1 libra de carne de masa de res, molida

B—2 frascos de 1 libra 1 onza de habichuelas horneadas
   (*Baked Beans*)
   1 pimiento verde, sin semillas ⎱
   1 cebolla   ⎰ picaditos

C—2 cucharadas de mostaza ⎫
   ½ taza de melao   ⎬ mezclados
   ½ taza de *Ketchup*   ⎪
   1¼ cucharadita de sal   ⎭

D—4 lonjas de tocineta, partidas en pedazos

1—Encienda el horno *350°F., 10 minutos* antes de usarlo. Engrase con oleomargarina un molde de cristal para hornear, tamaño 12″ x 7½″ x 2″.

2—En un caldero, caliente el aceite vegetal. Añada la carne y revuelva **contínuamente** a *fuego moderado-alto,* hasta que pierda el color rojizo.

3—En seguida, agregue los ingredientes incluidos en B y C y mezcle.

4—Vierta en el molde, cubra con tocineta y hornée por *40 minutos.*

HABICHUELAS DULCES

A—6 lonjas de tocineta, cortadas en trozos de 1 pulgada
    2 onzas (⅛ libra) de tocino ⎱
    ¼ libra de jamón de cocinar ⎰ picados

B—1 cebolla, mediana ⎱
    1 pimiento verde, sin semillas ⎰ finamente
    3 ajíes dulces, sin semillas   picados

C—2 latas de 1 libra de habichuelas blancas guisadas, sin escurrir
    ½ taza de *Ketchup*
    ½ taza de sirop para *pancakes*
    ½ cucharadita de polvo de canela
    ½ onza (1 cucharada) de mantequilla

1—En una sartén, dore la tocineta a *fuego moderado-alto,* revolviendo **contínuamente,** hasta dorar, sin quemarse. Saque la tocineta y escúrrala sobre papel absorbente. Déjela refrescar, desborónela y **reserve.**

2—En la grasa rendida por la tocineta, dore el tocino y jamón de cocinar. Saque, escurra y **reserve** el jamón y el tocino.

3—Añada a la sartén los ingredientes incluidos en B y sofríalos a *fuego bajo* hasta amortigüarlos. Añada la tocineta, el jamón y el tocino reservados.

4—Agregue los ingredientes incluidos en C y mezcle. Vierta en molde de cristal para hornear y hornée alrededor de *30 a 40 minutos,* o hasta que seque un poco. (Debe quedar mojadito, pero no en exceso.)

Ensaladas, ambres y Salsas

Ensaladas, Fiambres y Salsas

ENSALADAS

ENSALADA DE HABICHUELAS

(8 raciones)

A—2 pimientos verdes grandes, sin semillas ⎫
    2 cebollas grandes   ⎬ picaditos
    2 granos de ajo grandes   ⎭

B—1 lata de 4 onzas de pimientos morrones

C—1 lata de 1 libra de habichuelas tiernas
    1 lata de 1 libra de habichuelas rosadas
    1 lata de 1 libra de habichuelas blancas
    1 lata de 1 libra de garbanzos

Nota: Estos enlatados vienen hervidos en agua y sal.

D—1 cucharada de mostaza
    1 cucharadita de sal
    ½ taza de azúcar
    ¼ taza de aceite de oliva
    ¼ taza de vinagre

1—En un tazón grande, vierta los ingredientes incluidos en A. Escurra la lata de pimientos morrones. Corte los pimientos morrones en trocitos y añádalos al tazón.

2—Escurra **muy bien** las latas incluidas en C. Añada el contenido de las latas al tazón y mezcle.

3—Aparte, combine la mostaza con la sal y el azúcar. Agréguele el aceite de oliva y el vinagre. Mezcle todo, añada al tazón y mezcle.

4—Vierta en ensaladera y cubra. Coloque en la nevera, para servirla fría.

ENSALADA SABROSA

A—2 libras de papas
2 litros (8 tazas) de agua
3 cucharadas de sal

B—4 huevos duros
1 taza de apio americano (*Celery*)
3 manzanas, mondadas   } picaditos
¾ taza de pepinillos dulces
(*Sweet Pickles*)
1 lata de 8 onzas de guisantes (*Petit-Pois*) escurrida

C—¾ taza de aceite de oliva
¼ taza, mas 2 cucharadas de vinagre
1½ cucharadita de sal
1 cucharada de azúcar
⅛ cucharadita de polvo de pimienta (opcional)

D—¼ taza de mayonesa

E—1 huevo duro   } para decorar
1 pimiento morrón

1—En caso de que las papas tuvieran algún retoño, remuévalo y descártelo. Lave las papas, y **sin mondar**, pártalas por la mitad.

2—En una olla, combine el agua y la sal incluidos en A. Ponga el *fuego alto* hasta hervir. Agregue las papas, tápelas y deje hervir a *fuego moderado* por *30 minutos*. Escurra y monde las papas. Deje enfríar, corte en cuadritos y colóquelas en un tazón.

3—Agregue al tazón los ingredientes incluidos en B y mezcle.

4—Aparte, combine los ingredientes incluidos en C, riegue sobre el contenido del tazón y mezcle.

5—Agregue la mayonesa, mezcle y vierta en ensaladera. Cubra y coloque en la nevera. En el momento de servir, decore con la yema del huevo duro, pasada a través de un colador, y con la clara del huevo y el pimiento morrón, cortados en tiritas.

ENSALADA DE POLLO

A—1 libra de pechugas de pollo

B—**Adobo:**

1 grano de pimienta	molidos
1 grano de ajo	y
½ cucharadita de orégano seco	mezclados
1 cucharada de sal	en el
¾ cucharadita de aceite de oliva	mortero
¼ cucharadita de vinagre	

C—1 libra de cebollas medianas, cortadas en dos, horizontalmente
   2 hojas de laurel

D—4 huevos duros, picaditos
   1 lata de 8½ onzas de guisantes (*Petit-Pois*), escurrida
   2 cucharadas de encurtidos dulces (*Sweet Relish*)

E—2 manzanas
   1 litro (4 tazas) de agua
   1 cucharadita de sal

F—2 cucharadas de mayonesa
   ¼ taza de aceite de oliva
   2 cucharadas de vinagre
   1 cucharadita de azúcar
   1 cucharadita de sal

1—Lave el pollo, séquelo y adóbelo con el adobo incluido en B.

2—Coloque las cebollas en el fondo de una olla que tenga tapa pesada y firme. Añada las presas de pollo y las hojas de laurel. Tape y cueza a *fuego moderado* por *5 minutos*. Reduzca el fuego a *bajo* y cueza alrededor de *1 hora*, o hasta que el pollo quede cocido.

3—Saque las presas, remuévales el pellejo y deshuese el pollo. Cuando enfríe la carne, córtela en cuadritos y viértala en un tazón.

4—Añada los ingredientes incluidos en D y mezcle.

5—Monde las manzanas, córtelas en cuadritos y remójelas en el agua y sal incluida en E. Escurra, añada al tazón y mezcle.

6—En un recipiente pequeño, mezcle los ingredientes incluidos en F, añádalos al tazón y mezcle. Vierta en ensaladera, cubra y coloque en la nevera, para servirla fría.

ENSALADA CESAR

(Caesar Salad)

A—1½ taza de cuadritos de pan con ajo *(Croutons)* (Vea receta en página 330)

B—2 lechugas *Romaine*
2 granos de ajo, machacados

C—½ taza de aceite de oliva
¼ cucharadita de polvo de pimienta
½ cucharadita de sal
½ cucharadita de mostaza

D—¼ taza de queso *Parmesano,* rallado
¼ taza de queso *Roquefort (Blue Cheese),* desboronado
6 filetes de anchoa, escurridos y picaditos

E—1 huevo
1 limón verde, fresco
Pizca de sal

F—4 filetes de anchoa, escurridos (para decorar)

1—El día anterior, separe la lechuga en hojas. Lávelas en agua corriente, escúrralas y séquelas. Cúbralas bien y **reserve** en la nevera.

2—Al momento de preparar la ensalada, pase los ajos machacados por la superficie interior de una ensaladera grande de madera. Descarte los ajos y coloque la lechuga en la ensaladera, cortándola en pedacitos con las manos.

3—Mezcle bien los ingredientes incluidos en C y vierta sobre la lechuga. Agregue los ingredientes incluidos en D. Mezcle **gentilmente** hasta que toda la lechuga brille con el aceite.

4—Rompa y vierta el huevo en el centro de la ensalada. Riéguele encima el jugo de limón y la pizca de sal y mezcle.

5—Agregue los *croutons* y mezcle bien. Decore con las anchoas y sirva en seguida.

ENSALADA DE VEGETALES

(*Toss Salad*)

A—1 lechuga ⎱ separadas en hojas,
1 lechuga *Romaine* ⎰ lavadas y escurridas
1 lata de 4½ onzas de aceitunas negras, escurrida
6 tomates, cortados en 4 pedazos cada uno
5 rábanos (*Radishes*), lavados y cortados en tajaditas

B—1 botella de 8 onzas de aderezo italiano (*Italian Dressing*)

1—Corte las hojas de lechuga en pedacitos con las manos y colóquelas en ensaladera.

2—Agregue el resto de los ingredientes incluidos en A y mezcle. Cúbrala y **reserve** en la nevera.

3—En el momento de servir, añada el contenido de la botella de aderezo y revuélvalo bien.

ENSALADA DE PERAS

A—Hojas de lechuga, lavadas y escurridas

B—1 lata de 1 libra 14 onzas de peras en almíbar, escurrida

C—1 paquete de 4 onzas de queso crema (*Philadelphia Cream Cheese*) (a temperatura ambiente)
1 cucharadita de mayonesa

1 cucharadita de leche evaporada, sin diluir

1 cucharadita de almíbar de cerezas marrasquinas (*Maras-chino Cherries*)

D—Color vegetal rojo, amarillo y verde
Ramitas de perejil, lavadas y escurridas   } para decorar
Cerezas marrasquinas (*Maraschino Cherries*)

1—En cada plato de ensalada, coloque una o dos hojas de lechuga.

2—Aparte, combine los ingredientes incluidos en C.

3—Rellene el centro de las peras con la mezcla. En cada plato, coloque sobre la lechuga dos mitades de peras, **boca abajo,** una al lado de la otra.

4—Usando su imaginación, decore las peras en la siguiente forma:

Cubra la punta de tres palillos con un poquito de algodón. Moje un palillo con color vegetal rojo y pinte parte de la superficie de las peras. Con otro palillo, pinte alrededor con color verde. Usando el tercer palillo, pinte **ligeramente** con color amarillo sobre parte de las peras pintadas de rojo. Decore con ramitas de perejil y cerezas marrasquinas.

5—Cubra y coloque los platos en la nevera, para servir la ensalada fría.

ENSALADA CONFETI

A—2 libras de papas
2 litros (8 tazas) de agua
3 cucharadas de sal

B—6 huevos duros (**reserve** 1 para decorar)
1 cebolla pequeña
3 granos de ajo grandes
1 lata de 4 onzas de pimientos morrones, escurrida

C—2 manzanas
1 litro (4 tazas) de agua
1 cucharadita de sal

D—1 lata de 1 libra 1 onza de guisantes (*Petit-Pois*), escurridos

E—½ taza de mayonesa
1 cucharadita de sal
1 cucharadita de azúcar
1 cucharada de aceite de oliva
¼ taza de vinagre

1—En caso de que las papas tuvieran algún retoño, remuévalo y descártelo. Lave las papas y **sin mondar,** pártalas por la mitad.

2—En una olla grande, ponga a hervir a *fuego alto* el agua y la sal incluidos en A. Añada las papas, tápelas y deje hervir a *fuego moderado* por *30 minutos.* Escurra y monde las papas. Cuando enfríen **totalmente,** corte las papas en cuadritos y póngalas en un tazón.

3—Pique 5 huevos y añádalos al tazón. Pique las cebollas y los ajos y agréguelos. **Reserve** parte de los pimientos morrones para decorar, pique el resto y añádalos.

4—Monde las manzanas, córtelas en cuadritos y remójelas **rápidamente** en el agua y la sal incluida en C. Escúrralas, añádalas al tazón y mezcle.

5—**Reserve** parte de los guisantes (*Petit-Pois*) para decorar y agregue el resto a la mezcla.

6—En un tazón pequeño, mezcle los ingredientes incluidos en E y añada al tazón. Mezcle y vierta en ensaladera. Cubra y coloque en la nevera. En el momento de servir, decore con el huevo, los pimientos y los guisantes (*Petit-Pois*), reservados.

ENSALADA DE CAMARONES

A—1 libra de colas de camarones (de 26 a 30), con su carapacho
1 litro (4 tazas) de agua
2 cucharadas de sal
2 hojas de laurel
2 granos de pimienta

B—1 libra de papas tiernas, pequeñas
1 litro (4 tazas) de agua
2 cucharadas de sal

C—6 huevos duros, cortados en ruedas, o a lo largo

D—**Mayonesa:**
1 yema de huevo
¼ cucharadita de sal
1½ cucharadita de azúcar
1 cucharadita de mostaza
⅔ taza de aceite de oliva
1 cucharada de jugo de limón verde, fresco

1—Si los camarones están congelados, descongélelos en la nevera con anticipación. Lávelos y séquelos con papel absorbente.

2—Lave las papas y **sin mondar,** combínelas en una olla con el agua y la sal incluida en B. Ponga a *fuego alto* hasta hervir. Reduzca el fuego a *moderado*, tape y deje hervir por *30 minutos.*

3—En una olla, combine los últimos cuatro ingredientes en A. Póngala a *fuego alto* hasta hervir a borbotones. Agregue los camarones, reduzca el fuego a *bajo*, tape y cueza por *5 minutos.* Retire la olla del fuego, escurra los camarones y **resérvelos.**

4—Tan pronto estén listas las papas, escúrralas, móndelas y déjelas enfriar.

5—Mientras tanto, quite y descarte los carapachos a los camarones. Déles un corte poco profundo a lo largo superior de la cola. Remueva y descarte la vena que corre de un extremo a otro de la cola. (Vea página 29 para instrucciones.)

6—Coloque los camarones en el centro de un platón llano.

7—Corte las papas en ruedas finas y distribúyalas alrededor de los camarones.

8—Decore con las ruedas de huevo duro. Cubra el platón y colóquelo en la nevera hasta el momento de servir.

9—Prepare la mayonesa como sigue:

En una taza de cristal para medir (tamaño 4 tazas), combine y mezcle la yema de huevo con la sal y el azúcar incluidos en D. (Ponga una agarradera debajo de la taza, para que se mantenga firme al mezclar.) Añada la mostaza y mezcle. Agregue el aceite, al principio **gota a gota,** luego en **chorrito lento, pero contínuo,** y sin dejar de mezclar en ningún momento, mientras agrega la totalidad del aceite y haya cuajado la mayonesa. Añada, **poco a poco,** el jugo de limón, mientras mezcle **contínuamente.** Vierta en un recipiente de cristal o aporcelanado y coloque en la nevera hasta el momento de servir, para acompañar la ensalada.

ENSALADA DE COCTEL DE FRUTAS

A—1 taza de crema espesa o 1 frasco de crema *Avoset* (etiqueta azul)

B—1 queso crema de 4 onzas (*Philadelphia Cream Cheese*) (a temperatura ambiente)
½ taza de mayonesa

    1 lata de 1 libra 14 onzas de coctel de frutas (*Fruit Cocktail*), escurrida
    ¼ cucharadita de sal
    1 cucharadita de jugo de limón verde, fresco

C—Hojas de lechuga

1—Bata la crema hasta tomar consistencia. Agregue los ingredientes incluidos en B y mezcle. Coloque en la nevera y sirva bien fría, sobre hojas de lechuga.

ENSALADA ILUSION

(16 raciones)

A—4 litros (16 tazas) de agua
    6 cucharadas de sal
    4 libras de papas

B—8 pepinillos dulces grandes (*Sweet Pickles*), picados
    6 manzanas, mondadas y cortadas en cuadritos
    8 huevos duros, picaditos
    2 cucharaditas de sal

C—1 taza de aceite de oliva
    ½ taza de vinagre
    1 cucharadita de sal
    ¼ cucharadita de polvo de pimienta (opcional)
    2 cucharadas de azúcar

1—En caso de que las papas tuvieran algún retoño, remuévalo y descártelo. Lave las papas y sin mondar, pártalas por la mitad.

2—En una olla grande, ponga a hervir a *fuego alto* el agua y la sal incluida en A. Agregue las papas, tápelas y deje hervir a *fuego moderado* por *30 minutos.* Escurra y monde las papas. Cuando enfríen **totalmente,** corte las papas en cuadritos y póngalas en un tazón.

3—Agregue al tazón los ingredientes incluidos en B y mezcle.

4—Aparte, combine los ingredientes incluidos en C y viértalo sobre el contenido del tazón. Mezcle bien, cubra y coloque en la nevera, para servirla fría.

ENSALADA DE SARDINAS

A—4 papas medianas
  2 litros (8 tazas) de agua
  1 cucharada de sal

B—¼ taza de aceite de oliva
  3 cebollas, cortadas en medias ruedas
  3 granos de ajo grandes, bien picados

C—1 lata de 1 libra de sardinas en salsa de tomate

D—1 lata de 8 onzas de salsa de tomate
  2 cucharadas de *Ketchup*

E—4 huevos duros, cortados en rebanadas

1—En una olla, ponga a hervir el agua y la sal incluidos en A. Lave las papas, remuévales y descarte los retoños. Pártalas en dos y **sin mondar,** añádalas al agua hirviendo. Reduzca el fuego a *moderado,* tape y deje hervir por *30 minutos.* Sáquelas, móndelas y después de frías, córtelas en ruedas. Distribúyalas para cubrir el fondo de una fuente grande.

2—Aparte, en una sartén, vierta el aceite de oliva. Amortigüe bien las cebollas y los ajos a *fuego bajo.*

3—Abra la lata de sardinas y **cuidadosamente** saque y escurra las sardinas, **una por una,** para evitar romperlas. Dele un corte, a lo largo, remuévales el espinazo y descártelo. **Reserve** las sardinas.

4—Agregue a la sartén la salsa de la lata de sardinas, junto con los ingredientes incluidos en D. Mezcle y vierta sobre las papas. Distribuya encima las sardinas y decore con las rebanadas de huevo. Tape y coloque en la nevera, para servirla fría.

ENSALADA DE CHAYOTES

A—6 chayotes, lavados y partidos en dos, a lo largo
4 litros (16 tazas) de agua
4 cucharadas de sal

B—¼ taza de aceite de oliva
¼ taza de vinagre
½ cucharadita de sal
Pizca de polvo de pimienta (opcional)

1—En una olla grande, combine los ingredientes incluidos en A. Ponga a *fuego alto* hasta hervir. Reduzca el fuego a *moderado*, tape y deje hervir por *45 minutos*, o hasta que al pinchar un chayote con un tenedor de cocina, penetre fácilmente.

2—Escurra los chayotes, déjelos refrescar un poco y quíteles la semilla que **reservará**, pues son muy sabrosas. Luego, con una cuchara de servir, remuévales y descarte la parte fibrosa que queda debajo de la semilla y hacia la parte ancha del chayote. Móndelos y déjelos enfriar.

3—Corte los chayotes en cuadritos y viértalos en una ensaladera.

4—Combine los ingredientes incluidos en B, vierta sobre los chayotes y mezcle.

5—Cubra y reserve en la nevera hasta servir.

ENSALADA DE JUEYES

(4 raciones)

A—⅓ taza de cebollitas blancas
¼ taza de pepinillos dulces (*Sweet Pickles*) } picaditos
2 cucharaditas de perejil, lavado y escurrido
¼ cucharadita de sal
½ cucharadita de jugo de limón verde, fresco
½ taza de mayonesa

B—2 latas de 6 onzas de carne de jueyes (*Crab Meat*), escurridas (Vea Nota)

C—8 hojas de lechuga, lavadas y escurridas
2 huevos duros, cortados en cuatro, a lo largo

1—En un tazón, combine los ingredientes incluidos en A.

2—Desmenuce la carne de jueyes, agregue al tazón y mezcle bien.

3—Coloque 2 hojas de lechuga en cada plato de ensalada. Distribuya encima la ensalada y decore cada plato con 2 porciones de los huevos duros.

Nota: Puede usar 1 libra de carne de jueyes hervidos.

ENSALADA DE PAPAS

A—2 libras de papas
2 litros (8 tazas) de agua
3 cucharadas de sal

B—1 lata de 8 onzas de guisantes (*Petit-Pois*), escurrida

C—1 manzana

D—6 huevos duros

E—¾ taza de aceite de oliva
¼ taza más 2 cucharadas de vinagre
¾ cucharadita de sal
4½ cucharaditas de azúcar

1—En caso de que las papas tuvieran algún retoño, remuévalo y descártelo. Lave las papas.

2—En una olla, ponga a hervir a *fuego alto* el agua y sal incluida en A. Añada las papas, tápelas y hierva a *fuego moderado*, alrededor de *30 minutos*.

3—Sáquelas, escúrralas, móndelas y después de frías, córtelas en cuadritos. Póngalas en un tazón.

4—Añada al tazón los guisantes (*Petit-Pois*), escurridos.

5—Monde la manzana, córtela en ocho pedazos, remuévales el corazón y corte la manzana en trocitos bien pequeños. (Según los va cortando, remójelos en 4 tazas de agua con 1 cucharadita de sal.) Escúrralos y agréguelos al tazón.

6—Pique los huevos y añádalos al tazón.

7—Aparte, combine los ingredientes incluidos en E y viértalo en el tazón.

8—Mezcle todo bien, cubra y coloque en la nevera para servirla fría.

ENSALADA DE ZANAHORIA Y PASAS

A—¾ libra de zanahorias

B—½ taza de pasas, sin semillas

C—⅛ cucharadita de polvo de pimienta (opcional)
½ taza de mayonesa
1 cucharadita de cebolla, rallada

D—1 lechuga

1—Lave y raspe las zanahorias. Rállelas o muélalas y combínelas en un tazón con las pasas.

2—Combine los ingredientes incluidos en C, viértalo en el tazón y mezcle. Cubra el tazón y colóquelo en la nevera.

3—Al momento de servir, distribuya la ensalada en platos individuales, sobre hojas de lechuga, lavadas y secas.

ENSALADA DE ATUN

A—1 lechuga pequeña
2 tomates
1 lata de 1 libra de punta de espárragos (*Asparagus Tips*), escurrida
1 lata de 4 onzas de atún en agua, escurrida

B—¼ taza de aceite de oliva
2 cucharadas de vinagre
Pizca de sal
¾ cucharadita de azúcar
Pizca de polvo de pimienta

1—Lave la lechuga, córtela en rebanadas y luego en cuadritos. Colóquela en el borde de una fuente.

2—Lave los tomates, córtelos en ruedas y colóquelos sobre la lechuga.

3—Coloque el atún en el centro de la fuente.

4—Decore con los espárragos.

5—Combine los ingredientes incluidos en B y riegue la salsa sobre el contenido de la fuente. Cubra con papel encerado y coloque en la nevera hasta el momento de servirla.

ENSALADA DE LECHUGA Y TOMATE CON SALSA RUSA

A—1 lechuga pequeña, separada en hojas, lavadas y escurridas
4 tomates

B—½ taza de mayonesa
2 cucharadas de *Ketchup*

1½ cucharada de jugo de limón verde, fresco
¾ cucharada de salsa inglesa (*Worcestershire Sauce*)

1—Corte la lechuga en pedacitos con las manos y colóquela en ensaladera.

2—Lave y seque bien los tomates. Corte cada uno en 4 pedazos y coloque sobre la lechuga.

3—Combine los ingredientes incluidos en B y vierta sobre la lechuga y los tomates. Mezcle, cubra la ensaladera y coloque en la nevera, para servir fría.

FIAMBRES

ASPIC FESTIVO

(18 raciones)

A—7 latas de 6 onzas de jugo de vegetales (*V-8 Vegetable Juice*)

3 cajas de 3 onzas de gelatina de limón amarillo (*Lemon*)

B—¾ taza de cebolla
1 taza de apio (*Celery*)   } finamente
1 taza de aceitunas, rellenas con pimientos } picados
morrones   }
¼ cucharadita de salsa inglesa (*Worcestershire Sauce*)
1 cucharadita de jugo de limón verde, fresco
½ cucharadita de sal

1—En una cacerola grande, ponga a *fuego alto* 3 tazas del jugo de vegetales. Al hervir, retire la cacerola del fuego. Añada la gelatina y mezcle, hasta disolverla **totalmente**.

2—Agregue el resto del jugo de vegetales y los ingredientes incluidos en B. Mezcle bien.

3—Vierta la mezcla en molde de *"anillo,"* tamaño 10½″ x 3″. Coloque en la nevera alrededor de 4 horas, o hasta quedar firme. (Preferiblemente, de un día para otro.)

4—Saque el molde de la nevera y pásele un paño, humedecido con agua caliente, alrededor del molde. Introduzca un cuchillo alrededor de los bordes del *"anillo,"* para separar el *Aspic* del molde. **Immediatamente,** voltée en platón redondo, grande y llano. Conserve en la nevera hasta el momento de servir.

ASPIC ENTOMATADO

(10 raciones)

A—2 tazas de agua
2 cajitas de 3 onzas de gelatina de limón amarillo (*Lemon*)

B—2 latas de 10 onzas de tomates guisados (*Stewed Tomatoes*)

C—2 cucharadas de vinagre
2 cucharadas de salsa inglesa (*Worcestershire Sauce*)
⅛ cucharadita de sal
8 onzas (1 taza) de crema agria (*Sour Cream*)

1—En una cacerola grande, ponga el agua a *fuego alto* hasta hervir. Retire la cacerola del fuego, agregue la gelatina y mezcle hasta disolverla **totalmente.**

2—Agregue el contenido de las latas de tomates y desbarate bien los tomates.

3—Añada los ingredientes incluidos en C y mezcle hasta quedar todo unido.

4—Vierta la mezcla en molde de cristal, tamaño 12″ x 7½″ x 2″. Coloque en la nevera alrededor de 4 horas, o hasta quedar firme. (Preferiblemente, de un día para otro.)

5—Saque el molde de la nevera y pásele un paño, humedecido con agua caliente, alrededor del molde. Introduzca un cuchillo alrededor de los bordes del molde, para separar el *Aspic* del molde. **Inmediatamente,** voltée en recipiente redondo, grande y llano. Conserve en la nevera hasta el momento de servir.

JUEYES EN ASPIC DE TOMATE

Ensalada: (Prepare la ensalada cuando el *Aspic* esté listo para rellenarlo.)

2 latas de 6 onzas de carne de jueyes (*Crab Meat*), o 1 libra
de carne de jueyes, hervidos
½ taza de tallos de apio (*Celery*) ⎫ lavados y
2 cucharadas de perejil   ⎬ finamente
½ taza de mayonesa   ⎭ picados

1—Escurra las latas y en un tazón, desmenuce bien la carne de jueyes. Agregue el resto de los ingredientes y mezcle.

Aspic

A—1 taza de agua, bien caliente
   3 sobres de gelatina, sin sabor

B—4 tazas de jugo de tomate
   1 cucharadita de sal
   4 granos de pimienta
   1 hoja de laurel
   2 tallos de apio (*Celery*), lavados y picados

C—1 cucharada de jugo de limón verde, fresco

1—En una cacerola, ponga el agua a *fuego alto* hasta hervir. Retire la cacerola del fuego, agregue la gelatina y mezcle hasta disolverla **totalmente.**

2—Aparte, en una cacerola, vierta los ingredientes incluidos en B y ponga a *fuego alto* hasta hervir. Reduzca el fuego a *bajo* y cueza por *10 minutos.* Cuele, añada la gelatina disuelta y mezcle.

3—Agregue el jugo de limón, mezcle y vierta en molde de "*anillo*," tamaño 9½" x 3½". Coloque en la nevera hasta quedar firme. (Preferiblemente, de un día para otro.)

4—Saque el molde de la nevera y pásele un paño, humedecido con agua caliente, alrededor del molde. Introduzca un cuchillo alrededor de los bordes del "*anillo*," para separar el *Aspic* del molde. **Inmediatamente,** voltée en platón redondo, grande y llano. Conserve en la nevera hasta el momento de servir.

5—Rellene el "*anillo*" con la ensalada de jueyes y sirva.

SALSAS

MAYONESA "MAMIE"

A—1 yema de huevo
   ¼ cucharadita de sal
   1½ cucharadita de azúcar

B—1 cucharadita de mostaza

C—⅔ taza de aceite de oliva

D—1 cucharada de jugo de limón verde, fresco

1—En una taza de medir de cristal (tamaño 4 tazas), combine y mezcle los ingredientes incluidos en A. (Ponga agarradera debajo de la taza, para que se mantenga firme al mezclar.)

2—Añada la mostaza y mezcle.

3—Para evitar que se corte la mayonesa, es muy importante mezclarla **continuamente,** mientras se agrega el aceite y luego, el jugo de limón. Empiece agregando el aceite **gota a gota,** hasta que la mezcla comience a tomar consistencia. Agregue el resto del aceite en **chorrito lento** hasta que haya cuajado.

4—Añada el jugo de limón, **poco a poco,** mientras continúa mezclando.

Nota: Si se corta la mezcla, ponga otra yema en un tazón y añada **lentamente** la mezcla cortada, mezclando **contínuamente** hasta que cuaje.

SALSA BLANCA BASICA

Salsa	Mantequilla	Harina de Trigo	Leche	Sal
Ligera	1 cucharada (½ onza)	1 cucharada	1 taza	¼ cucharadita
Mediana	2 cucharadas (1 onza)	2 cucharadas	1 taza	¼ cucharadita
Gruesa	3 cucharadas (1½ onza)	3 cucharadas	1 taza	¼ cucharadita

1—En una cacerola, derrita la mantequilla a *fuego bajo.* Agregue la harina y la sal y mezcle, con cuchara de madera, por breves segundos, para que una. Añada **lentamente** la leche tibia. Mezcle **contínuamente,** a *fuego moderado,* hasta que hierva y espese a la consistencia deseada. (Si substituye la harina de trigo por maicena, use la mitad de la cantidad indicada.)

SALSA PARA CARNE ASADA (ROAST BEEF)

A—¼ libra de mantequilla
   4 cebollas, picaditas

B—2 cucharadas de maicena
   1 lata de 10½ onzas de caldo de carne (*Beef Consommé*)
   ¼ taza de Jerez

1—En una sartén, derrita la mantequilla a *fuego bajo* y
   amortígüe la cebolla.

2—Aparte, diluya la maicena en un poco del caldo. Agréguele
   el resto del caldo y el Jerez. Viértalo en la sartén y mezcle
   a *fuego moderado* hasta que hierva. Sirva caliente.

SALSA PARA FILETE ASADO

1 lata de 10½ onzas de crema de setas (*Cream of Mushroom
   Soup*), sin diluir
1 lata de 6 onzas de lonjas de setas en mantequilla (*Broiled-
   in-Butter Sliced Mushrooms*), escurrida (**reserve** el líquido)
1 lata de 12 onzas de maíz mejicano (*Mexicorn*), escurrida
1 lata de 1 libra de guisantes (*Petit-Pois*), escurrida

1—Combine todo y agregue un poco del líquido de las setas,
   lo suficiente para formar una crema ligera. Ponga a calentar
   y sirva sobre filete asado.

SALSA PARA CARNE I

A—1 onza (2 cucharadas) de mantequilla u oleomargarina
   4 granos de ajo grandes, machacados

B—1 lata de 10¾ onzas de sopa de cebolla (*French Onion
   Soup*), sin diluir
   2 cucharaditas de maicena, diluidas en
   2 cucharadas de Jerez

1 lata de 3 onzas de setas en lonjas (*Sliced Mushrooms*), escurrida

1—En una sartén, combine la mantequilla u oleomargarina con los ajos machacados. Amortígüelos a *fuego bajo* por *10 minutos*. Descarte los ajos.

2—Combine los ingredientes incluidos en B, añádalos a la sartén, mezcle, y ponga a *fuego moderado* hasta que hierva. Sirva caliente sobre tajadas de butifarrón ya horneado o vierta sobre butifarrón crudo, tape y hornée por ½ *hora* en horno pre-calentado a 350°F. (Para butifarrón grande, hornée por *1 hora*.)

SALSA PARA CARNE II

1 onza (2 cucharadas) de mantequilla u oleomargarina
1 cebolla, finamente picada
1 lata de 8 onzas de salsa de tomate
1 cucharadita de salsa inglesa (*Worcestershire Sauce*)
½ cucharadita de comino en polvo (*Cumin Powder*)

1—Derrita la mantequilla u oleomargarina a *fuego bajo*. Agregue la cebolla y sofría por 5 *minutos*. Añada el resto de los ingredientes y mezcle a *fuego moderado* hasta hervir. Sirva caliente, para acompañar carnes.

SALSA AGRIDULCE PARA BUTIFARRON

3 cucharadas de mostaza
2 cucharadas de azúcar negra
2 cucharadas de *Ketchup*
1 cucharada de vinagre
1 cucharada de jugo de limón verde, fresco
1 cucharadita de salsa inglesa (*Worcestershire Sauce*)
1 lata de 10¾ onzas de sopa de tomate (*Tomato Soup*), sin diluir
¼ taza de queso *Parmesano*, rallado

1—Combine todos los ingredientes y sirva caliente sobre tajadas de butifarrón ya horneado o vierta sobre butifarrón crudo, *tape* y hornée por ½ hora en horno pre-calentado a *350°F*. (Para butifarrón grande, hornée por *1 hora*.)

SALSA PARA BUTIFARRON I

A—1 grano de ajo, machacado
   2 onzas (4 cucharadas) de mantequilla u oleomargarina
   ½ taza de cebolla, picada

B—1 lata de 10½ onzas de caldo de res (*Beef Consommé* o *Beef Broth*), sin diluir
   2 cucharaditas de maicena
   2 cucharadas de Jerez

C—1 lata de 8 onzas de guisantes (*Petit-Pois*), escurrida

1—En una cacerola, ponga el ajo, agregue la mantequilla y derrita a *fuego bajo*. Saque el ajo, agregue la cebolla y sofríala hasta amortigüarla.

2—Diluya la maicena en un poco del caldo de res incluido en B. Combine con el resto del líquido y añádalo a la cacerola. Agregue el Jerez.

3—Mezcle, con cuchara de madera, a fuego *moderado*, hasta que hierva. Añada los guisantes, mezcle y sirva caliente para acompañar butifarrón horneado o vierta sobre butifarrón crudo, tape y hornée por ½ *hora* en horno pre-calentado a *350°F*. (Para butifarrón grande, hornée por *1 hora*.)

SALSA PARA BUTIFARRON II

2 onzas (4 cucharadas) de mantequilla u oleomargarina
½ taza de cebolla, picadita
1 lata de 10¾ onzas de sopa de tomate (*Tomato Soup*), sin diluir
¼ cucharadita de polvo de comino (*Cumin Powder*)
1 cucharadita de salsa inglesa (*Worcestershire Sauce*)

1—Amortigüe la cebolla en la mantequilla.

2—Añada el resto de los ingredientes, mezcle y dé un hervor a *fuego moderado*. Sirva sobre tajadas de butifarrón ya horneado o vierta sobre butifarrón crudo, *tape* y hornée por ½ *hora* en horno pre-calentado a *350°F*. (Para butifarrón grande, hornée por *1 hora*.)

SALSA DE SETAS Y JEREZ

A—1 cucharada de grasa que rinda cualquier carne horneada
2 granos de ajo grandes, machacados
½ taza de cebolla, picada
1 cucharadita de salsa inglesa (*Worcestershire Sauce*)

B—1 lata de 11 onzas de sopa de tomate (*Tomato Bisque*)
1 lata de 3 onzas de setas en mantequilla (*Broiled-in-Butter Mushrooms*), escurrida
½ cucharadita de orégano seco
½ cucharadita de sal
½ taza de Jerez

1—En una sartén, sofría a *fuego bajo* los ingredientes incluidos en A hasta que se amortígüe la cebolla.

2—Añada los ingredientes incluidos en B, mezcle y cueza a *fuego moderado* hasta hervir.

SALSA AGRIDULCE I

3 cucharadas de maicena
1 taza de jugo de piña
1 taza de vinagre
2 cucharadas de salsa soya (*Soy Sauce*)
1 taza de azúcar

1—En una cacerola, mezcle todos los ingredientes. Cuézalos a *fuego moderado*, revolviendo con cuchara de madera, hasta que espese a su gusto.

SALSA AGRIDULCE II

A—½ taza de *Ketchup*
   ¼ cucharadita de mostaza
   ¼ taza de azúcar negra (presionándola al medirla)
   2 granos de ajo, picaditos
   ½ cucharadita de orégano seco
   ¼ cucharadita de sal

B—1 lata de 8½ onzas de ruedas de piña
   2 cucharadas del sirop de las piñas

C—1 cucharada de maicena
   ¼ taza de vinagre de vino (*Wine Vinegar*)

1—En un tazón, combine los ingredientes incluidos en A. Escurra la lata de ruedas de piña y agregue al tazón 2 cucharadas del sirop escurrido. Corte en trocitos pequeños las ruedas de piña, añádalas al tazón y mezcle.

2—Aparte, diluya la maicena en el vinagre de vino, añada al tazón y mezcle.

3—Vierta el tazón en una cacerola y mezcle, con cuchara de madera, a *fuego moderado*, hasta que hierva. Retire del fuego y sirva, acompañando carnes o mariscos cocidos.

SALSA PARA PESCADO

A—2 onzas (4 cucharadas) de mantequilla
   4 cucharadas de harina de trigo
   ½ cucharadita de sal
   2 tazas de leche

B—¼ taza de queso *Parmesano*, rallado

1—En una cacerola, derrita la mantequilla a *fuego bajo*. Añada la harina y la sal. Mezcle, con cuchara de madera, por **breves segundos.**

2—Agregue la leche y mezcle **contíuamente,** a *fuego modera-do,* hasta que hierva y espese a su gusto.

3—Añada el queso, mezcle y sirva caliente sobre pescado.

SALSA CON VINO PARA PESCADO

A—1 onza (1 cucharada) de mantequilla
1 mazo de cebollines (alrededor de 10 cebollines)

B—2 cucharadas de agua
3 cucharadas de vinagre de vino (*Wine Vinegar*)

C—2 onzas (4 cucharadas) de mantequilla, cortada en trocitos

D—½ taza de vino blanco

1—Remueva y descarte las raices de los cebollines. Corte cada cebollín en trocitos hasta el límite donde se separan las hojas de los tallos. Descarte las hojas. Lave y escurra los cebollines picados.

2—En una sartén pequeña, derrita la mantequilla incluida en A y amortígüe los cebollines picados a *fuego bajo.*

3—Añada los ingredientes incluidos en B y deje hervir a *fuego moderado* hasta que el líquido se reduzca **a la mitad.**

4—Retire la sartén del fuego, añada la mantequilla incluida en C y combine hasta que derrita la mantequilla.

5—Ponga la sartén de nuevo al fuego, añada el vino y mezcle a *fuego moderado* hasta que hierva. En seguida, retire la sartén del fuego y sirva caliente.

SALSA ENTOMATADA PARA PESCADO

A—1 libra de cebollas, cortadas en ruedas
1 libra de pimientos verdes americanos (*Bell Peppers*), sin semillas y cortados en tiritas

B—½ taza de aceite de oliva
1 cucharada de vinagre de vino (*Wine Vinegar*)
2 granos de ajo ⎱ molidos
8 granos de pimienta ⎰
2½ cucharaditas de sal
¼ cucharadita de orégano seco
2 hojas de laurel
1 lata de 6 onzas de pasta de tomate
2 latas de 8 onzas de salsa de tomate
1 lata de 14½ onzas de tomates al natural (*Whole Peeled Tomatoes*)

1—En un tazón, coloque los ingredientes incluidos en A.

2—Aparte, combine los ingredientes incluidos en B, vierta en el tazón y mezcle.

3—En una cacerola, caliente la salsa y sirva, para acompañar pescado.

MOJITO

A—4 cucharadas de aceite vegetal
6 granos de ajo grandes, picaditos

B—4 cebollas grandes, cortadas en ruedas ⎫
6 pimientos verdes grandes, sin semillas ⎪
3 tomates ⎬ picaditos
6 ajíes dulces, sin semillas ⎪
1 lata de 4 onzas de pimientos morrones, escurridos ⎭

C—3 cucharadas de salsa de tomate
4 cucharadas de *Ketchup*
¼ cucharadita de adobo en polvo comercial
¼ cucharadita de polvo de ajo (*Garlic Powder*)
½ cucharadita de sal
1 cucharadita de azúcar

1—En una sartén, caliente a *fuego moderado* el aceite vegetal y sofría el ajo picadito, **sin quemarse**. Reduzca el fuego a *bajo* y sofría los ingredientes incluidos en B por *15 minutos*.

2—Añada los ingredientes incluidos en C, mezcle y cueza a *fuego moderado-alto* hasta hervir. Reduzca el fuego a *bajo*, tape y cueza por ½ *hora*.

3—Sirva caliente sobre pescado o mariscos.

SALSA PARA MARISCOS

A—½ taza de aceite de oliva
   1 cebolla
   2 pimientos verdes, sin semillas
   4 ajíes dulces, sin semillas
   2 tallos de apio americano (*Celery*),
     lavados
   2 tomates
        } picaditos

B—½ taza de salsa de tomate
   1 cucharada de salsa soya (*Soy Sauce*)
   ¼ cucharadita de sal
   1 cucharada de jugo de limón verde, fresco

1—En el aceite de oliva, sofría a *fuego bajo* el resto de los ingredientes incluidos en A.

2—Agregue los ingredientes incluidos en B y cueza a *fuego moderado* por *10 minutos*. Sirva caliente, acompañando mariscos.

SALSA CON QUESO Y VINO

1 cucharada de harina de trigo
1½ taza de vino blanco dulce (*Sauterne*) o seco
1 grano de ajo, partido en dos y machacado
¾ libra (12 onzas) de queso suizo, rallado en tiritas
Pizca de sal

1—En una cacerola, disuelva la harina de trigo en un poco del vino. Añada el resto del vino y los otros ingredientes.

2—Mezcle, con cuchara de madera, a *fuego moderado* hasta que hierva. Retire del fuego, remueva y descarte el ajo. Sirva caliente, acompañando pescado o vegetales.

SALSA BLANCA CON VINO

A—¼ libra de mantequilla
   6 granos de ajo, finamente picados

B—⅓ taza de harina de trigo
   1 cucharadita de sal
   1 taza de vino blanco

C—3 tazas de leche

1—En una cacerola, derrita la mantequilla a *fuego bajo.* Agregue los ajos y sofría, mezclando **ocasionalmente,** con cuchara de madera, por *5 minutos.*

2—Añada la harina de trigo y la sal y mezcle. Agregue el vino **lentamente** y mezcle hasta diluir la harina.

3—Añada la leche, **poco a poco,** y mezcle **contínuamente** a fuego *moderado-alto* y luego a *fuego moderado,* hasta que hierva y espese a gusto.

4—Sirva acompañando vegetales o pescado.

SALSA DE AGUACATE

A—1 aguacate maduro

B—1 cucharada de jugo de limón verde, fresco
   1 yema de huevo
   ¼ cucharadita de sal

C—¼ taza de aceite de oliva

1—Vierta en una licuadora eléctrica, o procesador de alimentos, la pulpa del aguacate.

2—Agregue los ingredientes incluidos en B y licúe **rápidamente.**

3—Añada el aceite de oliva y licúe hasta mezclar bien.

SALSA PARA VEGETALES HERVIDOS

A—3 onzas (6 cucharadas) de mantequilla
¼ taza de harina de trigo
¼ cucharadita de sal
Pizca de polvo de nuez moscada
Pizca de polvo de pimienta blanca

B—2 tazas de leche

C—¼ libra de queso suizo, cortado en pedacitos

1—Derrita la mantequilla a *fuego bajo.* Añada la harina y mezcle bien, con cuchara de madera. Agregue el resto de los ingredientes incluidos en A y mezcle.

2—Ponga el *fuego moderado* y añada, **poco a poco,** la leche. Mezcle **contínuamente** hasta que hierva y espese un poco.

3—Agregue el queso y mezcle **contínuamente** hasta que el queso derrita.

4—Sirva sobre el vegetal caliente de su preferencia, previamente hervido con sal y escurrido.

SALSA PARA PAPAS HORNEADAS

(8 raciones)

1 envase de 8 onzas de crema agria (*Sour Cream*)
¼ libra de mantequilla
2 tazas de queso de papa (*Cheddar*), rallado en tiritas
¼ taza de cebollines, picados

1—En una cacerola, coloque todos los ingredientes y cueza a *fuego moderado*. Mezcle hasta derretir la mantequilla y el queso. Sirva caliente, acompañando papas horneadas.

SALSA PARA BUDINES I

(*Hot Hard Sauce*)

A—1 taza de azúcar blanca o negra
¼ libra de mantequilla

B—1 cucharada de Brandy o de ron
1 cucharadita de vainilla

1—En una cacerola pequeña, combine los ingredientes incluidos en A. Mezcle con cuchara de madera, a fuego *moder ado-alto*, hasta que dé un buen hervor.

2—Retire la cacerola del fuego, añada y mezcle el Brandy o el ron y la vainilla.

3—Vierta, a gusto, sobre pedazos individuales de budín.

SALSA PARA BUDINES II

(*Hard Sauce*)

¼ libra de mantequilla (a temperatura ambiente)

2 tazas de azúcar pulverizada 10X, cernida

Pizca de sal

1 cucharadita de vainilla

1½ cucharada de Brandy o ron

1—En un tazón, ponga cremosa la mantequilla. Agregue, **poco a poco**, el azúcar y mezcle con cuchara de madera hasta combinar bien. Añada la sal y mezcle. Agregue la vainilla y el Brandy o el ron. Mezcle hasta quedar bien "*esponjosa*."

2—Vierta en dulcera pequeña y coloque en la nevera. Sirva fría o a temperatura ambiente sobre pedazos individuales de budín.

Aperitivos

Aperitivos

DIP DE QUESO Y CHORIZO

8 onzas de lascas de queso americano
8 onzas de lascas de queso suizo
3 chorizos
1 cebolla
1 pimiento verde, sin semillas

1—Encienda el horno a *350°F., 10 minutos* antes de usarlo.

2—Corte los quesos en pequeños trocitos.

3—Remueva y descarte el pellejo de los chorizos. Córtelos en pequeños pedacitos.

4—Pique menuditos la cebolla y el pimiento verde.

5—Mezcle todo y vierta en molde de cristal para hornear. Hornée alrededor de *15 minutos,* o hasta que derritan los quesos y dore **ligeramente** la mezcla.

6—**Inmediatamente,** sirva sobre galletitas.

DIP DE AGUACATE

1 paquete de 8 onzas de queso crema (*Philadelphia Cream Cheese*) (a temperatura ambiente)
2 aguacates maduros, medianos, mondados y majados
4 cucharadas de cebolla, finamente picada
1 cucharadita de sal de ajo
1 cucharada de jugo de limón verde, fresco
½ cucharadita de salsa inglesa (*Worcestershire Sauce*)
⅛ cucharadita de polvo de pimienta

1—Combine el queso con los aguacates majados. Añada el resto de los ingredientes y mezcle bien.

2—Sirva como aperitivo, sobre galletitas, etc.

DIP DE QUESOS BLUE CHEESE Y CHEDDAR

½ libra de queso *Blue Cheese*
½ libra de queso de papa (*Cheddar*), rallado ⎱ a temperatura ambiente
¼ libra de mantequilla u oleomargarina
2½ cucharadas de ron
½ cucharadita de salsa inglesa (*Worchestershire Sauce*)

1—Mezcle todos los ingredientes hasta formar una pasta.

2—Vierta en recipiente de cristal o aporcelanado. Tape y coloque en la nevera por varias horas antes de usarlo. Sirva sobre galletitas, o en tajadas finas de pan tostado.

DIP DE CAMARONES

A—1 paquete de 8 onzas de queso crema (*Philadelphia Cream Cheese*), a temperatura ambiente

B—1 lata de 4½ onzas de camarones, escurrida
¼ taza de cebolla ⎱ finamente picados
4 granos de ajo

1—En un tazón, ponga cremoso el queso crema. Agregue los camarones, la cebolla y los ajos. Mezcle bien.

2—Vierta la mezcla en envase cristal o aporcelanado. Tape y coloque en la nevera hasta el momento de servirlo. Acompañe con galletitas, etc.

DIP SABROSO

A—1 paquete de 8 onzas de queso crema (*Philadelphia Cream Cheese*) (a temperatura ambiente)
1 lata de 4 onzas de jamón (*Deviled Ham*)
⅓ taza de *Ketchup*
1 cucharadita de cebolla, rallada

1—Mezcle todo y vierta en recipiente de cristal o aporcelanado. Tape y coloque en la nevera para servirlo frío, acompañado por galletitas, etc.

DIP PARA VEGETALES CRUDOS

A—Salsa:
1 taza de mayonesa
1 taza de crema agria (*Sour Cream*)
3 sobrecitos de 0.6 onza de aderezo italiano (*Italian Salad Dressing Mix*)

B—Vegetales crudos (zanahorias, tallos de apio (*Celery*), repollitos de coliflor, etc.)

1—Mezcle los ingredientes incluidos en A. Vierta la salsa en un recipiente hondo, de cristal o aporcelanado. Tápelo y colóquelo en la nevera hasta el momento de servirlo.

2—Prepare los vegetales crudos como sigue:
Zanahorias bien raspadas, lavadas y cortadas en lonjitas de alrededor de 2 pulgadas de largo.
Tallos de apio (*Celery*), lavados y cortados en lonjitas de alrededor de 2 pulgadas de largo.
Repollitos de coliflor, lavados y cortados en dos, a lo largo.

3—Coloque el recipiente con la salsa en el centro de un platón llano y grande. Distribúyale alrededor los vegetales crudos y sirva en seguida.

DIP DE QUESO CON RON

½ libra de queso de papa (*Cheddar*), rallado
2 granos de ajo, bien picaditos
¼ cucharadita de sal
½ cucharadita de vinagre
2 cucharadas de ron
½ taza de crema agria (*Sour Cream*)

1—En un tazón, mezcle bien todos los ingredientes.

2—Vierta la mezcla en recipiente de cristal, tape y coloque en la nevera.

3—Sirva como aperitivo, acompañado por galletitas, etc.

TACO DIP

A—2 latas de 10½ onzas de *Jalapeño Bean Dip*

B—3 aguacates medianos, maduros (Vea Nota)
2 cucharaditas de jugo de limón verde, fresco
¾ cucharadita de sal
¼ cucharadita de polvo de pimienta

C—8 onzas de crema agria (*Sour Cream*)
1 paquete de *Sasón para Tacos* (*Taco Seasoning Mix*)
¼ taza de mayonesa

D—1 mazo de cebollines (*Chives*), finamente picados

E—2 tomates grandes, sin semillas, finamente picados y escurridos

F—2 latas de 3½ onzas de aceitunas negras, picadas y escurridas

G—1 paquete de 12 onzas de queso de papa (*Cheddar*), rallado en tiritas

H—1 paquete de tortillas mejicanas para entremés

1—Monde los aguacates, remueva las semillas y descártelas. Maje los aguacates en un tazón, añada los ingredientes incluidos en B, mezcle y **reserve**.

2—Aparte, en otro tazón, mezcle los ingredientes incluidos en C y **reserve**.

3—En una bandeja o platón bien grande y llano, esparsa los ingredientes, **uno a la vez,** en el órden arriba listado (desde la A hasta la G), para que quede una capa fina, **una encima de otra, de cada uno.**

4—Sirva acompañado de tortillas mejicanas de entremés.

Nota: Si desea, puede sustituir los ingredientes incluidos en B por 2 paquetes de *"Guacamole Dip,"* que se encuentran en la parte de nevera del supermercado.

ENTREMES DE PIÑA

A—2 paquetes de 8 onzas de queso crema (*Philadelphia Cream Cheese*) (a temperatura ambiente)
1 lata de 15½ onzas de piña triturada (*Crushed Pineapple*), **bien escurrida**
¼ taza de cebolla, finamente picada
⅓ taza de pimiento verde, sin semillas, finamente picado
⅛ cucharadita de sal

1—En un tazón, ponga cremoso el queso.

2—Vierta en el tazón el resto de los ingredientes incluidos en A y mezcle. Coloque en la nevera por varias horas.

3— Sirva como aperitivo, con galletitas, etc.

ROLLO DE QUESO Y JAMON

A—1 paquete de 8 onzas ⎱ de queso crema
　　　y　　　　　　　⎰ (*Philadelphia Cream Cheese*),
1 paquete de 3 onzas ⎰ a temperatura ambiente

B—1 lata de 12 onzas de jamonilla (*Luncheon Meat*)
  1 cebolla grande
  4 pepinillos dulces (*Sweet Pickles*) } finamente picados
  ½ cucharadita de sal de ajo

C—Polvo de galleta (para espolvorear)

1—En un tazón, bata el queso hasta quedar cremoso. Añada los ingredientes incluidos en B y mezcle.

2—Coloque la mezcla en el congelador (*Freezer*) hasta que endurezca a tomar consistencia manejable.

3—Saque la mezcla del congelador y déle forma de rollo. Espolvorée ligeramente con polvo de galleta, para que mantenga su forma. Coloque en la nevera hasta el momento de usarlo.

4—Sirva como aperitivo, acompañado por galletitas, etc.

BOLA DE MANI

A—1 paquete de 8 onzas de queso crema (*Philadelphia Cream Cheese*) (a temperatura ambiente)
  1 lata de 12 onzas de jamonilla (*Luncheon Meat*)
  1 cebolla pequeña, molida
  1 cucharada de mayonesa
  1 cucharadita de mostaza
  ½ cucharadita salsa inglesa (*Worcestershire Sauce*)

B—1 lata de 6½ onzas de maní

1—Bata en la licuadora eléctrica, o en el procesador eléctrico, los ingredientes incluidos en A y vierta en recipiente de cristal o aporcelanado. Coloque en el congelador (*Freezer*) hasta que endurezca a tomar consistencia para poder darle forma de bola.

2—Saque la masa del congelador y forme una bola.

3—Muela el maní. *"Envuelva"* la bola en el maní y coloque en la nevera para servirlo frío, acompañado por galletitas, etc.

MOUSSE DE HIGADO

A—1 lata de 14½ onzas de caldo de pollo (*Chicken Broth*)
 2 sobrecitos de gelatina, sin sabor

B—1 paquete de 8 onzas de queso crema (*Philadelphia Cream Cheese*) (a temperatura ambiente)
 1 rollo de 8 onzas de embutido de hígado (*Liver Sausage*)
 1 cebolla mediana ⎫ finamente
 1 pimiento verde, sin semillas ⎭ picados

C—2 cucharadas de Brandy

1—Vierta el caldo de pollo en una cacerola. Póngalo a *fuego alto* hasta hervir y retire del fuego. Riéguele encima la gelatina y mezcle, hasta que la gelatina se disuelva **totalmente**.

2—Licúe en una licuadora eléctrica o procesador eléctrico, junto con los ingredientes incluidos en B. Retire de la licuadora o procesador, añada el Brandy y mezcle.

3—Vierta en un molde de cristal o aporcelanado, engrasado con oleomargarina, y coloque en la nevera hasta cuajar.

4—Voltée al *mousse* sobre un platón llano y sirva como aperitivo, acompañado con galletitas, etc.

MOUSSE DE ATUN

A—2 sobres de gelatina, sin sabor
 ½ taza de agua

B—1 lata de 7 onzas de atún, bien escurrida
 ½ taza de mayonesa
 1 cebolla mediana ⎫ finamente
 1 pimiento verde, sin semillas ⎭ picados

C—1 lata de 10¾ onzas de sopa de setas (*Cream of Mushroom Soup*), sin diluir
    1 paquete de 8 onzas de queso crema (*Philadelphia Cream Cheese*) (a temperatura ambiente)

1—Disuelva bien la gelatina en el agua. En un tazón, combine los ingredientes incluidos en B. Agregue la gelatina disuelta y mezcle.

2—En una cacerola, caliente la sopa de setas, **sin que hierva.** Retire del fuego, agregue el queso y mezcle. Vierta en el tazón y mezcle todo bien.

3—Engrase un molde de cristal o aporcelanado. Vierta la mezcla en el molde y coloque en la nevera de un día para otro, para que cuaje bien.

4—Voltée el *mousse* sobre platón llano y sirva como aperitivo, acompañado por galletitas, etc.

PATE DE HIGADOS DE POLLO

A—½ libra de hígados de pollo, limpios de pellejos
    ¼ taza de Jerez
    1 cebolla, cortada en 4 pedazos
    2 granos de ajo, grandes
    4 ramitas de perejil, lavado, escurrido y bien picadito
    ½ cucharadita de sal
    2 hojas de laurel

B—2 onzas (4 cucharadas) de mantequilla (a temperatura ambiente)
    1½ onza (3 cucharadas) de Brandy

1—En una sartén, combine los ingredientes incluidos en A y cueza, a *fuego moderado*, por *15 minutos.*

2—Remueva y descarte las hojas de laurel. Vierta la mezcla en una licuadora eléctrica.

3—Agregue la mantequilla y el Brandy. Licúe hasta que todo una.

4—Vierta en envase de cristal, tape y coloque en la nevera. Sirva con galletitas.

ENTREMES DE CAMARONES

A—1 paquete de 8 onzas de queso crema (*Philadelphia Cream Cheese*) (a temperatura ambiente)
   2 cucharadas de *Ketchup*
   2 cucharadas de cebolla, picada
   1 cucharadita de mostaza
   1 cucharadita de salsa inglesa (*Worcestershire Sauce*)
   ¼ cucharadita de sal de ajo

B—1 lata de 4½ onzas de camarones, medianos

1—En un tazón, ponga cremoso el queso crema. Añada el resto de los ingredientes incluidos en A y mezcle.

2—Aparte, **escurra bien** los camarones y tritúrelos con un tenedor o en un procesador de alimentos.

3—Agregue los camarones al tazón y mezcle. Vierta en recipiente de cristal o aporcelanado. Tape y coloque en la nevera. Sirva acompañado con galletitas.

PASTA DE HIGADO DE GANSO

A—4 lonjas de tocineta

B—1 lata de 8 onzas de hígado de ganso (*Pâté de Foie*)
   2 cucharadas de cebollines, lavados y picaditos
   1 cucharada de ron
   3 cucharadas de mantequilla (a temperatura ambiente)

1—Dore la tocineta, sáquela y escúrrala. Déjela enfriar **ligeramente** y desborónela. Mezcle con los ingredientes incluidos en B.

2—Vierta la mezcla en recipiente de cristal, tape y coloque en la nevera. Sirva como aperitivo, acompañado con galletitas.

"HOT DOGS" SUCULENTOS

A—2 paquetes de 1 libra de *"Hot Dogs" (Beef Franks)*

B—1 frasco de 10 onzas de jalea de guayaba
1 frasco de 6 onzas de mostaza

1—En un calderito, dore **ligeramente** los *"hot dogs"* que previamente a cortado en ruedas de 1 pulgada.

2—Aparte, ponga la jalea de guayaba a derretir a *fuego bajo.* Añádale la mostaza y mezcle.

3—Agregue los *"hot dogs," envuelva* en la salsa y retire del fuego. Deje refrescar y vierta en envase de cristal y coloque en la nevera. Caliente al servir como aperitivo, pinchándolos con palillos.

BOLITAS DE QUESO PARMESANO

A—2 tazas de queso *Parmesano,* rallado
4 cucharadas de harina de trigo
6 huevos, desbaratados, **sin batirlos**

B—Abundante manteca o aceite vegetal (para freir)

1—En un tazón, mezcle el queso con la harina de trigo. Agregue los huevos, **mezcle bien,** tape y coloque en el congelador (*Freezer*) a tomar consistencia para formar bolitas.

2—Coja la mezcla por cucharaditas y déle forma de bolitas con la palma de las manos. Coloque en la nevera hasta el momento de freir.

3—Fría las bolitas, **gradualmente,** a *350°F* en caldero o *"Deep Fryer"* alrededor de 7 *minutos* o hasta dorar. Escúrralas sobre papel absorbente y sirva en seguida.

MOLLEJAS DE POLLO EN VINO

A—2 libras de mollejas de pollo
8 tazas de agua
4 granos de pimienta
1 cubito de caldo de pollo concentrado

B—¼ libra de oleomargarina
1 cebolla
3 granos de ajo   } picaditos
1 cubito de caldo de pollo concentrado
2 cucharadas de sofrito
6 aceitunas rellenas con pimientos morrones
1 cucharada de alcaparritas
¼ cucharadita de orégano seco
4 hojas de laurel
½ taza de vino blanco

1—En una olla tapada, **ablande bien** las mollejas con el resto de los ingredientes incluidos en A. (Use *fuego alto* hasta hervir y reduzca a *moderado.*) Escurra y **reserve ½ taza** del líquido. Divida las mollejas en dos. Remueva y descarte las membranas.

2—En una cacerola, derrita la oleomargarina a *fuego bajo* y sofría la cebolla y los ajos. Agregue el resto de los ingredientes incluidos en B. Añada las mollejas y la ½ taza del líquido reservado. Mezcle y ponga a *fuego alto* hasta hervir. Reduzca el fuego a *moderado* y mezcle **ocasionalmente** por *15 minutos.* Sirva caliente sobre galletitas.

MOJITO PARA APERITIVOS

2 cucharadas de *Sofrito* (página 11)
½ taza de *Ketchup*
2 cucharadas de vino tinto
1 cucharada de jugo de limón fresco
1 cucharadita de orégano seco
Gotas de *Tabasco* (opcional)

1—Mezcle bien todos los ingredientes y sirva sobre Arañitas de Plátano (página 312), Tostones de Plátano o de Panapén, etc.

BOLITAS DE QUESO I

A—1 libra de queso suizo, rallado
½ cucharadita de sal
4 cucharadas de harina de trigo
1 cucharada de polvo de hornear (*Baking Powder*)

B—4 huevos

C—Abundante manteca o aceite vegetal (para freír)

1—En un tazón, combine los ingredientes incluidos en A.

2—Agregue los huevos, **uno a uno**, y mezcle bien. Tape el tazón y coloque en el congelador (*Freezer*) hasta tomar consistencia para formar bolitas con la palma de las manos.

3—Caliente la grasa en un caldero, o "*Deep Fryer*" (*Termómetro de Freír—350°F.*) y fría las bolitas hasta dorar. Sáquelas y escúrralas sobre papel absorbente.

BOLITAS DE QUESO II

A—1½ taza de queso de bola holandés (*Edam*), rallado
1 cucharada de harina de trigo
1 grano de ajo, molido

B—3 claras de huevo

C—½ taza de polvo de pan o de galleta

D—Abundante manteca o aceite vegetal (para freír)

1—En un tazón, combine el queso con el resto de los ingredientes incluidos en A.

2—Bata las claras a "*punto de nieve*" y añádalas al tazón. Mezcle, tape y coloque en el congelador (*Freezer*) a tomar consistencia para formar bolitas.

3—Saque la masa del congelador y forme bolitas con la palma de las manos. "*Envuélvalas*" en el polvo de galleta y déjelas en la nevera hasta el momento de freírlas.

4—Fría en abundante grasa, hasta dorarlas (*Termómetro de Freir—350°F.*).

5—Escúrralas sobre papel absorbente y sírvalas en seguida.

SURULLITOS SABROSOS

(50 Surullitos)

A—1 lata de 1 libra de maíz en grano (*Whole Kernel Corn*) sin escurrir
1 taza de agua
1¼ cucharadita de sal

B—1½ taza de harina de maíz

C—1 onza (2 cucharadas) de mantequilla u oleomargarina

D—½ taza de queso *Parmesano*, rallado

E—Abundante manteca o aceite vegetal (para freir)

1—En una licuadora eléctrica, licúe el contenido de la lata de maíz con el agua y la sal incluida en A. Vierta en una cacerola y ponga a *fuego alto* hasta hervir.

2—**Inmediatamente,** reduzca el fuego a *moderado* y añada la harina de maíz, **toda de una vez.**

3—Mezcle **rápidamente,** con cuchara de madera, hasta que la mezcla despegue de la cacerola. (Alrededor de *3 a 4 minutos.*)

4—Añada la mantequilla u oleomargarina y mezcle **únicamente** hasta que una.

5—Retire la cacerola del fuego, añada el queso y mezcle bien.

6—Coja la mezcla por cucharaditas y con la palma de la mano, forme bolitas, que luego aplana para darle forma de surullitos.

7—Fría los surullitos en la grasa caliente (*Termómetro de Freir—350°F.*). Sáquelos, escúrralos sobre papel absorbente y sirva en seguida.

BUÑUELITOS DE ESPECIES

A—2 tazas de harina de trigo
¼ taza de azúcar
1 cucharada de polvo de hornear (*Baking Powder*)
½ cucharadita de sal
1 cucharadita de polvo de canela o polvo de nuez moscada

B—¼ taza de aceite vegetal
¾ taza de leche
1 huevo batido

C—Abundante manteca o aceite vegetal (para freir)

D—Azúcar
Polvo de canela o polvo de nuez } para espolvorear
ınoscada

1—En un tazón, cierna los ingredientes incluidos en A.

2—Añada al tazón los ingredientes incluidos en B y mezcle bien. Tape y deje reposar.

3—Fría la mezcla por cucharaditas en abundante grasa hasta dorarlos (*Termómetro de Freir—350°F.*).

4—Escurra sobre papel absorbente. Mezcle un poco de azúcar con polvo de canela o polvo de nuez moscada y espolvorée **ligeramente** los buñuelitos.

BUÑUELITOS DE HARINA DE MAIZ

A—2 tazas de leche
1½ cucharadita de polvo de hornear (*Baking Powder*)
½ cucharadita de sal
1 taza de harina de maíz

B—½ taza de queso *Parmesano,* rallado
2 huevos

C—Abundante manteca o aceite vegetal (para freir)

1—En una cacerola, caliente la leche. Combine la harina de maíz con el polvo de hornear y la sal. Agréguelo a la cacerola y mezcle **contínuamente**, con cuchara de madera, a *fuego moderado* hasta que la mezcla despegue del fondo y de los lados de la cacerola.

2—Retire del fuego y deje refrescar por 5 *minutos*. Añada el queso y mezcle.

3—Agregue los huevos, **uno a uno**, y mezcle bien. Vierta la mezcla en un tazón, tape y coloque en la nevera hasta el momento de freirla.

4—Fría por cucharaditas en manteca o aceite vegetal (*Termómetro de Freir—350°F.*), hasta dorarlas.

5—Escurra en papel absorbente y sirva en seguida.

SURULLOS DE MAIZ
(8 Surullos)

A—1½ taza de harina de maíz
1 taza de agua
1 cubito de caldo concentrado de carne o de pollo
1 onza (2 cucharadas) de mantequilla

B—1 huevo
¼ taza de queso *Parmesano*, rallado

C—¼ libra de queso de bola holandés (**Edam**), cortado en lonjas

D—Abundante manteca o aceite vegetal (para freir)

1—En una cacerola, mezcle a *fuego moderado*, con cuchara de madera, los ingredientes incluidos en A hasta que la masa despegue de la cacerola y forme una bola. Retire del fuego, añada el huevo y mezcle **rápidamente**. Agregue el queso *Parmesano* rallado y mezcle bien.

2—Divida la masa en 8 porciones. Coloque una porción sobre papel parafinado y extiéndala, formando un rectángulo de alrededor de 6″ x 3″. Coloque en el centro una lonja de queso y enrolle la masa alrededor, dándole forma de un tabaco. Proceda con el resto de la masa en la misma forma.

3—Caliente la grasa (*Termómetro de Freir*—*350°F.*) y fría los surullos hasta dorar. Escúrralos sobre papel absorbente y sirva en seguida.

BUÑUELITOS DE YAUTIA

A—2 libras de yautías blancas
½ cucharadita de sal
1 cucharadita de polvo de hornear (*Baking Powder*)

B—¼ taza de queso *Parmesano*, rallado

C—Abundante aceite vegetal o manteca (para freir)

1—Lave las yautías, móndelas y lávelas de nuevo. Séquelas bien y rállelas. Añada la sal y el polvo de hornear. Mezcle bien.

2—Agregue el queso *Parmesano* rallado y mezcle.

3—Caliente la grasa en un caldero o *"Deep Fryer"* (*Termómetro de Freir*—*350°F.*). Coja la mezcla por cucharaditas y fría hasta dorar. Saque y escurra sobre papel absorbente.

HUEVOS RELLENOS CON TOCINETA

A—12 huevos duros

B—3 lonjas de tocineta

C—1 cucharadita de sal
¼ cucharadita de polvo de pimienta

1—Divida los huevos en dos mitades, a lo largo. Remueva las yemas y májelas.

2—En una sartén, dore la tocineta a *fuego bajo*, hasta que rinda su grasa. Remueva la tocineta, escúrrala en papel absorbente, déjela refrescar y desbarónela. **Reserve** la grasa para otro uso.

3—Mezcle las yemas con la tocineta desboronada y los ingredientes incluidos en C. Rellene las mitades de los huevos con la mezcla. Sirva como aperitivo.

CHICHARRONCITOS DE POLLO

A—3 libras de presas de pollo
Adobo:
2 granos de pimienta
4 granos de ajo
1 cucharadita de orégano seco
1¾ cucharaditas de sal
1 cucharadita de aceite de oliva
2 cucharaditas de jugo de limón
verde, fresco

} muela y mezcle en el mortero

B—2 tazas de harina de trigo
1 cucharadita de sal
¼ cucharadita de polvo de pimienta

C—Abundante manteca o aceite vegetal (para freir)

1—Corte las presas de pollo en trocitos de alrededor de 1½ pulgada. Lávelas, a la vez que les remueve cualquier pedacito de hueso suelto o astillitas que puedan quedar al cortarlas. Séquelas.

2—Adobe con anticipación los trocitos de pollo y resérvelos en la nevera.

3—En el momento de freirlos, en un caldero o *Deep-Fryer*, ponga a calentar la grasa (*Termómetro de Freir—400°F.*).

4—En un saquito de papel, combine los ingredientes incluidos en B. Vaya enchando **gradualmente** las presas y mueva **vigorosamente** el saquito para que se impregnen bien de la harina. Saque las presas del saquito, usando preferiblemente una cuchara con hoyos, para escurrir el excedente de harina. Ponga a freir las presas que cómodamente quepan. Fría hasta dorarlas **ligeramente,** separándolas para que no se peguen (alrededor de *3 minutos*). Sáquelas bien escurridas y colóquelas sobre papel absorbente, en lo que fríe el resto de las presas del mismo modo.

5—Reduzca el fuego a bajo (*Termómetro de Freir—300°F.*) y agregue las presas que cómodamente quepan, *tape* y fría por *10 minutos*. Sáquelas y escúrralas sobre papel absorbente. Continúe friendo el resto de las presas de igual modo.

6—Ponga el *fuego alto (Termómetro de Freir—400°F.).* Agregue de nuevo presas que cómodamente quepan y fría, *destapado,* virando las presas según fuere necesario, hasta que doren bien, como chicharroncitos, pero sin quemarse. Sáquelas y escúrralas sobre papel absorbente. Continúe friendo el resto de las presas de igual modo. Sirva en seguida.

CANOITAS DE ESPARRAGOS

A—1 libra de pan de emparedados (*Sandwich*)
Mayonesa (para untarle al pan)

B—2 latas de 10½ onzas de puntas de espárragos verdes (*Green Asparagus Tips*)

C—2 cucharaditas de queso *Parmesano* rallado, para cada tajada de pan

D—2 onza (4 cucharadas) de mantequilla, derretida

1—Encienda el horno a *375°F., 10 minutos* antes de usarlo.

2—Quite la corteza al pan. Pásele un rodillo, 3 o 4 veces a cada tajada, hasta ponerla fina.

3—Unte cada tajada levemente con mayonesa.

4—Coloque en el centro de cada tajada 2 espárragos en forma diagonal, **uno al lado del otro,** y con las puntas en direcciones opuestas. Espolvorée 2 cucharaditas de queso *Parmesano* rallado sobre los espárragos.

5—Cubra los espárragos, levantando las puntas de la tajada del lado izquierdo de abajo y del lado derecho de arriba, y pinchándolos con un palillo, para formar una canoita. Con una brochita, pinte levemente la superficie del pan con la mantequilla derretida.

6—Coloque las canoitas en lámina de aluminio (*Aluminum Sheet*) y hornée alrededor de *10 a 15 minutos,* o hasta que doren atractivamente. Remueva los palillos y sirva en seguida.

APERITIVO DE CAMARONES AL AJILLO

A—2 libras de colas de camarones (de 26 a 30 **por libra**), con su carapacho
2 litros (8 tazas) de agua
4 cucharadas de sal

B—**Salsa:**
¼ taza de aceite de oliva
¼ libra de mantequilla
9 granos de ajos grandes, muy finamente picados
½ cucharadita de sal
2 cucharadas de perejil fresco, finamente picado (vea página 29)
Pizca de polvo de pimienta blanca (opcional)
¼ taza de vino blanco

1—Si las colas de los camarones están congeladas, descongélelas en la nevera con anticipación. Lávelas y séquelas con papel absorbente.

2—En una olla, combine el agua y la sal incluidos en A. Ponga el *fuego alto* hasta hervir a borbotones. Agregue los camarones, tape y tan pronto vuelva a hervir a borbotones (alrededor de *3 minutos*), retire la olla del fuego y escurra los camarones. Remuévales y descarte el carapacho y la vena (vea página 29). Corte los camarones en dos y viértalos en molde de cristal. Tápelos y **reserve** en la nevera.

3—En una sartén grande, caliente a *fuego bajo* el aceite de oliva y la mantequilla hasta derretirla. Agregue el resto de los ingredientes incluidos en B, **menos el vino,** y mezcle ocasionalmente a *fuego bajo* por *15 minutos.* Añada el vino y mezcle. Agregue los camarones **solo** hasta calentarlos. Vierta en recipiente de cristal y reserve en la nevera, tapados. Al servirlos, retire de la nevera anticipadamente para que estén a temperatura ambiente. Sirva para pinchar con palillos.

ENTREMES DE ALBONDIGUITAS

Albondiguitas:

A—3 libras de carne de masa de res, molida
  ½ cucharadita de sal de ajo (*Garlic Salt*)
  ½ cucharadita de sal de cebolla (*Onion Salt*)
  1 cucharadita de sal
  ¼ taza de polvo de pan o de galleta
  1 huevo

B—Mantequilla (para freir)

1—En un tazón, combine y mezcle bien los ingredientes incluidos en A. Coja la mezcla por cucharaditas y forme bolitas del tamaño de avellanas pequeñas.

2—Fría las bolitas en mantequilla a *fuego moderado-alto* hasta dorarlas, sin quemarlas.

Salsa:

A—½ taza de aceite de oliva
  5 granos de ajo, machacados

B—2 cebollas grandes, picaditas

C—1 botella de 32 onzas de *Ketchup*
1½ cucharadita de salsa inglesa (*Worcestershire Sauce*)

1—En un caldero, caliente el aceite a *fuego moderado.* Añada
los ajos y sofría hasta que doren, sin quemarse. Saque y
descarte los ajos.

2—Añada la cebolla al caldero y amortígüela a *fuego bajo.*

3—Agregue los ingredientes incluidos en C y mezcle. Caliente
a *fuego moderado* hasta que hierva.

4—Añada las albondiguitas, mezcle y de un hervor. Sirva caliente.

Nota: Puede substituir las albondiguitas con 2 paquetes de 1 libra de "*Hot
Dogs*" (*Beef Franks*), cortados en ruedas de alrededor de 1". Añádalas
a la salsa, mezcle y de un hervor.

CHILI CON CARNE
(8 a 10 raciones)

A—1 sobre de 1¾ onzas de mezcla de chili (*Chili Seasoning
Mix*)
3 cucharadas de *Sofrito* (Vea recetas en páginas 11–13)
1 lata de 8 onzas de salsa de tomate
1 lata de 16 onzas de tomates al natural (*Whole Peeled
Tomatoes*), con su líquido incluido y los tomates partidos
en pedazos
1 lata de 16 onzas de habichuelas coloradas, hervidas en
agua y sal, sin escurrir

B—1 cucharada de aceite vegetal
1 libra de carne de masa de res, molida
1 cucharadita de adobo comercial en polvo

C—*Tabasco* (opcional)

1—En un tazón, combine los ingredientes incluidos en A y
reserve.

2—En una sartén grande, ponga a calentar el aceite. Agregue la carne y espolvoréela con el adobo. Mezcle **rápidamente** a *fuego moderado-alto,* hasta que la carne pierda el color rojizo.

3—En seguida, agregue los ingredientes del tazón, mezcle, tape y cueza a *fuego moderado* por *10 minutos.* Sirva como aperitivo, con galletitas, etc.

Nota: Para sabor picante, añada a la mezcla gotas de *Tabasco* a gusto.

ANTIPASTO

A—½ taza de aceite de oliva
2 cebollas grandes
2 pimientos verdes, sin semillas $\Big\}$ finamente picados

B—1 lata de 8 onzas de salsa de tomate
3 latas de 8 onzas de zanahorias en cuadritos, escurridas
1 frasco de 32 onzas de *Ketchup (Family Size)*
1 cucharadita de vinagre
1 cucharadita de salsa inglesa *(Worcestershire Sauce)*
1 cucharadadita de sal de ajo
1 hoja de laurel
2 latas de 4 onzas de setas en lonjas *(Sliced Mushrooms),* escurridas
4 pepinillos dulces *(Sweet Pickles)* grandes, picaditos
4 latas de 6½ onzas de atún blanco en aceite, escurridas

1—En una sartén grande, vierta el aceite de oliva y amortigüe el resto de los ingredientes incluidos en A a *fuego bajo* por *10 minutos.*

2—Añada los ingredientes incluidos en B. Mezcle y cueza por *15 minutos.*

3—Deje enfriar, vierta en frasco de cristal o aporcelanado, tape bien y coloque en la nevera hasta el momento de servirlo como aperitivo, acompañado por galletitas, etc.

GUINEOS VERDES EN ESCABECHE

A—Salsa Escabeche
    2 tazas de aceite de oliva
    1 taza de vinagre
    12 granos de pimienta
    ½ cucharadita de sal
    2 hojas de laurel
    1½ libra de cebollas, cortadas en medias ruedas
    2 granos de ajo grandes, finamente picados

B—10 guineos verdes
    Agua, para cubrirlos (Vea Instrucción 2)

C—8 tazas de agua
    2 cucharadas de sal

1—En un caldero, prepare la salsa, combinando los ingredientes incluidos en A. Cueza a *fuego bajo* por *1 hora.* Retire del fuego y deje enfriar **totalmente.**

2—Corte las puntas de los guineos y déles un corte, a lo largo, a cada lado, que solamente divida la cáscara. **No los monde.** En una olla, ponga a hervir agua suficiente para cubrir los guineos. Al hervir, agregue los guineos y deje hervir tapado, a *fuego bajo,* por *15 minutos.* Escúrralos y móndelos.

3—En una olla, ponga a *fuego alto* el agua y la sal incluida en C. Al hervir, añada los guineos mondados, tape, y cueza a *fuego bajo* por *10 minutos.* Añada a la olla 1 taza de agua fría y continúe cociendo por *5 minutos* más. Escurra y deje refrescar los guineos.

4—Corte los guineos en ruedas de alrededor de 1 pulgada. Póngalos en un recipiente de cristal o aporcelanado, alternándolos con la salsa escabeche.

5—Tápelos y déjelos en la nevera por lo menos *24 horas,* para que absorban el gusto de la salsa. Sáquelos de la nevera una hora antes de servirlos.

PIZZITAS JIBARAS "LUISITO"

A—1 libra de pan francés (de agua)

b—½ taza de aceite de oliva
¼ cucharadita de sal
8 granos de ajo grandes, muy bien molidos

C—1 taza de salsa para pizza (*Pizza Sauce*)

D—2 paquetes de 4 onzas de queso *Mozzarella*, rallado (Si no lo consigue rallado, use un queso *Mozzarella* entero, de 8 onzas y rállelo en tiritas)

E—½ taza de queso *Parmesano*, rallado

1—Encienda el horno a *375°F., 10 minutos* antes de usarlo. Cubra con papel de aluminio una lámina de aluminio (*Aluminum Sheet*).

2—Corte el pan en 2 pedazos. Divida cada pedazo en dos, a lo largo.

3—Combine los ingredientes incluidos en B y mezcle. Usando una cucharita, riegue la mezcla sobre los panes.

4—Distribúyales encima la salsa para pizza.

5—Riéguele encima el queso *Mozzarella* rallado.

6—Cúbralos con el queso *Parmesano* rallado.

7—Coloque los panes en la lámina de aluminio y hornée por *12 minutos*. (Si no va a servirlos todos de una vez, hornée **gradualmente**, según se requiera.)

8—Saque los panes y córtelos en tajadas de alrededor de 1 pulgada. (El cortarlo se facilita clavando un tenedor en el pan y cortando al lado de éste con un cuchillo para emparedados.) Coloque las tajadas en un platón y sirva inmediatamente como aperitivo.

PIZZITAS SABROSAS

A—¼ libra de oleomargarina (a temperatura ambiente)
  ½ cucharadita de orégano seco
  ½ taza de crema agria (*Sour Cream*)
  2 cucharadas de mostaza
  1 cucharada de cebolla, finamente picada
  1 taza de zanahoria, lavada, raspada y rallada

B—1 libra de pan francés (de agua)

1—Encienda el horno a *400°F.*, *10 minutos* antes de usarlo.

2—En un tazón, combine los ingredientes incluidos en A.

3—Divida el pan en dos pedazos. Corte cada pedazo en tajadas de alrededor de 1 pulgada, que queden unidas por abajo.

4—Cubra **totalmente** cada lado de las tajadas de pan con la mezcla.

5—Coloque los 2 pedazos de pan en una lámina de aluminio (*Aluminum Sheet*) y hornée alrededor de *10 a 12 minutos.* Retire del horno y sirva las tajadas cortadas individualmente. (Si no va a servir los 2 pedazos de pan a la vez, hornéelos según los requiera.)

PIZZITAS DE ENTREMES
(72 Pizzitas)

A—1½ libra de pan de emparedados (*Sandwich*)
  1 frasco de 15½ onzas de salsa para pizza (*Pizza Sauce*)
  ½ taza de cebolla, finamente picada
  12 lascas de queso americano, tamaño 3¼" x 3½"
  ½ libra de lonjas de tocineta

1—Encienda el horno a *375°F.*, *10 minutos* antes de usarlo. Cubra con papel de aluminio dos láminas de aluminio (*Aluminum Sheets*).

2—Quite la corteza al pan y divida cada tajada en 4 pedazos. Distribuya los pedazos de pan sobre las dos láminas de aluminio.

3—Vierta y esparza sobre cada pedazo de pan ½ cucharadita de la salsa para pizza. (**Reserve** el sobrante para otros usos.)

4—Riegue encima ¼ cucharadita de la cebolla picadita.

5—Corte cada lasca de queso en 4 pedazos. Corte cada lonja de tocineta en pedazos del mismo tamaño en que cortó el queso.

6—Coloque sobre cada *"pizzita"* un pedazo de queso y cubra con un pedazo de tocineta.

7—Hornée alrededor de *10 minutos,* o hasta que la tocineta se dore.

MACAROONS DE AVENA

(Alrededor de 75 a 80)

A—½ taza de manteca vegetal, bien fría
½ cucharadita de sal
1 cucharadita de polvo de canela
1 cucharadita de vainilla
1 cucharada de melao
1 taza de azúcar negra (presionándola al medirla)
1 huevo grande

B—1 taza de harina de trigo
¾ cucharadita de soda de hornear (*Baking Soda*)

C—1 taza de avena instantánea

1—Encienda el horno a *350°F., 10 minutos* antes de usarlo. Engrase muy ligeramente con manteca vegetal dos láminas de aluminio (*Aluminum Sheet*).

2—En un tazón, combine y mezcle los ingredientes incluidos en A.

3—Cierna junto la harina de trigo con la soda de hornear. Añádalos al tazón y mezcle.

4—Agregue la taza de avena y mezcle todo bien. Con la punta de una cucharita, coja un poco de la mezcla, póngala en las manos y con la palma de las manos forme una bolita de alrededor de ¾ pulgadas de diámetro.

5—Coloque la bolita sobre una lámina de aluminio y proceda del mismo modo hasta haber llenado la lámina con bolitas, a una distancia de 1 pulgada entre una y otra. Colóquelas en hileras de más o menos 5 bolitas a lo ancho y 8 bolitas a lo largo.

6—Hornée alrededor de *10 a 15 minutos*, hasta quedar doradas atractivas. Mientras se hornean, proceda a llenar la otra lámina de aluminio del mismo modo y siga Instrucciones 6, 7 y 8.

7—Saque la lámina del horno y déjela reposar sobre una rejilla de aluminio (*Wire-Rack*) por *10 minutos*.

8—Remueva los *Macaroons* con una espátula de aluminio y póngalos en una fuente llana, con la parte de **abajo** en que se hornearon hacia **arriba**. Déjelos refrescar alrededor de *10 a 15 minutos*. Vírelos de nuevo y sírvalos en platón llano.

Nota: Si no va a servirlos de inmediato, déjelos enfriar totalmente. En seguida, colóquelos en una lata, o en un envase de cristal que tenga tapa que cierre firmemente, para que se conserven tostaditos.

BARRITAS DE DATILES

A—1 caja de 8 onzas de dátiles, sin semillas
⅓ taza de harina de trigo (para envolver los dátiles)

B—½ taza de harina de trigo
½ cucharadita de polvo de hornear (*Baking Powder*)
¼ cucharadita de sal

C—2 huevos
¾ taza de azúcar negra (presionándola al medirla)
1 cucharadita de vainilla
2 cucharaditas de mantequilla u oleomargarina (a temperatura ambiente)

D—Azúcar pulverizada 10X (para espolvorear)

1—Encienda el horno a *325°F.*, *10 minutos* antes de usarlo. Engrase con oleomargarina y enharine un molde de aluminio cuadrado, tamaño 9 pulgadas.

2—Corte los dátiles en trocitos y *"envuélvalos"* en la harina incluida en A. Póngalos en un colador para que descarten el exceso de harina.

3—Cierna los ingredientes incluidos en B.

4—En un tazón, bata bien los huevos. Añádale el azúcar y la vainilla y mezcle.

5—Agregue los ingredientes cernidos y mezcle.

6—Añada los dátiles, mezcle todo y vierta en el molde. Con un tenedor, separe los trocitos de dátiles en la mezcla para que queden bien distribuidos.

7—Hornée por *30 minutos,* o hasta dorarse. Saque el molde del horno y déjelo reposar por *5 minutos.* Corte en barritas de 1½ pulgada de largo por 3 pulgadas de ancho. Sáquelas del molde, espolvoréelas con azúcar pulverizada y sirva en platón llano.

GALLETITAS DE CHOCOLATE

A—1 paquete de 12 onzas de trocitos de chocholate (*Chocolate Bits*)
1 taza de azúcar

B—4 claras de huevos
⅛ cucharadita de sal
⅛ cucharadita de cremor tártaro (*Cream of Tartar*)

C—4 onzas de trocitos de chocolate (*Chocolate Bits*)

1—Derrita los trocitos de chocolate incluidos en A a *"Baño de María."* Retírelos del fuego, añádale el azúcar y mezcle.

2—En un tazón, bata las claras con la sal y el cremor tártaro.

3—Con una espátula de goma, *"envuelva"* el chocolate derretido en las claras batidas. Añada las 4 onzas de trocitos de chocolate incluidos en C y mezcle. Tape la mezcla y coloque en la nevera por *1 hora.*

4—Encienda el horno a *350°F., 10 minutos* antes de usarlo. Con una cucharita, coloque montoncitos de la mezcla sobre una lámina de aluminio (*Aluminum Sheet*), engrasado. Hornée por *15 minutos,* o hasta que doren.

5—Saque la lámina de aluminio del horno y déjela reposar sobre una rejilla de aluminio (*Wire-Rack*) por *10 minutos.*

6—Remueva las galletitas y déjelas refrescar **boca-arriba** alrededor de *10 a 15 minutos.*

Nota: Si no va a servirlas en seguida, colóquelas en una lata, o en un envase de cristal que tenga tapa firme, para que se conserven tostaditas.

GALLETITAS SIRIAS

(*Grabie*)

A—½ libra de mantequilla (a temperatura ambiente)
1 taza de azúcar pulverizada 10X
2 tazas de harina de trigo

1—En un tazón, ponga cremosa la mantequilla. Agregue el azúcar y mezcle. Combine con la harina de trigo y mezcle bien.

2—Coloque la masa sobre una tabla o mármol, levemente enharinado, y extienda con un rodillo hasta estirar a ¼" de espesor. Corte la masa con moldecitos en distintas formas y figuras hasta obtener de 3 a 4 docenas de galletitas.

3—Encienda el horno a *350°F., 10 minutos* antes de usarlo.

4—Coloque las galletitas sobre lámina de aluminio (*Aluminum Sheet*). Decore con nueces, pistachos, grajeas, cerezas, etc.

5—Hornée alrededor de *25 a 30 minutos, hasta dorar.*

6—Retire la lámina del horno y deje enfriar las galletitas en la lámina de aluminio antes de servir.

FIAMBRE DE FIESTA

A—2 libras de carne de masa de res, molida

B—1 sobre de mezcla para sopa de cebolla (*Onion Soup Mix*)
1 taza de polvo de galletas
¼ cucharadita de polvo de ajo
¼ cucharadita de polvo de pimienta
¼ cucharadita de orégano seco
½ cucharadita de sal

C—3 huevos
½ taza de agua
⅓ taza de salsa chili (*Chili Sauce*)

D—1 cucharadita de mostaza
1 cucharadita de salsa inglesa (*Worcestershire Sauce*)
¼ taza de vinagre de vino (*Wine Vinegar*)
⅓ taza de salsa chili (*Chili Sauce*)
¼ taza de azúcar negra (presionándola al medirla)

1—Encienda el horno a *350°F., 10 minutos* antes de usarlo. Engrase con oleomargarina un molde de cristal para hornear, tamaño 13" x 9" x 2".

2—En un tazón grande, coloque la carne molida. Aparte, combine y mezcle, en el orden en que se dan, los ingredientes incluidos en B. Añádalos al tazón y mezcle.

3—Aparte, desbarate los huevos y mézclelos con el agua y la salsa chili. Agréguelos al tazón y mezcle. Amase con las manos para que todo una debidamente.

4—Vierta la carne en el molde y acomódela para cubrir el fondo. Presiónela con la palma de la mano repetidamente hasta quedar bien compacta.

5—En una taza, mezcle, en el orden en que se dan, los ingredientes incluidos en D. Viértalo sobre la carne y extiéndalo para que cubra toda la superficie.

6—Hornée por *45 minutos.* Retire el molde del horno, deje refrescar, tape el molde y colóquelo en la nevera hasta el día siguiente.

7—Sin sacar el fiambre del molde, córtelo en cuadritos para usar como aperitivo, acompañado por galletitas. Tan pronto lo corte, coloque los cuadritos en un platón llano y tápelo bien hasta el momento de servirlo, para evitar que se resequen.

FIAMBRE DE SALMON
(36 tajaditas)

A—2 onzas (4 cucharadas) de mantequilla (a temperatura ambiente)
¼ cucharadita de polvo de nuez moscada
½ cucharadita de sal
2 cucharaditas de azúcar
⅛ cucharadita de polvo de pimienta (opcional)

B—1 lata de 15½ onzas de salmón

C—1 taza de leche
8 galletas de soda

D—4 huevos

1—Encienda el horno a *350°F., 10 minutos* antes de usarlo. Engrase con oleomargarina un molde rectangular de cristal para hornear, tamaño 12″ x 17½″ x 2″.

2—En un tazón, combine la mantequilla con el resto de los ingredientes incluidos en A.

3—Escurra la lata de salmón. Remueva y descarte el pellejo y el espinazo del salmón. Desmenuce el salmón con un tenedor, agréguelo al tazón y mezcle.

4—En una taza de medir grande, vierta la leche y desmenúcele encima las galletas, rompiéndolas con las manos para que caigan en pedazos. Empújelas hacia abajo, para que se empapen bien con la leche. Añádalo al tazón y mezcle.

5—Aparte, bata los huevos y *"envuélvalos"* en la mezcla. Vierta en el molde y hornée alrededor de 45 minutos.

6—Retire el molde del horno, déjelo refrescar y colóquelo en la nevera. Cuando esté totalmente frío, sin sacarlo del molde, déle 5 cortes a lo largo y 5 cortes a lo ancho. Remueva las tajaditas con una espátula estrecha y colóquelas en un platón llano. Cúbralo y colóquelo en la nevera, para servirlo como aperitivo.

FIAMBRE DE BERENJENA

(36 cuadritos)

A—2¼ libras de berenjenas
  6 tazas de agua
  1 cucharadita de sal

B—2 onzas (4 cucharadas) de oleomargarina
  ½ cucharadita de polvo de nuez moscada
  1 huevo
  1 taza de queso *Parmesano*, rallado

1—Monde las berenjenas, pártalas en dos, a lo largo y póngalas en una olla a hervir a *fuego alto*, en el agua y la sal incluidos en A. Tan pronto hierva, reduzca el fuego a *moderado*, tape y deje hervir por *20 minutos*.

2—Encienda el horno a *350°F., 10 minutos* antes de usarlo. Engrase con oleomargarina un molde cuadrado de cristal para hornear, tamaño 8″ x 8″ x 2″.

3—Saque las berenjenas, escúrralas muy bien y májelas en un tazón.

4—Agregue al tazón los ingredientes incluidos en B y mezcle.

5—Vierta la mezcla en el molde y con una espátula de goma nivélela. Hornée alrededor de *45 minutos*.

6—Retire el molde del horno y déjelo refrescar. Tape y coloque en la nevera hasta el día siguiente.

7—Sin sacar el fiambre del molde, déle 5 cortes a lo largo y 5 a lo ancho. Remueva los cuadritos con una espátula estrecha y colóquelos en un platón llano. Tápelo bien y métalo· en la nevera hasta el momento de servirlo como aperitivo.

FIAMBRE DE LECHON DE MECHAR

A—1 lechón de mechar, limpio de pellejos y nervios

B—6 granos de ajo

C—1 taza de aceite de oliva
1 taza de Jerez
1 taza de salsa soya (*Soy Sauce*)

1—Pase los ajos por la prensa de ajo y frótelos alrededor de la carne. Coloque en un recipiente hondo, **que no sea de metal.**

2—Aparte, combine los ingredientes incluidos en C y viértalos sobre la carne. Tape el recipiente y déjelo remojar en la nevera de un día para otro.

3—Al día siguiente, encienda el horno a *300°F., 10 minutos* antes de usarlo.

4—Retire el molde de la nevera. Saque la carne y colóquela en un molde de cristal para hornear o aporcelanado. Descarte la salsa. Introduzca en la carne el Termómetro de Carne. Hornée hasta que el termómetro marque *160°F.*, o hasta que la carne quede medianamente cocida.

5—Deje refrescar, corte en tajadas bien finas y sirva como aperitivo, acompañado por panecitos. Adereze a gusto.

EMBUTIDOS DE POLLO DELICIOSOS

(2 embutidos)

A—1 libra de carne deshuesada de pechugas de pollo (álrededor de cuatro pechugas)

B—2 onzas (4 cucharadas) de mantequilla (a temperatura ambiente)
1 lata de 2¾ onzas de hígado de ganso (*Paté de Foie Gras*)
3 huevos, ligeramente batidos
⅓ taza de polvo de pan o de galleta
1¼ cucharadita de sal
⅛ cucharadita de polvo de nuez moscada
Pizca de polvo de pimienta blanca

1—En un tazón, ponga cremosa la mantequilla. Muela la carne de pollo y agregue al tazón, junto con el resto de los ingredientes incluidos en B y mezcle. Divida la mezcla en dos porciones.

2—Coloque cada porción sobre papel encerado (*Wax Paper*) y envuélvala para darle forma de embutido, como un salchichón, de 14 pulgadas de largo, cada uno. Descarte el papel.

3—Envuelva cada embutido en un pedazo de papel para pasteles (*Parchment Paper*). Cúbralos con papel de aluminio grueso (*Heavy Duty Aluminum Foil*) y envuélvalos firmemente. Tuerza bien las orillas y amárrelas alrededor y en los extremos.

4—En un recipiente hondo y rectangular, vierta suficiente agua para cubrir generosamente los dos embutidos. Caliente a *fuego alto* hasta hervir.

5—Agregue los embutidos, tape y hierva por *1½ hora.* (A la mitad del tiempo, voltée los embutidos.)

6—Retírelos del agua, desenvuélvalos, descarte los papeles y deje enfriar los embutidos. Envuelva cada embutido en papel encerado y coloque en la nevera hasta el día siguiente.

7—Desenvuelva los embutidos y córtelos en tajadas finas. Colóquelas en platón llano y tápelo, para evitar que se resequen. Ponga en la nevera hasta el momento de servirlo.

EMBUTIDOS DE CARNE
(4 embutidos)

A—1 libra de carne de masa de res, molida
1 lata de 12 onzas de jamonilla (*Luncheon Meat*)
5 rebanadas de pan de emparedados (*Sandwich*), sin la corteza

B—¼ libra de mantequilla u oleomargarina (a tempertura ambiente)
1½ cucharadita de sal
½ cucharadita de polvo de pimienta
3 huevos grandes
7 onzas de leche evaporada, sin diluir

1—Pase por la máquina de moler los ingredientes incluidos en A.

2—Agregue los ingredientes incluidos en B y mezcle.

3—Divida la mezcla en 4 porciones. Vierta una de las porciones sobre un papel encerado (*Wax Paper*) y envuélvala, para darle forma de embutido, de 12 pulgadas de largo. Transfiéralo a un papel de aluminio grueso (*Heavy Aluminum Foil*) y envuélvalo firmemente. Tuerza bien las orillas y amárrelo alrededor y en los extremos.

4—Proceda del mismo modo con las 3 porciones restantes.

5—Encienda el horno a 350°F., *10 minutos* antes de usarlo.

6—Coloque los embutidos en un molde de aluminio rectangular, grande y hornée por *45 minutos.*

7—Retire el molde del horno, remueva los embutidos y déjelos enfriar. Desenvuélvalos y envuelva cada uno en papel encerado (*Wax Paper*). Colóquelos en la nevera hasta el día siguiente.

8—Desenvuelva los embutidos y córtelos en tajadas finas. Distribúyalas en platones llanos y tápelas, para evitar que se resequen. Coloque en la nevera hasta el momento de servir. Acompañe con galletitas, etc.

Nota: Si no va a servir todos los embutidos a la vez, córtelos según los requiera.

BUTIFARRON PARA FIESTA

A—¼ taza de leche
½ cucharadita de orégano seco
2¼ cucharaditas de sal
¼ cucharadita de polvo de nuez moscada
3 huevos
2 cucharadas de *Ketchup*
1 onza (2 cucharadas) de mantequilla u oleomargarina

B—1 cebolla, partida en cuatro
1 pimiento verde, sin semillas, partido en cuatro
4 ajíes dulces, sin semillas
3 granos de ajo

C—1 rollo de 4 onzas de embutido de hígado (*Liver Sausage*)
3 rebanadas de pan de emparedados (*Sandwich*), desboronadas

D—1¾ libra de carne de res, molida
3 lonjas de tocineta

E—Pepinillos dulces (*Sweet Pickles*),
cortados en lonjitas
1 huevo duro, partido en cuatro
1 tomate, partido en dos
Ramitas de perejil, lavadas y escurridas
} para decorar

1—Encienda el horno a *350°F., 10 minutos* antes de usarlo. Engrase un molde de cristal para hornear, tamaño 9″ x 5″ x 3″.

2—En una licuadora eléctrica, vierta los ingredientes incluidos en A. Agregue los ingredientes incluidos en B, tape y licúe. Pare la licuadora, añada el embutido de hígado, tape y licúe. Pare la licuadora, agregue el pan desboronado y mezcle con una espátula de goma. Tape y licúe de nuevo.

3—Coloque la carne molida en un tazón, añada los ingredientes licuados y mezcle hasta que todo quede bien unido. Vierta en el molde y presione firmemente la mezcla con la palma de la mano, hasta quedar bien compacta. Cubra con lonjas de tocineta y hornée por *1½ hora.*

4—Retire el molde del horno, remueva las lonjas de tocineta y escurra **cuidadosamente** la grasa del molde. Vuelque el butifarrón en un platón y déjelo refrescar. Envuélvalo en papel encerado y coloque en la nevera hasta el día siguiente.

5—Saque el butifarrón de la nevera y córtelo en cuadritos, apropiados para ser usados como aperitivo, acompañado por galletitas. Tan pronto los corte, colóquelos en un platón llano y tápelo para evitar que se resequen. **Reserve** en la nevera hasta el momento de servirlo.

YUCA EN ESCABECHE

A—2 paquetes de 1¼ libra cada uno de trozos de yuca congelada
 12 tazas de agua
 2 cucharadas mas 1½ cucharadita de sal

B—5 ajos grandes   ¾ taza de aceite de oliva
 1 cucharadita de azúcar   1 taza de vinagre

1—Corte los trozos de yuca congelada en dos, a lo largo, y remuévales las fibras. En una olla, ponga a hervir a *fuego alto* el agua y la sal. Al hervir, añada la yuca, **sin descongelar.** Al hervir de nuevo, *tape* y hierva hasta ablandar. Escurra y deje enfriar. Corte la yuca en trocitos y coloque en recipiente de cristal o aporcelanado.

2—En un mortero, triture bien los ajos con el azúcar. Aparte, en una taza de medir, mezcle el aceite y el vinagre con los ajos triturados. Vierta sobre la yuca y envuelva **bien.** Sirva como aperitivo.

ARAÑITAS DE PLATANO

(12 *arañitas*)

A—3 plátanos verdes, grandes

B—Abundante aceite vegetal (para freir) (*Deep Frying*)

1—Monde los plátanos y rállelos por la parte del guayo en que salen en tiras finas. En seguida, divida lo rallado en 12 porciones. Caliente el aceite vegetal a *350°F.*

2—Coloque en la palma de una mano una porción de lo rallado y oprímala con la palma de la otra mano. Viértala sobre una mesa y oprímala de nuevo, para aplastarla irregularmente.

3—Sáquela con una espátula de metal y viértala **cuidosamente** en el aceite caliente. Fría 3 o 4 a la vez por *3 o 4 minutos,* hasta quedar doradas y crujientes. (Descarte de la grasa pedacitos de plátano que se hayan desprendido.)

4—Retire las arañitas y colóquelas sobre papel absorbente. Repita el procedimiento con las porciones restantes.

5—Sírvalas en platón, acompañadas por *Mojito para Aperitivos* (página 285).

mparedados

nes y Refrescos

Emparedados, Panes y Refrescos

EMPAREDADOS DE ATUN

A—4 huevos duros, picaditos
1 lata de 7 onzas de atún, escurrido y bien desmenuzado
2 cucharadas de encurtidos dulces mixtos (*Sweet Relish*)
2 cucharadas de cebolla, finamente picada
¼ cucharadita de sal
6 cucharadas de mayonesa

B—2 libras de pan de emparedados (*Sandwich*)
Oleomargarina (para untarle al pan)

1—En un tazón, mezcle los ingredientes incluidos en A.

2—Quítele la corteza al pan y úntele oleomargarina a cada rebanada.

3—Rellene los emparedados con la mezcla y córtelos en cuatro. Distribúyalos en platón llano y cúbralos con paño humedo, para evitar que se resequen. Coloque el platón en la nevera hasta el momento de servirlos.

EMPAREDADOS DE POLLO O PAVO ENLATADO

A—2 latas de 5 onzas de pollo deshuesado (*Boned Chicken*)
o pavo deshuesado (*Boned Turkey*), escurridas

B—¼ taza de cebolla
6 huevos duros   } picaditos
¼ taza de pepinillos dulces
(*Sweet Pickles*)

C—⅔ taza de mayonesa
2 cucharadas de vinagre

315

½ cucharadita de sal

¼ cucharadita de polvo de pimienta (opcional)

D—4 libras de pan de emparedados (*Sandwich*)
Mayonesa (para untarle al pan)

1—Desmenuce y pique finamente el pollo o el pavo. Póngalo en un tazón.

2—Agregue y mezcle los ingredientes incluidos en B.

3—Combine los ingredientes incluidos en C, añada al tazón y mezcle.

4—Quítele la corteza al pan y úntele mayonesa a cada rebanada.

5—Rellene los emparedados con la mezcla y córtelos en dos. Distribúyalos en platón llano y cúbralos con paño húmedo, para evitar que se resequen. Coloque el platón en la nevera hasta el momento de servirlos.

EMPAREDADOS DE "CORNED BEEF"

A—1 lata de 7 onzas de *Corned Beef*
¾ taza de pepinillos dulces ⎫
  (*Sweet Pickles*)   ⎬ molidos
¼ taza de cebolla   ⎪
¼ libra de queso americano ⎭
1 cucharadita de mostaza   ⎫
¼ cucharadita de sal de ajo ⎬ mezclados
¼ taza de mayonesa   ⎭

B—3 libras de pan de emparedados (*Sandwich*)
Oleomargarina (para untarle al pan)

1—En un tazón, mezcle los ingredientes incluidos en A.

2—Quítele la corteza al pan y úntele oleomargarina a cada rebanada.

3—Rellene los emparedados con la mezcla y córtelos en dos, diagonalmente. Distribúyalos en platón llano y cúbralos con paño húmedo, para evitar que se resequen. Coloque el platón en la nevera hasta el momento de servirlos.

EMPAREDADOS DE JAMONILLA

A—1 lata de 12 onzas de jamonilla (*Luncheon Meat*)
   1 paquete de 12 onzas de queso americano

B—1 lata de 4 onzas de pimientos morrones, escurridos y los pimientos picaditos
   1 cucharadita de azúcar
   1 frasco de 8 onzas de mezcla para emparedados (*Sandwich Spread*)
   1 frasco de 8 onzas de mayonesa

C—4 libras de pan de emparedados (*Sandwich*)
   Oleomargarina (para untar al pan)

1—Muela los ingredientes incluidos en A y viértalos en un tazón grande.

2—Agregue los ingredientes incluidos en B y mezcle.

3—Quítele la corteza al pan y úntele oleomargarina a cada rebanada.

4—Rellene los emparedados con la mezcla y córtelos en dos. Distribúyalos en platón llano y cúbralos con paño húmedo, para evitar que se resequen. Coloque el platón en la nevera hasta el momento de servirlos.

EMPAREDADOS ROMERIA

A—8 huevos duros
   ½ taza de cebolla, finamente picada
   6 cucharadas de mayonesa
   ¾ cucharadita de sal

B—3 libras de pan de emparedado (*Sandwich*)
Mayonesa (para untarle al pan)

1—Pique bien menuditos los huevos. Combine y mezcle con el resto de los ingredientes incluidos en A.

2—Quítele la corteza al pan y unte **ligeramente** con mayonesa cada rebanada.

3—Rellene los emparedados con la mezcla y córtelos en cuatro. Distribúyalos en platón llano y cúbralos con paño húmedo, para evitar que se resequen. Coloque el platón en la nevera hasta momentos antes de servirlos.

EMPAREDADOS DE JAMON "DEVILED HAM"

A—4 huevos duros, picaditos
2 latas de 4½ onzas de jamón (*Deviled Ham*)
⅓ taza de mayonesa
B—3 libras de pan de emparedados (*Sandwich*)
Mayonesa (para untarle al pan)

1—En un tazón, mezcle los ingredientes incluidos en A.

2—Quítele la corteza al pan y úntele mayonesa a cada rebanada.

3—Rellene los emparedados con la mezcla y córtelos en dos. Distribúyalos en platón llano y cúbralos con paño húmedo, para evitar que se resequen. Coloque el platón en la nevera hasta el momento de servirlos.

EMPAREDADOS DE HUEVO I

A—4 huevos duros, picaditos
¼ cucharadita de sal
¼ cucharadita de azúcar
½ taza de mayonesa

B—1 libra de pan de emparedados (*Sandwich*)
Mayonesa (para untarle al pan)

1—En un tazón, mezcle los ingredientes incluidos en A.

2—Quítele la corteza al pan y úntele mayonesa a cada rebanada.

3—Rellene los emparedados con la mezcla y córtelos en cuatro. Distribúyalos en platón llano y cúbralos con paño húmedo, para evitar que se resequen. Coloque el platón en
la nevera hasta el momento de servirlos.

EMPAREDADOS DE HUEVO II

A—4 huevos duros ⎫
   1 grano de ajo pequeño ⎬ bien picaditos
   ¼ taza de pepinillos dulces ⎭
   (*Sweet Pickles*)
   ¼ taza de mayonesa
   1 cucharada de vinagre
   ¼ cucharadita de sal

B—1 libra de pan de emparedados (*Sandwich*)
Oleomargarina o mayonesa (para untarle al pan)

1—En un tazón, mezcle los ingredientes incluidos en A.

2—Quítele la corteza al pan y úntele oleomargarina o mayonesa a cada rebanada.

3—Rellene los emparedados con la mezcla y córtelos en dos.
Distribúyalos en platón llano y cúbralos con paño húmedo,
para evitar que se resequen. Coloque el platón en la nevera
hasta el momento de servirlos.

EMPAREDADOS DE HUEVO III

A—6 huevos duros, picaditos ⎫
   3 cucharadas de encurtidos ⎬ picaditos
     dulces (*Sweet Pickles*)
   1 cucharada de cebollas ⎭

¾ cucharadita de sal

3 cucharadas de salsa chili (*Chili Sauce*)

6 cucharadas de mayonesa

⅛ cucharadita de polvo de pimienta

B—3 libras de pan de emparedados (*Sandwich*)
Oleomargarina (para untarle al pan)

1—En un tazón, mezcle los ingredientes incluidos en A.

2—Corte la corteza al pan y úntele oleomargarina a cada rebanada.

3—Rellene los emparedados con la mezcla y córtelos en dos, diagonalmente. Distribúyalos en platón llano y cúbralos con paño húmedo, para evitar que se resequen. Coloque el platón en la nevera hasta el momento de servirlos.

EMPAREDADOS DE HUEVO IV

A—8 huevos duros, bien picaditos

B—6 cucharadas de mayonesa
2 cucharadas de encurtidos mixtos dulces (*Sweet Relish*)
½ cucharadita de sal
1 grano de ajo, bien picadito

C—2 libras de pan de emparedados (*Sandwich*)
Oleomargarina (para untarle al pan)

1—En un tazón, vierta los huevos duros picaditos. Combine los ingredientes incluidos en B, añádalos al tazón y mezcle.

2—Quítele la corteza al pan y úntele oleomargarina a cada rebanada.

3—Rellene los emparedados con la mezcla y córtelos en dos. Distribúyalos en platón llano y cúbralos con paño húmedo, para evitar que se resequen. Coloque el platón en la nevera hasta el momento de servirlos.

EMPAREDADOS DE HIGADO

A—4 huevos duros, picaditos
2 rollos de 4 onzas de embutido de hígado (*Liver Sausage*)
¾ taza de mayonesa
2 cucharadas de encurtidos dulces (*Sweet Relish*)

B—3 libras de pan de emparedados (*Sandwich*)
Mayonesa (para untarle al pan)

1—En un tazón, mezcle los ingredientes incluidos en A.

2—Corte la corteza al pan y úntele mayonesa a cada rebanada.

3—Rellene los emparedados con la mezcla y córtelos en cuatro. Distribúyalos en platón llano y cúbralos con paño húmedo, para evitar que se resequen. Coloque el platón en la nevera hasta el momento de servirlos.

EMPAREDADOS DE HIGADO DE GANSO

A—4 huevos duros, picaditos
2 latas de 4 onzas de hígado de ganso (*Paté de Foie*)
½ taza de mayonesa
2 cucharadas de encurtidos dulces (*Sweet Relish*)

B—3 libras de pan de emparedados (*Sandwich*)
Mayonesa (para untarle al pan)

1—En un tazón, mezcle los ingredientes incluidos en A.

2—Corte la corteza al pan y úntele mayonesa a cada rebanada.

3—Rellene los emparedados con la mezcla y córtelos en dos. Distribúyalos en platón llano y cúbralos con paño húmedo, para evitar que se resequen. Coloque el platón en la nevera hasta el momento de servirlos.

EMPAREDADOS ASADOS

A—6 huevos duros, picaditos
   1 paquete de 3 onzas de queso crema (*Philadelphia Cream Cheese*) (a temperatura ambiente)
   1 cucharadita de cebolla, finamente picada
   ¾ cucharadita de sal
   Pizca de polvo de pimienta

B—1 libra de pan de emparedados (*Sandwich*)
   Oleomargarina (para untarle al pan)

1—Encienda el horno a temperatura de "**asar**" (*Broil*)

2—En un tazón, mezcle los ingredientes incluidos en A.

3—Quítele la corteza al pan y úntele oleomargarina a cada rebanada. Distribúyale por encima un poco de la mezcla.

4—Coloque las rebanadas de pan en una lámina de aluminio (*Aluminum Sheet*). Métala al horno hasta que las orillas del pan se doren.

5—Retire del horno. Corte cada rebanada en cuatro y sírvalos inmediatamente.

PAN CON QUESO SUIZO

A—1 libra de pan francés (de agua)

B—½ libra de oleomargarina (a temperatura ambiente)
   2 granos de ajo grandes

C—¼ libra de queso suizo, rallado en tiritas

1—Encienda el horno a *400°F., 10 minutos* antes de usarlo.

2—Divida el pan en dos pedazos. Corte cada pedazo de pan en tajadas de alrededor de 1 pulgada de espesor, **que queden unidas por abajo.**

3—En un mortero, machaque los ajos hasta quedar bien molidos.

4—Mezcle los ajos molidos con la oleomargarina. Añada el queso rallado y mezcle todo bien.

5—Con un cuchillo, distribuya la mezcla, cubriendo ambos lados de las tajadas.

6—Envuelva bien los panes en papel de aluminio (*Heavy Aluminum Foil*). Colóquelos sobre una lámina de aluminio (*Aluminum Sheet*) y hornée por *15 minutos*. Retire del horno, separe las tajadas y sirva en seguida.

PAN CON AJO

A—1 libra de pan francés (de agua)

B—8 granos de ajo grandes, bien molidos
½ taza de aceite de oliva
¼ cucharadita de sal

C—4 cucharaditas de semillas de ajonjolí (*Sesame Seeds*)

1—Encienda el horno a *350°F.*, *10 minutos* antes de usarlo.

2—Divida el pan en dos pedazos. Corte cada pedazo de pan en tajadas de alrededor de 1 pulgada de espesor, **que queden unidas por abajo.**

3—En una taza de medir, vierta el aceite y combine con los ajos y la sal. Con una brochita, distribuya la mezcla, cubriendo ambos lados de las tajadas y sobre la superficie del pan.

4—Riegue la superficie del pan con la semillas de ajonjolí.

5—Hornée por *10 minutos*. Retire del horno, separe las tajadas y sirva en seguida.

PAN DE MAIZ

A—1 taza de harina de trigo, cernida
4 cucharaditas de polvo de hornear (*Baking Powder*)
1 cucharadita de sal

B—1 taza de azúcar negra (presionándola al medirla)
1 taza de harina de maíz

C—1 huevo
1 taza de leche
1 cucharadita de vainilla
3 onzas (⅓ taza) de mantequilla, derretida

1—Encienda el horno a 375°F., *10 minutos* antes de usarlo. Engrase con oleomargarina y enharine un molde de aluminio, tamaño 9″ x 5″ x 2¾″.

2—Cierna los ingredientes incluidos en A. Mezcle con los ingredientes incluidos en B y **reserve.**

3—En un tazón grande, bata bien el huevo. Aparte, mezcle la vainilla con la leche y agréguela **lentamente** al tazón. Añada la mantequilla derretida y mezcle.

4—Agregue los ingredientes cernidos, mezcle y vierta en el molde.

5—Hornée alrededor de *45 minutos,* o lo necesario hasta que al introducirle un palillo en el centro, salga seco.

PAN DE MANGO

A—2 tazas de harina de trigo, cernida
¼ cucharadita de sal
1 cucharadita de soda de hornear (*Baking Soda*)

B—¼ libra de mantequilla u oleomargarina (a temperatura ambiente)
¾ taza de azúcar negra (presionándola al medirla)

C—2 huevos grandes

D—1 taza de mangó, que no sea fibroso, mondado y cortado en trocitos pequeños
2 cucharaditas de jugo de limón verde, fresco

1—Encienda el horno a *375 °F.*, *10 minutos* antes de usarlo. Engrase y enharine un molde de aluminio, tamaño 9" x 5" x 2¾".

2—Cierna los ingredientes incluidos en A y **reserve.**

3—En un tazón grande, ponga cremosa la mantequilla u oleomargarina. Añada el azúcar **lentamente** y mezcle bien, con cuchara de madera. Añada los huevos y mezcle.

4—Agregue la mitad de lo cernido y mezcle.

5—Añada los trocitos de mangó y el jugo de limón y mezcle. Agregue el balance de lo cernido, mezcle y vierta en el molde.

6—Hornée alrededor de *1 hora*, o lo necesario hasta que al introducirle un palillo en el centro, salga seco.

PAN DE PIÑA

A—2 tazas de harina de trigo
1 cucharada de polvo de hornear (*Baking Powder*)
1 cucharadita de sal

B—¼ libra de mantequilla
2 huevos
⅓ taza de azúcar

C—1 taza de piña triturada (*Crushed Pineapple*), enlatada, sin escurrir

1—Encienda el horno a *350 °F.*, *10 minutos* antes de usarlo. Engrase un molde de cristal para hornear rectangular, tamaño 8" x 4".

2—Cierna los ingredientes incluidos en A. Aparte, derrita la mantequilla a *fuego bajo*.

3—En un tazón, bata **ligeramente** los huevos. Agregue el azúcar **lentamente** y mezcle.

4—Añada la mantequilla derretida y mezcle.

5—Agregue los ingredientes cernidos, mezcle y añada la piña triturada. Mezcle bien y vierta en el molde.

6—Hornée por *1 hora*. Retire el molde del horno, deje reposar por *5 minutos* y vuelque en platón llano.

PAN DE GUINEO

A—2 tazas de harina de trigo
¼ cucharadita de sal
1 cucharadita de soda de hornear (*Baking Soda*)
1 cucharadita de polvo de hornear (*Baking Powder*)

B—¼ libra de mantequilla (a temperatura ambiente)
1 taza de azúcar negra (presionándola al medirla)
1 cucharadita de vainilla

C—2 huevos
½ taza de crema agria (*Sour Cream*)

D—1 taza de guineos, majados

1—Encienda el horno a *350°F., 10 minutos* antes de usarlo. Engrase y enharine un molde de aluminio, tamaño 9" x 5" x 2¾".

2—Cierna los ingredientes incluidos en A y **resérvelos.**

3—En un tazón, ponga cremosa la mantequilla. Agregue **lentamente** el azúcar y mezcle bien. Añada la vainilla y mezcle.

4—Bata los huevos, añádalos y mezcle.

5—Añada la crema agria y mezcle.

6—Agregue la mitad de lo cernido y mezcle.

7—Añada los guineos majados y mezcle.

8—Agregue el resto de lo cernido, mezcle y vierta en el molde.

Hornée alrededor de *1 hora,* o lo necesario hasta que al introducirle un palillo en el centro, salga seco.

PANES DE ESPECIE

(2 panes)

A—3½ tazas de harina de trigo
¼ cucharadita de sal
2 cucharadas de polvo de hornear (*Baking Powder*)
1½ cucharadita de polvo de canela
½ cucharadita de polvo de clavos
½ cucharadita de polvo de nuez moscada

B—3 tazas de azúcar negra (presionándola al medirla)
1 taza de agua fría
4 huevos
½ libra de mantequilla, derretida

C—½ taza de pasas, sin semillas
½ taza de dátiles, picados
18 ciruelas negras secas, sin semilla, cortadas en 4 pedazos cada una
3 onzas de almendras
1 caja de 1 libra de frutas mixtas, abrillantadas

1—Encienda el horno a *350°F., 10 minutos* antes de usarlo. Engrase y enharine 2 moldes de aluminio rectangulares, tamaño 9" x 5" x 2¾".

2—En un tazón grande, cierna los ingredientes incluidos en A. **Reserve** 1 taza para *"envolver"* los ingredientes incluidos en C.

3—Agregue al tazón los ingredientes incluidos en B y mezcle.

4—*"Envuelva"* los ingredientes incluidos en C en la taza de harina reservada. Añádalos al tazón y mezcle.

5—Vierta la mezcla en los moldes y hornée alrededor de *1 hora 15 minutos*, o hasta que al introducirle un palillo en el centro, salga seco.

PANECITOS DE GUINEO

(12 panecitos)

A—½ taza de manteca vegetal, fría
1 taza de azúcar negra (presionándola al medirla)
1 huevo
1 cucharadita de vainilla

B—1½ taza de harina de trigo
1 cucharadita de polvo de hornear (*Baking Powder*)
1 cucharadita de soda de hornear (*Baking Soda*)
½ cucharadita de sal

C—½ taza de nueces, finamente picadas (opcional)

D—½ taza de leche evaporada, sin diluir, mezclada con 1 cucharadita de vinagre

E—1 taza de guineos maduros, bien majados (alrededor de 5 guineos)

1—Encienda el horno a *350°F., 10 minutos* antes de usarlo. En un molde de aluminio dividido en moldecitos de 2¾" diámetro, coloque en cada moldecito una copita de papel para hornear (*Bake Cup*). (Si prefiere, omita las copitas de papel y en su lugar, engrase y enharine cada moldecito.)

2—En un tazón, combine la manteca con el azúcar hasta dejarla cremosa. Añada el huevo y la vainilla y mezcle.

3—Aparte, en otro tazón, cierna los ingredientes incluidos en B. Saque 1 cucharada de lo cernido, *"envuelva"* las nueces y **resérvelas.** Agregue al tazon la leche y los guineos majados, mezclando bien tras añadir cada uno. Combine el contenido de los dos tazónes y mezcle.

4—Agregue las nueces y mezcle. Distribuya la mezcla en los moldecitos.

5—Hornée alrededor de *30 minutos,* o hasta quedar bien cocidos. Retire del horno y colóquelos en un platón llano. Deje refrescar y decórelos con el *Azucarado III* que aparece en página 358.

PANECILLOS RELLENOS

8 panecillos largos (de los usados para *Hot Dogs*)
2 onzas (4 cucharadas) de mantequilla u oleomargarina (a temperatura ambiente)
8 hojas de lechuga, lavadas y secas
2 cucharadas de mayonesa
1 tomate grande
½ libra de lonjas de jamón hervido
½ libra de lonjas de queso americano

1—Encienda el horno a *300 °F., 10 minutos* antes de usarlo. Corte 8 pedazos de papel de aluminio de 12 pulgadas de largo.

2—Divida los panecillos en dos, a lo largo y únteles mantequilla.

3—Coloque una hoja de lechuga en cada panecillo y úntele mayonesa.

4—Corte el tomate en cuatro ruedas y divídalas por la mitad. Ponga ½ rueda de tomate sobre la lechuga.

5—Divida el jamón a lo largo, en dos, y ponga la lonja sobre el tomate.

6—Divida el queso en dos y ponga dos lonjas sobre el jamón.

7—Cierre el panecillo. Envuelva cada panecillo en papel de aluminio y colóquelos sobre una lámina de aluminio (*Aluminum Sheet*)

8—Hornée por *10 minutos.* Retire del horno y sirva en seguida.

CUADRITOS DE PAN CON AJO

(*Croutons*)

A—1 libra de pan francés (de agua)

B—2 granos de ajo grandes, machacados
Pizca de sal
½ taza de aceite de oliva

1—Corte el pan en rebanadas de ½ pulgada de espesor. Remuévales la corteza. Corte las rebanadas de pan en cuadritos de ½ pulgada, hasta obtener 2 tazas.

2—En una sartén, caliente los ingredientes incluidos en B. Agruegue los cuadritos de pan y cueza a *fuego moderado-alto*, revolviendo **ocasionalmente**, hasta dorarlos por todos lados.

3—Escúrralos sobre papel absorbente. Déjelos enfriar y coloque en envase de cristal bien tapado, para conservarlos tostaditos, y usarlos según lo requieran las distintas recetas.

TOSTADITAS DE CORDIAL DE ANIS

(16 tostaditas)

A—4 tajadas de pan de emparedados (*Sandwich*)

B—1 onza (2 cucharadas) de mantequilla
⅓ taza de cordial de anís (*Anisette Liqueur*)
1 cucharadita de semilla de anís

1—Encienda el horno a *400°F., 10 minutos* antes de usarlo.

2—Derrita la mantequilla a *fuego bajo*. Añádale el cordial de anís. Mezcle y distribuya sobre las tajadas de pan.

3—Riegue las tajadas de pan con las semillas de anís. Colóquelas sobre una lámina de aluminio (*Aluminum Sheet*).

4—Hornée alrededor de *10 minutos,* o hasta dorar las orillas del pan.

5—Retire del horno, divida cada tajada de pan en cuatro y sirva en seguida en platón llano.

TOSTADAS FRANCESAS

(French Toast)

A—2 cucharaditas de polvo de canela
½ taza de leche
½ cucharadita de sal
1 cucharadita de vainilla

B—6 huevos, grandes

C—Pan de emparedados *(Sandwich),* 10 o 12 tajadas
Oleomargarina (para freír)
Sirop de *"Pancakes"*

1—En una taza, vierta la canela. Añada un poco de la leche y mezcle hasta diluirla **bien.** Agregue el resto de la leche, la sal y la vainilla. Mezcle.

2—Caliente una sartén grande a *fuego moderado.* Mientras tanto, en un tazón, bata los huevos, vierta **lentamente** el contenido de la taza, a la vez que bate hasta unirlo.

3—Sumerja una tajada de pan **ligeramente** en la mezcla y escúrrala. (Debe absorber un poco de la mezcla, para que la cubra **totalmente,** pero que el pan no quede empapado.)

4—Vierta un poco de oleomargarina en la sartén y colóquele encima la tajada de pan. Repita el procedimiento con cuantas tajadas de pan quepan cómodamente en la sartén y dórelas, **sin quemarlas.** Repita el procedimiento hasta haber agotado la mezcla. Sirva en seguida y riéguelas con el sirop.

Nota: Puede usar una plancha eléctrica de cocina *(Electric Grill).*

"SHERBET" DE FRUTAS FRESCAS

A—1 piña fresca

B—½ taza de *Ginger Ale*
½ taza de azúcar
Jugo de 1 limón verde fresco, grande
Hielo picado

1—Monde la piña y corte 3 ruedas de 1 pulgada de espesor. Córtelas en pedazos y remuévales el corazón. Vierta los pedazos en una licuadora eléctrica.

2—Añada el resto de los ingredientes incluidos en B. Tape la licuadora y licúe a velocidad alta, hasta tomar consistencia de *sherbet.*

3—Si desea, repita lo anterior hasta haber usado toda la piña.

Nota: Puede hacer un *"Sherbet" de Piña con Guineo* añadiendo 1 guineo a cada batido.

"SHERBET" DE FRUTAS ENLATADAS

1 lata de 1 libra de peras o melocotones enlatados, sin escurrir
¼ taza de *Ginger Ale*
¼ taza de azúcar
Jugo de 1 limón verde fresco, grande
Hielo picado

1—Combine todos los ingredientes en una licuadora eléctrica. Tape y licúe a velocidad alta hasta tomar consistencia de *"sherbet."*

PONCHE

A—1½ taza de azúcar
4 tazas de agua

B—1 lata de 1 libra 13 onzas de melocotones en almíbar (*Peach Halves*)

C—1 lata de 46 onzas de jugo de china
1 botella de 40 onzas de jugo de uva

1—En una cacerola, mezcle bien el azúcar con el agua. Póngalo a *fuego alto* hasta que hierva. Retírelo del fuego y déjelo enfriar.

2—Vierta en una licuadora eléctrica los melocotones, incluyendo su almíbar. Licúe y vierta en una bulera u olla bien grande.

3—Añádale los jugos de china y de uva y mezcle.

4—Agregue el sirop frío, mezcle y deje en nevera. Sirva en vasos con hielo.

BUL DE CIDRA

A—3 latas de 12 onzas de jugo de china concentrado, congelado
4½ tazas de agua
1 lata de 1 cuartillo 14 onzas de jugo de piña
1 lata de 1 cuartillo 14 onzas de jugo de toronja
6 tazas de azúcar

B—4 botellas de 12 onzas de *Ginger Ale*
2 botellas de 1 pinta 7½ onzas de cidra asturiana

C—Hielo

1—En una bulera, combine los ingredientes incluidos en A.

2—En el momento de servirlo, añada los ingredientes incluidos en B y mezcle.

3—Agregue el hielo, mezcle bien y sirva frío.

REFRESCO DE JUGO DE UVAS

(12 raciones)

A—1 botella de 1½ pinta (3 tazas) de jugo de uva
6 tazas de jugo de china, fresco

½ taza de jugo de limón verde, fresco
½ taza de azúcar

B—Hielo

1—Mezcle los ingredientes incluidos en A.

2—Agregue hielo y sirva frío.

REFRESCO "BOBO"

A—1 botella de ½ pinta (1 taza) de jugo de uva
   1 lata de 12 onzas de jugo de peras o del jugo de su preferencia
   1 lata de 12 onzas de agua de soda
   ¼ taza de azúcar

B—Hielo

1—Mezcle los ingredientes incluidos en A y agregue el hielo en el momento de servirlo.

REFRESCO SENCILLO

A—2 latas de 6 onzas de jugo de china concentrado, congelado
   4½ tazas de agua
   1 botella de 1½ pinta (24 onzas) de jugo de uva
   ¾ tazas de azúcar
   ½ taza de jugo de limón verde, fresco

B—Hielo picado

1—Descongele el jugo de china concentrado y mezcle con el resto de los ingredientes incluidos en A. Coloque en la nevera hasta usarlo.

2—Sirva en vaso con hielo picado.

Bizcochos

Bizcochos

BIZCOCHO BASICO

A—½ libra de mantequilla

B—6 huevos
   1½ taza de azúcar
   2 tazas de harina de trigo, especial para bizcocho (que trae incluida el polvo de hornear (*Baking Powder*) y la sal)

1—Encienda el horno a *325°F., 10* minutos antes de usarlo. Engrase con oleomargarina un molde de aluminio, redondo, tamaño 10″ × 3″, con hoyo al centro, o cuadrado, tamaño 9″ x 9″ x 2″.

2—En una cacerolita, ponga a derretir la mantequilla a *fuego bajo* y **resérvela.** Cierna la harina, mida 2 tazas y **resérvela.** Separe las claras de las yemas de los huevos y **resérvelas.**

3—En el tazón grande de la batidora eléctrica, bata las claras a alta velocidad hasta que tomen *"punto de nieve."* Agregue las yemas, **una a una,** y bata lo necesario para unirlas.

4—Reduzca la velocidad a *baja* y añada **lentamente** el azúcar. Bata a velocidad *moderada* por *3 minutos.*

5—Reduzca a velocidad *baja* y agregue la harina. Bata a velocidad *moderada* **solo** hasta que una.

6—Añada, **lentamente,** la mantequilla derretida y bata hasta que todo una.

7—Vierta en el molde y hornée alrededor de *45 minutos,* o hasta que al introducir un palillo en el centro, salga seco.

8—Retire el molde del horno y deje refrescar por *5 minutos* sobre rejilla de aluminio (*Wire-Rack*). Pase un cuchillo por el borde del molde y vuelque el bizcocho sobre platón llano.

Nota: Este bizcocho es muy versátil. Cambia su gusto, añadiendo a la mezcla 1 cucharada de vainilla o de extracto de almendra. Sirve como base, para mojarlo con sirop o *Bien-Me-Sabe*. Puede rellenarse con crema o mermelada y cubrirlo con el azucarado (*Icing*) de su preferencia.

PONQUE SORPRESA

A—½ libra de mantequilla
    1 paquete de 8 onzas de queso crema   } a temperatura ambiente
    (*Philadelphia Cream Cheese*)
    2 tazas de azúcar

B—6 huevos grandes
    2 tazas de harina de trigo especial para bizcocho (que trae incluida el polvo de hornear (*Baking Powder*) y la sal)

1—Encienda el horno a *350°F., 10 minutos* antes de usarlo. Engrase con oleomargarina y espolvorée con harina de trigo un molde de aluminio para bizcocho, tamaño 10″ x 3″, con **hoyo al centro.** Cierna la harina, mida 2 tazas y **reserve.**

2—En el tazón grande de la batidora eléctrica, ponga cremosa la mantequilla y el queso a velocidad *baja.* Agregue **lentamente** el azúcar, aumente la velocidad a *moderada* y bata por *5 minutos.*

3—Añada 3 de los huevos y bata hasta unirlos. Reduzca la velocidad a *baja* y agregue 1 taza de la harina. Bata por *1 minuto.*

4—Agregue los otros 3 huevos y bata a velocidad *moderada* hasta unirlos. Reduzca la velocidad a *baja* y añada el resto de la harina. Cuando todo una, bata por *1 minuto* a velocidad *máxima.*

5—Vierta en el molde y hornée alrededor de *1 hora,* o hasta que al introducirle un palillo en el centro, salga seco.

6—Retire el molde del horno y deje refrescar por *5 minutos* sobre rejilla de aluminio (*Wire-Rack*). Pase un cuchillo por el borde del molde y vuelque el bizcocho sobre platón llano.

BIZCOCHO DE CANELA

A—1½ cuarta (6 onzas) de mantequilla u oleomargarina (a temperatura ambiente)
2 tazas de azúcar
½ cucharadita de vainilla
2 huevos grandes

B—2 tazas de harina de trigo
1 cucharadita de polvo de hornear (*Baking Powder*)
¼ cucharadita de sal
½ cucharadita de polvo de canela

C—1 envase de 8 onzas de crema agria (*Sour Cream*)

D—¼ taza de azúcar negra (presionándola al medirla)
½ cucharadita de polvo de canela

1—Encienda el horno a *350°F., 10 minutos* antes de usarlo. Engrase con oleomargarina y espolvorée con harina de trigo un molde de aluminio para bizcocho, tamaño 10" x 3", con **hoyo al centro.**

2—Cierna una vez los ingredientes incluidos en B y **reserve.**

3—Aparte, combine los ingredientes incluidos en D y **reserve.**

4—En el tazón grande de la batidora eléctrica, ponga cremosa la mantequilla a velocidad *baja.* Añada **lentamente** el azúcar y luego la vainilla y los huevos. Tan pronto unan, aumente la velocidad a *moderada* y bata por *2 minutos.*

5—Reduzca a velocidad *baja* y añada lo cernido. Bata a velocidad *moderada* **solo** hasta que una.

6—Agregue la crema agria y bata por *1 minuto.*

7—Vierta la mitad de la mezcla en el molde. Riegue encima la mitad de la combinación de azúcar y canela.

8—Cubra con el resto de la mezcla y riegue encima el balance de azúcar y canela.

9—Hornée por *1 hora.* Retire el molde del horno y déjelo refrescar por *5 minutos* sobre rejilla de aluminio (*Wire-Rack*). Pásele un cuchillo por el borde del molde. Vuelque el bizcocho sobre platón llano, **una y otra vez,** para que la parte superior del bizcocho quede **hacia arriba.**

BIZCOCHO DE GUINEO SABROSO

A—5 guineos maduros (los suficientes para majarlos y usar 1 taza)

B—¾ taza de manteca vegetal, bien fría

C—2 tazas de harina de trigo, sin cernir
¼ cucharadita de sal
1¼ taza de azúcar
2 cucharaditas de polvo de hornear (*Baking Powder*)
1½ cucharadita de soda de hornear (*Baking Soda*)
1½ cucharadita de vainilla
⅓ taza de crema agria (*Sour Cream*)
3 huevos grandes

1—Encienda el horno a *350°F., 10 minutos* antes de usarlo. Engrase un molde de aluminio, con **hoyo al centro,** tamaño 10" x 3" y espolvoréelo con harina. Mida ¾ taza de manteca vegetal, presionándola al medirla y **reserve** en la nevera hasta el momento de usarla. Monde los guineos, májelos, mida 1 taza y **resérvela.**

2—En el tazón grande de la batidora eléctrica, vierta en el orden en que se dan, los ingredientes incluidos en C.

3—Añada la taza de guineos majados y agregue la manteca vegetal fría.

4—Bata todo a velocidad *baja* por *3 minutos.*

5—Bata a velocidad *moderada* por *3 minutos.*

6—Vierta la mezcla en el molde y hornée alrededor de *1 hora,* o lo necesario hasta que al introducirle un palillo en el centro, salga seco.

7—Retire el molde del horno y déjelo refrescar por *5 minutos.* Pásele un cuchillo por el borde del molde. Vuelque el bizcocho sobre platón llano, **una y otra vez,** para que la parte superior del bizcocho quede **hacia arriba.**

Nota: Puede usar también molde rectangular de aluminio, tamaño 13" x 9" x 2" y hornearlo alrededor de 45 minutos.

BIZCOCHO DE ZANAHORIAS

A—4 huevos
2 tazas de azúcar

B—1½ taza de zanahorias, finamente ralladas o molidas
1¼ taza de aceite vegetal

C—2¼ tazas de harina de trigo
2 cucharaditas de polvo de canela
1½ cucharadita de soda de hornear (*Baking Soda*)
1 cucharadita de sal

1—Encienda el horno a *350°F., 10 minutos* antes de usarlo. Engrase con oleomargarina y espolvorée con harina de trigo un molde de aluminio para bizcocho, tamaño 10" x 3", con **hoyo al centro.** Cierna una vez los ingredientes incluidos en C y **resérvelos.**

2—En el tazón grande de la batidora eléctrica, bata los huevos a velocidad *moderada,* por *2 minutos.* Añádale **lentamente** el azúcar y mezcle por *3 minutos.* Agregue los ingredientes en B y mezcle.

3—Reduzca la velocidad a *baja,* agregue lo cernido y mezcle. Tan pronto haya unido, mezcle a velocidad *alta* por *1 minuto.* Vierta la mezcla en el molde y hornée por *1 hora.*

4—Retire el molde del horno y deje refrescar por 5 *minutos* sobre rejilla de aluminio (*Wire-Rack*). Pase un cuchillo por el borde del molde. Vuelque el bizcocho sobre platón llano.

5—Deje enfriar el bizcocho y cúbralo con el siguiente azucarado (*Icing*):

AZUCARADO (ICING)

1 paquete de 3 onzas de queso crema (*Philadelphia Cream Cheese*)
½ cuarta (2 onzas) de mantequilla
} a temperatura ambiente

2¼ tazas de azúcar pulverizada 10X, cernida
¼ cucharadita de vainilla, o cáscara de limón rallado

1—Combine el queso y la mantequilla, agréguele el resto de los ingredientes, mezcle y cubra el bizcocho.

BIZCOCHO DE COMPOTA DE MANZANA

A—¼ libra de mantequilla (a temperatura ambiente)
¾ taza de azúcar
2 huevos

B—2 tazas de harina de trigo, especial para bizcocho (que trae incluida el polvo de hornear (*Baking Powder*) y la sal)
1 cucharadita de soda de hornear (*Baking Soda*)
1 cucharadita de polvo de canela
½ cucharadita de polvo de nuez moscada
¼ cucharadita de polvo de clavos
½ cucharadita de sal

C—½ taza de nueces, finamente picadas
1 taza de pasas, sin semillas

D—1 taza de compota de manzana (*Applesauce*)

1—Encienda el horno a *350°F.*, *10 minutos* antes de usarlo. Engrase con oleomargarina y espolvorée con harina de trigo un molde de aluminio rectangular, tamaño 9″ x 5″ x 3″.

2—Cierna los ingredientes incluidos en B y **reserve.** *"Envuelva"* las nueces y las pasas en 1 cucharadita de lo cernido y **reserve.**

3—En un tazón, ponga cremosa la mantequilla, usando una cuchara de madera. Añada **lentamente** el azúcar y mezcle por *5 minutos.*

4—Agregue, **uno a uno,** los huevos y continúe batiendo por *5 minutos.*

5—Añada las pasas y las nueces y mezcle.

6—Agregue lo cernido, alternando con la compota de manzana, comenzando y terminando con la harina. Mezcle **únicamente** hasta que toda se una.

7—Vierta en el molde y hornée alrededor de *1 hora,* o lo necesario hasta que al introducirle un palillo en el centro, salga seco.

8—Retire el molde del horno y deje refrescar por *5 minutos* sobre rejilla de aluminio (*Wire-Rack*). Pase un cuchillo por el borde del molde. Vuelque el bizcocho sobre platón rectangular, **una y otra vez,** para que la parte superior del bizcocho quede **hacia arriba.**

BIZCOCHO DE COCO

A—1½ cuarta (6 onzas) de mantequilla (a temperatura ambiente)

1¼ taza de azúcar

B—3 huevos

1½ taza de harina de trigo especial para bizcocho (que trae incluida el polvo de hornear (*Baking Powder*) y la sal)

½ taza de crema de coco (*Cream of Coconut*), enlatada
½ cucharadita de vainilla
} combínelos

1—Encienda el horno a 350°F., *10 minutos* antes de usarlo. Engrase con oleomargarina y espolvorée con harina de trigo un molde de aluminio para bizcocho, tamaño 10" x 3", con **hoyo al centro.** Cierna harina de trigo, mida 1½ taza y **resérvela.**

2—En el tazón grande de la batidora eléctrica, mezcle la mantequilla y el azúcar a velocidad *moderada* por *5 minutos.*

3—Añada los huevos, **uno a uno,** y bata a velocidad *alta* alrededor de *2 minutos.*

4—Reduzca la velocidad a *baja* y añada la harina de trigo, alternándola con la crema de coco, comenzando y terminando con la harina. Tan pronto todo una, vierta la mezcla en el molde y hornée por *45 minutos.*

5—Retire el molde del horno y deje refrescar por *5 minutos* sobre rejilla de aluminio (*Wire-Rack*). Pase un cuchillo por el borde del molde. Vuelque el bizcocho sobre platón llano, **una y otra vez,** para que la parte superior del bizcocho quede **hacia arriba.**

BIZCOCHO MORENO

A—¾ libra de mantequilla (a temperatura ambiente)
2 tazas de azúcar negra (presionándola al medirla)
½ taza de azúcar

B—5 huevos, separados
1 cucharadita de vainilla

C—3 tazas de harina de trigo, sin cernir
½ cucharadita de polvo de hornear (*Baking Powder*)
½ cucharadita de sal

D—1 taza de leche

1—Encienda el horno a *325°F.*, *10 minutos* antes de usarlo. Engrase y enharine un molde de aluminio, de tubo, tamaño 10" diametro. Cierna los ingredientes incluidos en C.

2—En el tazón grande de la batidora eléctrica, bata los ingredientes incluidos en A por *5 minutos* a velocidad *moderada.* Mientras continúa batiendo, añada, **una a una,** las yemas de los huevos. Agregue la vainilla.

3—Añada lo cernido, alternando con la leche, comenzando y terminando con lo cernido.

4—Retire el tazón de la batidora. Aparte, bata las claras a *"punto de nieve"* y *"envuélvalas"* en la mezcla.

5—Vierta la mezcla en el molde y hornée alrededor de *1½ hora*, o hasta que al introducirle un palillo en el centro, salga seco.

BIZCOCHO "MAMIE"

A—1 *Bizcocho Básico* (Vea receta en página 337)

B—**Almíbar:** ½ taza de agua
1 taza de azúcar
½ taza de vino Moscatel

C—**Mermeladas:** 1 frasco de 8 onzas de mermelada de fresa
(*Strawberry Preserve*)
1 frasco de 8 onzas de mermelada de piña
(*Pineapple Preserve*)

D—**Azucarado** (*Icing*) (Vea receta de *Azucarado I*, que aparece en la página 358)

1—Haga la receta de *Bizcocho Básico*, usando un molde redondo. Corte el bizcocho en tres rebanadas. Coloque la **primera** rebanada en un platón llano y redondo.

2—En una cacerola, combine el agua y el azúcar. Póngala a *fuego alto* hasta hervir. Retire del fuego. Déjela enfriar, agregue el vino y mezcle.

3—Riegue la primera rebanada de bizcocho con ½ taza del almíbar. Cubra con la mermelada de fresa.

4—Colóquele encima la **segunda** rebanada de bizcocho. Riegue con ½ taza del almíbar y cubra con la mermelada de piña.

5—Colóquele encima la **tercera** rebanada de bizcocho. Riéguele el balance del almíbar.

6—Prepare la receta de azucarado (*Icing*) siguiendo la receta de *Azucarado I* en la página 357.

7—Cubra el bizcocho con el azucarado.

BIZCOCHO CON RON

A—1 taza de azúcar negra (presionándola al medirla)
¼ libra de mantequilla, derretida
1½ cucharadita de vainilla
4 huevos

B—1 caja de 1 libra 2 onzas de harina para bizcocho (*Yellow Cake Mix-Pudding in the Mix*)
1 taza de ron

1—Encienda el horno a *350° F., 10 minutos* antes de usarlo. Engrase con oleomargarina y espolvorée con harina de trigo un molde de aluminio para bizcocho, tamaño 10" x 3", con **hoyo al centro.**

2—En el tazón grande de la batidora eléctrica, vierta el azúcar. Agregue **lentamente** la mantequilla derretida y bata a velocidad *moderada* por *5 minutos*. Añada la vainilla y mezcle.

3—Agregue los huevos, **uno a uno,** y bata a velocidad *moderada* por *2 minutos*.

4—Reduzca la velocidad a *baja* y añada la harina, alternándola con el ron, comenzando y terminando con la harina.

5—Mezcle a velocidad *moderada* por *1 minuto*. Vierta la mezcla en el molde y hornée por *1 hora*.

6—Retire el molde del horno y deje refrescar por 5 *minutos* sobre rejilla de aluminio (*Wire-Rack*). Pase un cuchillo por el borde del molde. Vuelque el bizcocho sobre platón llano, **una y otra vez**, para que la parte superior del bizcocho quede **hacia arriba**. **Enseguida** espolvorée le azúcar pulverizada 10X por encima.

BIZCOCHO DE MANGO

A—Mangós maduros, que no sean fibrosos (los necesarios para majar bien la pulpa y usar 1 taza de pulpa majada)
¾ taza de manteca vegetal, bien fría

B—2 tazas de harina de trigo, sin cernir
¼ cucharadita de sal
1¼ taza de azúcar
2 cucharaditas de polvo de hornear (*Baking Powder*)
1½ cucharadita de soda de hornear (*Baking Soda*)
1½ cucharadita de vainilla
⅓ taza de crema agria (*Sour Cream*)
3 huevos grandes

1—Encienda el horno a *350°F., 10 minutos* antes de usarlo. Engrase con oleomargarina y espolvorée con harina de trigo un molde de aluminio para bizcocho, tamaño 10″ x 3″, con **hoyo al centro**. Monde los mangós, maje bien la pulpa, mida 1 taza y **reserve**. Mida ¾ taza de manteca vegetal, presionándola al medirla y **reserve** en la nevera hasta el momento de usarla.

2—Vierta en el tazón grande de la batidora eléctrica, en el orden en que se dan, los ingredientes incluidos en B.

3—Añada la taza de pulpa de mangó majada y ¾ taza de manteca vegetal, fría.

4—Bata a velocidad *baja* por *3 minutos*.

5—Aumente la velocidad a *moderada* y bata por *3 minutos*.

6—Vierta la mezcla en el molde y hornée alrededor de *50 minutos*, o lo necesario hasta que al introducirle un palillo en el centro, salga seco.

7—Retire el molde del horno y déjelo refrescar por 5 *minutos* sobre rejilla de aluminio (*Wire-Rack*). Pase un cuchillo por el borde del molde. Vuelque el bizcocho sobre platón llano, **una y otra vez,** para que la parte superior del bizcocho quede **hacia arriba.**

BIZCOCHO HELADO DE FRESAS

1 bizcocho rectangular de 12 onzas (*Pound Cake*)
½ galón de helado de fresas (*Strawberries*)
2 paquetes de 10 onzas de fresas (*Strawberries*), congeladas
1 caja de 8 onzas de crema batida (*Whipped Cream*)

1—Corte el bizcocho en 3 rebanadas y cubra el fondo de un molde de cristal para hornear, tamaño 12″ x 7½″ x 2″.

2—Cubra el bizcocho con el helado.

3—Escurra las fresas y viértalas encima.

4—Cubra con la crema batida. Coloque el molde en el congelador (*Freezer*) por *1 hora*. Sirva en seguida.

BIZCOCHO DE MANZANAS

A—2 manzanas grandes
½ taza de azúcar negra (presionándola al medirla)
1 cucharada de polvo de canela

B—2¼ tazas de harina de trigo
1 cucharadita de sal
1 cucharadita de polvo de hornear (*Baking Powder*)

C—¼ libra de mantequilla (a temperatura ambiente)
1½ taza de azúcar
1 cucharadita de vainilla
4 huevos

D—½ taza de leche

1—Encienda el horno a *325°F., 10 minutos* antes de usarlo. Engrase con oleomargarina y espolvorée con harina de trigo un molde para bizcocho, tamaño 10" x 4", con **hoyo al centro.**

2—Monde las manzanas, divídalas en 4 tajadas y quíteles el corazón. Corte las manzanas en trocitos y mezcle con el azúcar negra, previamente combinada con la canela en polvo.

3—En un tazón, bata la mantequilla con el azúcar. Añada la vainilla y los huevos, **uno a uno,** y mezcle bien.

4—Agregue y mezcle los ingredientes cernidos, alternando con la leche, comenzando y terminando con lo cernido.

5—Vierta la mitad de la mezcla en el molde. Agregue las manzanas y cubra con el resto de la mezcla.

6—Hornée por *1 hora.*

7—Retire el molde del horno y deje refrescar por *5 minutos* sobre rejilla de aluminio (*Wire-Rack*). Pase un cuchillo por el borde del molde. Vuelque el bizcocho sobre platón llano, **una y otra vez,** para que la parte superior del bizcocho quede **hacia arriba.**

Nota: El bizcocho es muy sabroso servido caliente o tibio.

BIZCOCHO CON WHISKY

A—½ libra de mantequilla (a temperatura ambiente)
1 taza de azúcar

B—6 yemas de huevo
6 cucharadas de cocoa en polvo
6 cucharadas de *Whisky* escocés
4 cucharaditas de vainilla

C—6 claras de huevo

D—1 bizcocho esponjoso (*Sponge Cake*)

1—Divida el bizcocho en 4 rebanadas, horizontales.

2—En un tazón, ponga cremosa la mantequilla. Agregue **lentamente** el azúcar y mezcle alrededor de 5 *minutos.*

3—Añada, **una a una**, las yemas y mezcle.

4—Agregue y mezcle **gradualmente** la cocoa, el *Whisky* y la vainilla.

5—Aparte, bata las claras a *"punto de nieve"* y *"envuélvalas"* en la mezcla.

6—En un platón, coloque una rebanada de bizcocho. Esparza parte de la mezcla encima. Cubra con otra rebanada y repita la operación hasta usar todas las rebanadas de bizcocho. Cubra el bizcocho con el resto de la mezcla.

7—Coloque el platón en la nevera y sáquelo al momento de servirlo.

BIZCOCHO SIN HUEVOS

A—¼ libra de mantequilla (a temperatura ambiente)
1¼ taza de azúcar

B—2¼ tazas de harina de trigo especial para bizcocho (con el polvo de hornear (*Baking Powder*) y la sal incluidas)

C—1 taza de leche
1 cucharada de vainilla

1—Caliente el horno a *350°F., 10 minutos* antes de usarlo. Engrase y enharine un molde cuadrado de aluminio, tamaño 8″ x 8″ x 2″.

2—Mezcle la mantequilla con el azúcar hasta quedar cremosa. (En máquina eléctrica, velocidad *moderada* por 5 *minutos.*)

3—Cierna la harina y añádala, alternando con la leche previamente combinada con la vainilla, comenzando y terminando con la harina.

4—Vierta en el molde y hornée por *45 minutos*, o hasta que al insertar un palillo en el centro, salga seco.

BIZCOCHO DE LA REINA

A—½ libra de mantequilla

B—6 huevos
1½ taza de azúcar
2 tazas de harina de trigo, especial para bizcocho (de la que trae incluida el polvo de hornear (*Baking Powder*) y la sal)

C—1 frasco de 10 onzas de mermelada de fresa (*Strawberry Preserve*), o de la mermelada de su preferencia

D—**Azucarado** (*Icing*):
4 claras de huevos
1½ taza de azúcar
½ taza de agua
Cáscara de 1 limón verde, fresco

1—Encienda el horno a *325°F., 10 minutos* antes de usarlo. Engrase con oleomargarina un molde de aluminio, cuadrado, 9″ x 9″ x 2″.

2—En una cacerola, derrita la mantequilla a *fuego bajo* y **resérvela.** Cierna la harina, mida 2 tazas y **resérvela.** Separe las claras de las yemas de los huevos y **resérvelas.**

3—En el tazón grande de la batidora eléctrica, bata las claras a *alta* velocidad hasta tomar *"punto de nieve."* Agregue, **una a una,** las yemas y bata lo necesario para unirlas.

4—Reduzca la velocidad a *baja* y añada **lentamente** el azúcar. Bata a velocidad *moderada* por *3 minutos*.

5—Reduzca la velocidad a *baja* y agregue la harina. Bata a velocidad *moderada* lo necesario para unirla.

6—Añada **lentamente** la mantequilla derretida y bata hasta que todo una.

7—Vierta en el molde y hornée alrededor de *45 minutos*, o hasta que al introducirle un palillo en el centro, salga seco.

8—Retire el molde del horno y deje refrescar por *5 minutos* sobre rejilla de aluminio (*Wire-Rack*). Pase un cuchillo por el borde del molde. Vuelque el bizcocho en platón llano y grande. Déjelo enfriar.

9—Corte el bizcocho por la mitad, horizontalmente. Remueva **cuidadosamente** la rebanada superior del bizcocho y **reserve**. Distribuya la mermelada sobre la rebanada del bizcocho que quedó en el platón.

10—Prepare el azucarado (*Icing*) del modo siguiente: En una cacerolita, ponga a hervir a *fuego alto* el agua con el azúcar y la cáscara de limón incluidos en D. Introdúzcale el termómetro de dulce y deje hervir hasta que el almíbar tome punto de "bola blanda" (*Termómetro de Dulce— 240°F.*). Mientras tanto, en el tazón grande de la batidora eléctrica, bata las claras a *máxima* velocidad hasta tomar "*punto de nieve.*" Tan pronto el almíbar tome punto, agréguelo **lentamente** a las claras batidas y continúe batiendo alrededor de *3 minutos.* Cubra la mermelada con parte del azucarado (*Icing*). Coloque encima la rebanada del bizcocho reservado y cúbralo con el resto del azucarado (*Icing*).

BIZCOCHO DE PASCUA "DOÑA CARMEN"

A—¼ libra de mantequilla

B—1¾ tazas de harina de trigo
  ¼ cucharadita de sal
  1 cucharada de polvo de hornear (*Baking Powder*)

¾ cucharadita de polvo de canela
¼ cucharadita de polvo de clavos
¼ cucharadita de polvo de nuez moscada

C—8 ciruelas negras, secas, sin semilla, cortadas en cuatro
½ taza de pasas, sin semillas (preferiblemente, pasas doradas)
1 paquete de 8 onzas de dátiles, sin semilla, picados en pedacitos
1 caja de 4 onzas de cidra confitada (*Citron*)
1 caja de 4 onzas de cerezas marrasquinas confitadas (*Glacé Cherries*)
1 caja de 1 libra de frutas mixtas confitadas (*Glacé Mixed Fruits*)
½ taza de almendras en lonjitas (*Slivered Almonds*)

D—1½ taza de azúcar negra (presionándola al medirla)
½ taza de ron
2 huevos grandes

1—Encienda el horno a *350°F.*, *10 minutos* antes de usarlo. Engrase con oleomargarina y espolvorée con harina de trigo 3 moldes de aluminio desechables (*Disposable Aluminum Pans*), tamaño 8½″ x 4½″ x 2½″. (Vea Nota.)

2—En una cacerolita, derrita la mantequilla a *fuego bajo.*

3—En un tazón grande, cierna y mezcle los ingredientes incluidos en B. Saque 1 taza de lo cernido, viértala en otro tazón y envuelva los ingredientes incluidos en C. **Reserve.**

4—Al primer tazón, agregue y mezcle bien los ingredientes incluidos en D. Añada la mantequilla derretida y mezcle. Agregue el contenido del tazón reservado y mezcle bien. Con una cuchara grande, vierta la mezcla en los moldes y nivélelos con una espátula de goma.

5—Hornée los 3 moldes, **a la vez,** por *45 minutos.* Reduzca la temperatura a *325°F.* y hornée por *15 minutos* más, o hasta que al insertar un palillo en el centro, salga seco.

6—Retire los moldes del horno y deje refrescar por *5 minutos* sobre rejilla de aluminio (*Wire-Rack*). Pase un cuchillo por

las orillas de los moldes. Vuelque los bizcochos sobre platones llanos, **una y otra vez,** para que la parte superior
de los bizcochos queden **hacia arriba.**

Nota: Si prefiere, puede hacer un solo bizcocho, usando molde rectangular
de cristal para hornear, tamaño 9" x 5" x 2¾" y hornearlo a *350°F.*
durante *45 minutos* y a *325°F.* durante *30 minutos* más, o lo necesario
hasta que al insertar un palillo en el centro, salga seco.

BIZCOCHOS DE JUGO DE PIÑA Y BRANDY

(2 bizcochos)

A—1 libra de mantequilla (a temperatura ambiente)
2 tazas de azúcar

B—4 tazas de harina de trigo especial para bizcocho, que
trae incluida la sal y el polvo de hornear (*Baking Powder*)

C—3 yemas de huevo (**reserve** las claras para otro uso)
5 huevos enteros

D—¼ cucharadita de ralladura de limón verde
1 cucharadita de jugo de limón verde, fresco
1 cucharadita de vainilla

E—1 taza de leche

F—1 lata de 7 onzas de jugo de piña
2 cucharadas de azúcar
2 cucharadas de *Brandy* o *Cognac*

1—Encienda el horno a *350°F.*, *10 minutos* antes de usarlo.
Engrase con oleomargarina y enharine 2 moldes redondos
de aluminio, **con hoyo al centro,** tamaño 8" x 2¾".

2—Cierna la harina de trigo y mida 4 tazas. **Reserve.**

3—En el tazón grande de la batidora eléctrica, bata la mantequilla a *velocidad baja.* Añada **lentamente** el azúcar. Aumente a *velocidad moderada* y bata por *5 minutos.*

4—Agregue las yemas, **una a una,** mientras continúa batiendo a la misma velocidad.

5—Añada la ralladura de limón, el jugo de limón y la vainilla y mezcle.

6—Agregue, **uno a uno,** los 5 huevos restantes y bata **solamente** hasta que unan a la mezcla.

7—Reduzca a *velocidad baja* y añada, **alternando,** la harina de trigo y la leche, comenzando y terminando con la harina de trigo. Bata **solo** hasta que todo una.

8—Vierta en los moldes y hornée por *1 hora.*

9—Mientras tanto, combine y mezcle bien los ingredientes incluidos en F. Divida el sirop en 2 porciones iguales.

10—Tan pronto los bizcochos estén listos, saque los moldes del horno y déjelos refrescar por *5 minutos.* Sin sacar los bizcochos de los moldes, con un tenedor dele varios pinchazos en la superficie de cada bizcocho. Riégueles el sirop y deje los bizcochos en los moldes por ½ *hora.* Vuelque los bizcochos sobre platones llanos.

BIZCOCHITOS AMELCOCHADOS DE PIÑA

(32 bizcochitos)

A—¼ libra de mantequilla
1 paquete de 8 onzas de queso crema
(*Philadelphia Cream Cheese*) } a temperatura ambiente

1¼ taza de azúcar
2 huevos
1 cucharadita de vainilla

B—2 tazas de harina de trigo
2 cucharaditas de polvo de hornear (*Baking Powder*)
1 cucharadita de soda de hornear (*Baking Soda*)
¼ cucharadita de sal

C—¼ taza de leche

D—1 frasco de 12 onzas de mermelada de piña (*Pineapple Preserve*)

1—Encienda el horno a *350°F.*, *10 minutos* antes de usarlo.

Engrase con oleomargarina un molde rectangular de cristal para hornear, tamaño 13″ x 9″ x 2″.

2—En un tazón, combine y mezcle los ingredientes incluidos en A.

3—Cierna los ingredientes incluidos en B y añádalos a la mezcla, alternando con la leche, comenzando y terminando con lo cernido.

4—Vierta en el molde la mitad de la mezcla. Distribúyale encima la mermelada, nivelándola con una espátula de goma. Cubra la mermelada con el resto de la mezcla.

5—Hornée alrededor de *40 minutos*, o hasta dorar.

6—Retire el molde del horno y colóquelo sobre rejilla de aluminio (*Wire-Rack*). Déjelo reposar por *1 hora*.

7—Divida en 32 bizcochitos. Sáquelos con espátula estrecha de aluminio y colóquelos en platón llano, con la parte inferior del bizcochito **hacia arriba.**

BIZCOCHITOS DELICIAS DE GUAYABA
(16 Bizcochitos)

A—¼ libra de mantequilla   } a temperatura
2 cucharadas de manteca vegetal }   ambiente
1 taza de azúcar

B—2 tazas de harina de trigo
1 cucharada de polvo de hornear (*Baking Powder*)
¼ cucharadita de sal

C—2 huevos grandes

D—1 pasta de guayaba de 1 libra, cortada en 16 tajaditas, **reservadas** en la nevera

1—Encienda el horno a *350°F.*, *10 minutos* antes de usarlo. Engrase con oleomargarina un molde de cristal o de aluminio, tamaño 8″ x 8″ x 2″.

2—En un tazón, combine la mantequilla y la manteca vegetal. Añada el azúcar y mezcle hasta quedar cremosa.

3—Aparte, cierna los ingredientes incluidos en B. Ciérnalos de nuevo sobre el tazón y mezcle.

4—Añada, **uno a uno,** los huevos y mezcle hasta que todo una bien y la mezcla suavice.

5—Vierta la mitad de la mezcla en el molde y extiéndala con una espátula de goma para cubrir el fondo.

6—Cubra la mezcla con las 16 tajaditas de pasta de guayaba, colocándolas **una al lado de la otra,** bien pegadas, hasta formar dos hileras de 7 tajaditas. Coloque las 2 tajaditas restantes en el centro.

7—Vierta encima el resto de la mezcla y extiéndala con la espátula hasta cubrir la pasta de guayaba.

8—Hornée alrededor de *40 minutos,* o hasta dorar. Retire el molde del horno, póngalo sobre una rejilla de aluminio (*Wire Rack*) hasta enfriar **totalmente.** Divídalo con un cuchillo en 16 bizcochitos. Sáquelos con espátula estrecha de aluminio y sírvalos en fuente llana.

TARTA CALIENTITA

A—2 latas de Relleno de Manzana para Pastel Dulce (*Apple Pie Filling*), de 1 libra 5 onzas cada una

B—½ taza de azúcar
½ cucharadita de polvo de canela

C—1 caja de bizcocho *Yellow Cake Mix*, cernida

D—1½ cuarta (6 onzas) de mantequilla u oleomargarina, cortada en trocitos

1—Encienda el horno a *350°F.*, *10 minutos* antes de usarlo. Engrase con mantequilla u oleomargarina un molde de cristal para hornear, tamaño 13″ × 9″ × 2″.

2—Vierta en el molde el contenido de las latas de Relleno de Manzana. Mezcle el azúcar con el polvo de canela y riégueselo encima. Cubra con el contenido cernido de la caja de bizcocho. Distribúyale encima los trocitos de mantequilla u oleomargarina.

3—Hornée alrededor de *40 minutos* o hasta dorar. Sirva caliente en el molde. (Es muy sabroso servido con mantecado de vainilla encima de cada ración.)

AZUCARADO (ICING) I

A—1½ taza de azúcar
½ taza de agua
Cáscara de 1 limón verde, fresco

B—4 claras de huevo

1—En una cacerolita, combine los ingredientes incluidos en A. Introdúzcale el termómetro de dulce y ponga a hervir a *fuego alto* hasta que el sirop tenga punto de *"bola blanda"* (*Termómetro de Dulce—240°F.*).

2—En el tazón grande de la batidora eléctrica para bizcochos, bata las claras a *"punto de nieve"* y agréguele **lentamente** el sirop. Bata hasta tener consistencia adecuada para cubrir el bizcocho. Cubra el bizcocho con el azucarado.

AZUCARADO II

A—¼ taza de manteca vegetal o mantequilla
½ cucharadita de sal
2 cucharaditas de vainilla

B—3 tazas de azúcar pulverizada 10X, cernidas
⅓ taza de leche

C—1 o 2 gotas de color vegetal (opcional)

1—Mezcle los ingredientes incluidos en A.

2—Agregue 1 taza del azúcar pulverizada y mezcle.

3—Agregue la leche **alternando** con el resto del azúcar y mezcle hasta dejar suave y cremosa. (Puede agregar más azúcar pulverizada para espesar o puede agregar más leche para que el azucarado quede menos espeso.)

4—Añada las gotas de color vegetal y mezcle.

AZUCARADO III

½ taza de azúcar pulverizada 10X, cernida
½ cucharadita de vainilla
2 cucharadas de leche evaporada, sin diluir

1—Combine la vainilla con la leche. Vierta lentamente sobre el azúcar mezclando hasta obtener consistencia adecuada para dejar caer en espirales o chorritos sobre panecitos o bizcochos.

AZUCARADO GLASEADO

1 taza de azúcar pulverizada 10X, cernida
4 cucharaditas de leche
1 cucharadita de aceite vegetal
¼ cucharadita de vainilla

1—Combine y mezcle bien los ingredientes. Con una cuchara, deje caer el azucarado en espirales o chorritos sobre bizcochitos.

Pasteles Dulces
Otros Postres

Pasteles Dulces y Otros Postres

PASTEL (PIE) DE NUECES (PECANS)

A—2 onzas (4 cucharadas) de mantequilla
½ taza de azúcar

B—1 huevo
½ taza de sirop de maíz (*Corn Syrup*)
½ taza de nueces (*Pecans*), trituradas

C—1 molde de 8″, con pasta para pastel (*Pie*), congelada, lista para hornearse (*Pie Crust Shell*)

1—Encienda el horno a *400°F., 10 minutos* antes de usarlo.

2—En una cacerolita, derrita la mantequilla a *fuego bajo* y viértala en un tazón. Agregue el azúcar y mezcle bien.

3—Añada el huevo, mezcle y agregue el sirop. Agregue las nueces, mezcle y vierta la mezcla en el molde.

4—Coloque el molde dentro de un molde de aluminio y hornée por *10 minutos*.

5—Reduzca la temperatura del horno a *300°F* y hornée alrededor de *30 minutos,* o lo necesario hasta que dore la pasta en las orillas.

6—Retire el molde del horno y sirva cuando enfríe.

PASTEL (PIE) DELICIA DE QUESO CREMA

A—**Pasta:**
¼ libra de mantequilla
2 tazas de galletas *Graham*, desboronadas

1 cucharadita de polvo de canela
¼ taza de azúcar

B—Relleno:
4 paquetes de 8 onzas de queso crema (*Philadelphia Cream Cheese*) (a temperatura ambiente)
1½ taza de azúcar
4 huevos, bien batidos
½ cucharadita de sal
2 cucharadas de leche

C—Cubierta:
1 pinta (16 onzas) de crema agria (*Sour Cream*)
4 cucharadas de azúcar
1 cucharadita de vainilla

1—Encienda el horno a *350 °F., 10 minutos* antes de usarlo.

2—Derrita la mantequilla a *fuego bajo* y mezcle con el resto de los ingredientes incluidos en A. Cubra con la pasta el fondo y los lados de un **molde de resorte** (*Spring Form Pan*), tamaño 10″ diámetro.

3—Combine los ingredientes incluidos en B y viértalos en el molde. Hornée por *40 minutos.*

4—Retire el molde del horno y suba la temperatura del horno a *375 °F.*

5—Mezcle los ingredientes incluidos en C y cubra el relleno del molde.

6—Hornée por *10 minutos.* Retire el molde del horno y deje refrescar sobre rejilla de aluminio (*Wire-Rack*). Coloque en la nevera. Al servirlo, remueva la parte del *"anillo"* del molde y sirva.

PASTEL (PIE) DE QUESO Y GUAYABA

A—1 paquete de 8 onzas de queso crema (*Philadelphia Cream Cheese*) (a temperatura ambiente)

B—1 frasco de 6 onzas de crema espesa, o de crema *Avoset* (etiqueta azul)
1 taza de azúcar pulverizada 10X, cernida
¼ cucharadita de vainilla
½ cucharadita de jugo de limón verde, fresco

C—1 molde de 9⅝" con pasta de galleta *Graham* (*Graham Pie Shell*), listo para usarse

D—1 frasco de 12 onzas de mermelada de guayaba, o la de su preferencia

1—En un tazón, ponga cremoso el queso. Aparte, bata la crema hasta tomar consistencia, añada al tazón y mezcle. *"Envuélvale"* el resto de los ingredientes incluidos en B.

2—Vierta la mezcla en el molde y cúbrala con la mermelada.

3—Coloque en la nevera hasta el día siguiente y sirva frío.

PASTEL (PIE) DE QUESO CREMA

A—4 cajitas de ¾ onzas de hojuelas de maíz (*Corn Flakes*)
¼ libra de mantequilla (a temperatura ambiente)

B—3 huevos
1 taza de azúcar
2 paquetes de 8 onzas de queso crema (*Philadelphia Cream Cheese*) (a temperatura ambiente)

C—1 pinta (16 onzas) de crema agria (*Sour Cream*)
1 taza de azúcar
1 cucharadita de vainilla

1—Encienda el horno a *350°F., 10 minutos* antes de usarlo.

2—Cubra con la mantequilla el fondo y los lados de un molde redondo de cristal para hornear, tamaño 10" diámetro (de los usados para hacer pastel (*Pie*).

3—Triture el *Corn Flakes* y riéguelo sobre la mantequilla. Presiónelo firmemente en el fondo y los lados del molde.

Meta el molde al horno y hornée por *5 minutos.* Retire del horno y **reserve.**

4—En el tazón grande de la batidora eléctrica, mezcle los ingredientes incluidos en B. Vierta la mezcla en el molde y hornée por *45 minutos.*

5—Retire el molde del horno. Combine los ingredientes incluidos en C y viértaselo encima.

6—Reduzca la temperatura del horno a *300°F.* Meta el molde y hornée por *15 minutos.*

7—Retire el molde del horno, deje refrescar un rato y coloque en la nevera, para servirse bien frío.

PASTEL (PIE) CHIFFON DE FRESAS

A—1 molde de 9⅝" con pasta para pastel (*Pie*) congelada, lista para hornearse (*Pie Crust Shell*)

B—1 canastita de fresas frescas (*Strawberries*)
½ taza de azúcar

C—1 sobre de gelatina, sin sabor
¾ taza de agua
1 cucharada de jugo de limón verde, fresco
1 pizca de sal

D—Clara de 2 huevos grandes
¼ taza de azúcar

E—½ taza de crema batida (*Whipped Topping*)

1—Hornée el molde de pasta para pastel (*Pie*) según instrucciones en el paquete y **resérvelo.**

2—Lave las fresas **cuidadosamente.** Remueva y descarte los tallos. Pase las fresas **ligeramente** por agua, escúrralas y séquelas. Córtelas en pedazos y póngalos en un tazón. Tritúrelas bien, viértales encima el azúcar, mezcle y deje reposar por ½ *hora.*

3—Mientras tanto, en una cacerolita, combine la gelatina con el agua. Mezcle **ocasionalmente** a *fuego moderado* hasta que disuelva bien la gelatina y el agua hierva. Retírelo del fuego y deje enfriar un poco.

4—Viértalo sobre las fresas y añada el jugo de limón y la pizca de sal. Combine y **reserve** el tazón en la nevera hasta que esté parcialmente cuajada la mezcla. (Alrededor de *2 horas.*)

5—Bata las claras a *"punto de nieve."* Añádales el azúcar, bata de nuevo y *"envuélvalo"* en la mezcla de fresas reservada.

6—*"Envuelva"* la crema en la mezcla de fresas y vierta en el molde reservado. Métalo en la nevera, no menos de *5 horas* y sirva tan pronto lo retire de la nevera.

PASTEL (PIE) DE COCTEL DE FRUTAS

A—1 lata de 1 libra 14 onzas de coctel de frutas (*Fruit Cocktail*), escurrida
2 sobrecitos de gelatina, sin sabor

B—1 envase de 8 onzas de crema agria (*Sour Cream*)
1 lata de 14 onzas de leche condensada
2¼ cucharaditas de jugo de limón verde

C—1 molde de 9", con pasta de galletas *Graham*, listo para usarse (*Ready Crust-Graham Pie Shell*)

1—En una cacerola, escurra bien la lata de coctel de frutas. **Reserve** las frutas.

2—Riegue la gelatina en la cacerola y mezcle, a *fuego moderado*, hasta que la gelatina se disuelva **totalmente**. Retire del fuego.

3—Añada a la cacerola los ingredientes incluidos en B y mezcle. Agregue las frutas reservadas y mezcle.

4—Vierta la mezcla en el molde y coloque en la nevera hasta el día siguiente. Sirva frío.

PASTEL (PIE) DE COCO RALLADO

A—2 latas de 1 libra 2 onzas de coco rallado en almíbar
¼ cucharadita de sal
4 huevos grandes, desbaratados
½ cucharadita de vainilla, o ¼ cucharadita de ralladura de limón verde, fresco

B—1 molde de 9⅝" de pasta para pastel (*Pie*), congelado, listo para hornearse (*Pie Crust Shell*)

1—Remueva el molde de la congeladora (*Freezer*) *20 minutos* antes de usarlo. Encienda el horno a *350°F., 10 minutos* antes de usarlo.

2—Abra las latas de coco rallado, escúrralas y **reserve** 1½ taza del almíbar escurrido para hacer la receta de *Bien-Me-Sabe Sencillo II* (Vea receta en la página 19) o de *Flán de Coco II* (Vea receta en la página 372).

3—Combine el poco de almíbar restante con la cachispa de coco escurrida y vierta en un tazón. Agréguele el resto de los ingredientes incluidos en A y mezcle.

4—Vierta la mezcla en el molde y hornée por *1 hora.*

5—Retire el molde del horno y sirva cuando enfríe.

PASTEL (PIE) DE FRESAS FRESCAS "MARISOL"

Pasta: (Para un pastel (*Pie*), sin cubierta) (Vea Nota)
1½ taza de harina de trigo
½ taza de manteca vegetal, bien fría
¾ cucharadita de sal
¼ taza de leche, bien fría

1—Encienda el horno a *350"F., 10 minutos* antes de usarlo.

2—Cierna la harina de trigo con la sal sobre un tazón. Añádale la manteca vegetal fría, usando para mezclarla un *Dough Blender* o dos cuchillos, con los cuales cortará la manteca, uniéndola con la harina de trigo hasta dejarla del tamaño de pequeños guisantes (*Petit-Pois*). (Es esencial que trabaje **rápidamente**, para evitar que la grasa se derrita).

3—Agregue la leche fría. Mezcle, usando un tenedor, hasta que note que en el fondo del tazón no queda harina suelta y la mezcla despega **totalmente** del tazón.

4—Vierta la mezcla sobre una tabla levemente enharinada. Amontónela con las manos en forma de bola. Amásela con la palma de las manos **cinco veces**. Déle forma circular con un rodillo levemente enharinado, hasta extenderla al tamaño apropiado para cubrir holgadamente un molde de cristal para hornear de 10″ de diámetro, de los usados para pastel (*Pie*). (Si fuera necesario, puede "*remendar*" con pedacitos de la misma pasta.)

5—Colóquele encima un papel parafinado y enrolle la pasta junto con el papel. Desenrolle la pasta sobre el molde y descarte el papel. Acomode la pasta para que no quede tirante.

6—Con un tenedor, pinche la pasta en el fondo y los lados. Oprima las orillas. Corte con un cuchillo la pasta que sobresalga de las orillas.

7—Hornée durante 30 minutos, o hasta dorar. Retire el molde del horno, deje enfriar y rellene.

Nota: Puede substituir con un molde de 9⅝″, con pasta para pastel (*Pie*), congelada, lista para hornearse (*Pie Crust Shell*).

Relleno:

A—2 cucharadas de maicena
   1 taza de agua
   4 cucharadas de gelatina con sabor a fresas (*Strawberry*)
   1 cucharada de jugo de limón verde, fresco
   1 taza de azúcar

B—3 canastitas de fresas frescas (*Strawberries*)

C—1 envase de 8 onzas de crema batida (*Whipped Topping*)
   2 cucharaditas de azúcar

1—En una cacerola, vierta la maicena y dilúyala con un poco del agua. Añada la gelatina y mezcle.

2—Agregue el azúcar, el jugo de limón y el resto del agua. Mezcle, con cuchara de madera, a fuego *moderado-alto* hasta que empiece a tomar consistencia.

3—Reduzca a *fuego moderado* y mezcle **contínuamente** hasta que hierva. Tan pronto hierva, deje al fuego por *3 minutos*, siempre mezclando **contínuamente**. Retire el sirop del fuego y deje enfriar **ligeramente**.

4—Lave las fresas **cuidadosamente**. Remueva y descarte los tallos. Pase las fresas **ligeramente** por agua y escúrralas y séquelas. (**Reserve** algunas fresas para decorar el pastel (*Pie*).

5—Cubra el fondo del pastel (*Pie*) con fresas, colocadas "**paradas**," con la **parte ancha hacia abajo** y pegada una de la otra.

6—Riegue el sirop sobre las fresas y coloque en la nevera por varias horas, hasta cuajar.

7—En un tazón, combine la crema con el azúcar y **reserve** en la nevera.

8—Al momento de servir, cubra las fresas con la crema y decore con las fresas que reservó.

FLAN DE LECHE SENCILLO

A—1 taza de azúcar (para acaramelar el molde)

B—5 huevos
   1 taza de leche
   1 lata de 14 onzas de leche condensada
   1 cucharadita de vainilla

1—En la parrilla del horno, coloque un molde de aluminio con 1″ de agua, apropiado para que le sea colocado adentro el molde donde se horneará el flán a *"Baño de María."* Encienda el horno a *350°F., 10 minutos* antes de usarlo.

2—Acaramele un molde redondo de aluminio, sin hoyo al centro, tamaño 6″ diámetro, echándole la taza de azúcar incluida en A. (Vea Nota al final de la receta de *Flán de Coco* en la página 372.)

3—Combine todos los ingredientes incluidos en B. Cuele al molde acaramelado.

4—Hornée alrededor de *1 hora,* o hasta cuajar.

5—Retire el molde del *"Baño de María"* y déjelo refrescar sobre una rejilla de alumino (*Wire Rack*). Cubra y coloque el molde en la nevera. Deje enfriar **totalmente.** Cuando esté listo para servirlo, vuelque en flán en un platón.

FLAN DE COCO I

A—1 taza de azúcar (para acaramelar el molde)

B—1 lata de 15 onzas de crema de coco (*Cream of Coconut*)
1 lata de 14 onzas de leche condensada, sin diluir
¼ cucharadita de sal
2 cucharadas de leche

C—8 huevos

1—En la parrilla del centro del horno, coloque un molde de aluminio con 1″ de agua, apropriado para que le sea colocado adentro el molde donde se horneará el flán a *"Baño de María."* Encienda el horno a *350°F., 10 minutos* antes de usarlo.

2—Acaramele un molde redondo de aluminio, sin hoyo al centro, tamaño 8″ diámetro, enchándole la taza de azúcar incluida en A. (Vea Nota)

3—En una licuadora eléctrica, licúe los ingredientes incluidos en B a *velocidad baja* hasta que una todo.

4—Aparte, desbarate con un tenedor los huevos hasta que hayan combinado bien las claras con las yemas, **sin batirlos.**

5—Vaya agregando **lentamente** lo licuado y mezcle. Cuele a través de un colador, presionando con una espátula de goma, hasta que haya pasado todo lo licuado. Mezcle y vierta en el molde acaramelado.

6—Hornée a *"Baño de María"* alrededor de *60 minutos*, o hasta que al introducirle un palillo en el centro, salga seco.

7—Retire el molde del *"Baño de María"* y déjelo refrescar sobre una rejilla de aluminio (*Wire Rack*). Cubra y coloque el molde en la nevera. Deje enfriar **totalmente.** Cuando esté listo para servirlo, vuelque el flán en un platón.

Nota: Ponga el molde con el azúcar sobre una hornilla a *fuego moderado* hasta que el azúcar derrita a un color dorado. (En el proceso de acaramelar, es conveniente empujar con la punta de un cuchillo el azúcar que se va derritiendo sobre las partes que aún no han derretido.) Cuando el azúcar derrita **totalmente,** retire el molde de la hornilla. En seguida, rote el molde **cuidadosamente** para que el azúcar derretida cubra los lados y el fondo del molde antes de que se acaramele. Coloque el molde sobre una rejilla de aluminio (*Wire Rack*), mientras prepara el resto de la receta.

FLAN DE COCO II

A—1 taza de azúcar (para acaramelar el molde)

B—1 lata de 15 onzas de crema de coco (*Cream of Coconut*)
1 paquete de 8 onzas de queso crema (*Philadelphia Cream Cheese*) (a temperatura ambiente)
¼ cucharadita de sal

C—8 huevos

1—En la parrilla del centro del horno, coloque un molde de aluminio con 1″ de agua, apropiado para que le sea colocado adentro el molde donde se horneará el flán a *"Baño de María."* Encienda el horno a *350°F., 10 minutos* antes de usarlo.

2—Acaramele un molde redondo de aluminio, sin hoyo al centro, tamaño 8″ diámetro, echándole la taza de azúcar incluida en A. (Vea Nota al final de la receta de *Flán de Coco* en la página 372.)

3—En una licuadora eléctrica, licúe los ingredientes incluidos en B a *velocidad baja* hasta que una todo.

4—Aparte, desbarate con un tenedor los huevos hasta que hayan combinado bien claras y yemas, **sin batirlos.**

5—Agregue **lentamente** lo licuado y mezcle. Cuele, presionando el colador con cuchara, hasta que haya pasado todo lo licuado. Mezcle y vierta en el molde acaramelado.

6—Hornée a *"Baño de María"* alrededor de *60 minutos,* o hasta que al introducirle un palillo en el centro, salga seco.

7—Retire el molde del *"Baño de María"* y déjelo refrescar sobre una rejilla de aluminio (*Wire Rack*). Cubra y coloque el molde en la nevera. Deje enfriar **totalmente.** Cuando esté listo para servirlo, vuelque el flán en un platón.

FLAN DE CALABAZA

A—1 taza de azúcar (para acaramelar el molde)

B—1 libra de calabaza (pesada después de mondada)
1 litro (4 tazas) de agua
1 cucharada de sal

C—1 cucharadita de maicena
¼ cucharadita de sal
1 lata de 13 onzas de leche evaporada, sin diluir
1 cucharadita de vainilla
⅔ taza de azúcar

D—2 onzas (4 cucharadas) de mantequilla

E—4 huevos

1—En una olla, combine los ingredientes incluidos en B. Ponga el *fuego alto* hasta hervir. Reduzca el fuego a *moderado,* tape y deje hervir por *20 minutos.*

2—En la parrilla del centro del horno, coloque un molde de aluminio con 1″ de agua, apropiado para que le sea colocado adentro el molde donde se horneará el flán a *"Baño de María."* Encienda el horno a *350°F.,* *10 minutos* antes de usarlo.

3—Acaramele un molde redondo, sin hoyo al centro, tamaño 8″ diámetro, echándole la taza de azúcar incluida en A. (Vea Nota al final de la receta de *Flán de Coco* en la página 372.)

4—Diluya la maicena en un poco de la leche. Agregue el resto de la leche y los otros ingredientes incluidos en C y mezcle.

5—Tan pronto la calabaza esté lista, se saca, se escurre y se maja en un tazón. En seguida, añádale la mantequilla y mezcle.

6—Desbarate los huevos, para combinar bien las claras con las yemas, **sin batirlos.** Añada los huevos al tazón y mezcle. Agregue la lechada, mezcle y cuele.

7—Vierta lo colado en el molde acaramelado. Hornée a *"Baño de María"* alrededor de *2 horas,* o lo necesario hasta que dore y cuaje.

8—Retire el molde del *"Baño de María"* y déjelo refrescar sobre una rejilla de aluminio (*Wire Rack*). Cubra y coloque el molde en la nevera. Deje enfriar **totalmente.** Cuando esté listo para servirlo, vuelque el flán en un platón.

FLAN DE BATATA

A—1½ libra de batata blanca
1½ litro (6 tazas) de agua
1 cucharada de sal

B—¼ libra de mantequilla

C—1 taza de azúcar (para acaramelar el molde)

D—1 lata de 15 onzas de crema de coco (*Cream of Coconut*)
½ taza de leche
1½ cucharadita de vainilla
1 cucharadita de sal
¾ taza de azúcar

E—6 huevos

1—Lave bien las batatas con el cepillo de lavar hortalizas. **No las monde.** Córtelas por la mitad. En una olla, combine el agua y la sal incluidas en A y póngala a *fuego alto* hasta hervir. Añada los pedazos de batata, tape y deje hervir a *fuego moderado-alto* por *45 minutos.* **En seguida,** móndelas y córtelas en pedacitos.

2—Derrita a *fuego bajo* la mantequilla.

3—En la parrilla del centro del horno, coloque un molde rectangular de aluminio con 1″ de agua, apropiado para que le sea colocado adentro el molde donde se horneará el flán a "*Baño de María.*" Encienda el horno a *350°F.*, *10 minutos* antes de usarlo.

4—Acaramele un molde redondo de aluminio, sin hoyo al centro, 9″ × 3½″, echándole la taza de azúcar incluida en A. (Vea Nota al final de la receta de *Flán de Coco* en la página 372.)

5—En una licuadora eléctrica, vierta los ingredientes incluidos en D. Añada la mantequilla derretida.

6—Agregue a la licuadora los pedacitos de batata y licúe **gradualmente.** (En caso que no tenga licuadora, maje muy bien la batata, mézclela con el resto de los ingredientes y cuélela.)

7—En un tazón grande, desbarate los huevos, uniendo yemas y claras. Añada lo licuado, mezcle **muy bien** y cuélelo.

8—Vierta la mezcla en el molde acaramelado y colóquelo dentro del recipiente que tiene en el horno. Hornée alrededor de *2 horas,* o lo necesario hasta que dore y cuaje.

9—Retire el molde del *"Baño de María"* y déjelo refrescar sobre una rejilla de aluminio (*Wire Rack*). Cubra y coloque el molde en la nevera. Deje enfriar **totalmente**. Cuando esté listo para servirlo, vuelque el flán en un platón.

FLAN DE MANGO

A—Mangós maduros, que no sean fibrosos (los necesarios para licuar la pulpa y usar en la receta 1 taza de pulpa licuada)

B—1 taza de azúcar (para acaramelar el molde)

C—1 taza de leche
½ taza de azúcar
¼ cucharadita de sal
3 cucharadas de maicena
4 huevos
2 onzas (4 cucharadas) de mantequilla, cortada en trocitos

1—En la parrilla del centro del horno, coloque un molde de aluminio con 1″ de agua, apropiado para que le sea colocado adentro el molde donde se horneará el flán a *"Baño de María."* Encienda el horno a *350°F., 10 minutos* antes de usarlo.

2—Acaramele un molde redondo de aluminio, sin hoyo al centro, tamaño 8″ diámetro, echándole el azúcar incluida en A. (Vea Nota al final de la receta de *Flán de Coco,* página 372.)

3—Vierta en una licuadora eléctrica los ingredientes incluidos en C. Añada la taza de pulpa de mangó, previamente licuada.

4—Licúe todo a *velocidad baja* por *1 minuto.* Vierta la mezcla en el molde acaramelado y hornée a *"Baño de María"* por *1½ hora,* o lo necesario hasta que dore y al introducirle un palillo en el centro, salga seco.

5—Retire el molde del *"Baño de María"* y déjelo refrescar sobre una rejilla de aluminio (*Wire Rack*). Cubra y coloque el molde en la nevera. Deje enfriar **totalmente.** Cuando esté listo para servirlo, vuelque el flán sobre un platón.

FLAN DE QUESO

A—¾ taza de azúcar (para acaramelar el molde)
B—1 lata de 13 onzas de leche evaporada, sin diluir
  1 lata de 14 onzas de leche condensada
  1 cucharadita de vainilla
  1 paquete de 8 onzas de queso crema (*Philadelphia Cream Cheese*)
  ¼ libra de mantequilla, cortada en trocitos
  5 huevos
  2 tajadas de pan de emparedados (*Sandwich*), sin la corteza y el pan desboronado

1—En la parrilla del centro del horno, coloque un molde de aluminio con 1″ de agua, apropiado para que le sea colocado adentro el molde donde se horneará el flán a *"Baño de María."* Encienda el horno a *350°F., 10 minutos* antes de usarlo.

2—Acaramele un molde redondo de aluminio, sin hoyo al centro, tamaño 8" diámetro, echándole el azúcar incluida en A. (Vea Nota al final de la receta de Flán de Coco en la página 372.)

3—En una licuadora eléctrica, licúe los ingredientes incluidos en B a *velocidad baja* hasta que una todo. Vierta lo licuado en el molde acaramelado.

4—Hornée a *"Baño de María"* alrededor de *1 hora 15 minutos,* o hasta que dore y al introducirle un palillo en el centro, salga seco.

5—Retire el molde del *"Baño de María"* y déjelo refrescar sobre una rejilla de aluminio (*Wire Rack*). Cubra y coloque el molde en la nevera. Deje enfriar **totalmente.** Cuando esté listo para servirlo, vuelque el flán sobre un platón.

FLAN DE QUESO CREMA

A—1 taza de azúcar (para acaramelar el molde)

B—1 lata de 13 onzas de leche evaporada, sin diluir
  2 paquetes de 8 onzas cada uno de queso crema (*Philadelphia Cream Cheese*)
  1 taza de azúcar
  4 huevos
  1 cucharadita de vainilla

1—En la parrilla del centro del horno, coloque un molde de aluminio con 1″ de agua, apropiado para que le sea colocado adentro el molde donde se horneará el flán a "*Baño de María.*" Encienda el horno a *350°F., 10 minutos* antes de usarlo.

2—Acaramele un molde redondo de aluminio, sin hoyo al centro, tamaño 8″ diametro, echándole la taza de azúcar incluida en A. (Vea Nota al final de la receta de *Flán de Coco,* página 372.)

3—Mezcle los ingredientes incluidos en B en la licuadora eléctrica.

4—Vierta la mezcla en el molde acaramelado. Hornée a "*Baño de María*" por *1 hora,* o hasta que dore y cuaje.

5—Retire el molde del "*Baño de María*" y deje refrescar sobre una rejilla de aluminio (*Wire Rack*). Cubra y coloque el molde en la nevera. Deje enfriar **totalmente.** Cuando esté listo para servirlo, vuelque el flán en un platón.

FLAN-BUDIN DE COCO

A—1 taza de azúcar (para acaramelar el molde)

B—2 latas de 1 libra 2 onzas de coco rallado en almíbar

C—1 lata de 14 onzas de leche condensada
  ¾ taza de leche

¼ cucharadita de sal
1 taza del almíbar escurrida de las latas de coco rallado
D—8 huevos

1—En la parrrilla del centro del horno, coloque un molde de aluminio con 1″ de agua, apropiado para que le sea colocado adentro el molde donde se horneará el flán a *"Baño de María."* Encienda el horno a *350°F., 10 minutos* antes de usarlo.

2—Acaramele un molde redondo de aluminio, tamaño 8″ diámetro, echándole el azúcar incluida en A. (Vea Nota al final de la receta de *Flán de Coco* en la página 372.)

3—Sobre una cacerola grande, cuele las 2 latas de coco rallado. Mida 1 taza del almíbar escurrido y combine, en una licuadora eléctrica, con los ingredientes incluidos en C. Tape y licúe a *velocidad baja* hasta que todo una. **Reserve** el coco rallado escurrido.

4—En una cacerola, desbarate los huevos, **sin batirlos,** únicamente hasta que unan bien las yemas con las claras.

5—Viértale encima lo licuado y mezcle. Cuele la mezcla y viértala en el molde acaramelado.

6—Con una cuchara, distribuya el coco rallado reservado sobre la mezcla.

7—Hornée alrededor de 1½ hora, o hasta que dore y cuaje.

8—Retire el molde del *"Baño de María"* y deje refrescar sobre una rejilla de aluminio (*Wire Rack*). Cubra y coloque el molde en la nevera. Deje enfriar **totalmente.** Cuando esté listo para servirlo, vuelque el flán en un platón.

FLAN-BUDIN DE PAN

(6 raciones)

A—½ taza de azúcar (para acaramelar el molde)

B—6 tajadas de ½″ de espesor de pan francés (de agua)
Oleomargarina (para untarle al pan)

C—3 huevos grandes, enteros
   2 yemas de huevo
   ½ taza de azúcar
   ½ cucharadita de sal
   ½ cucharadita de vainilla

D—2½ tazas de leche

1—En la parrilla del centro del horno, coloque un molde de aluminio con 1″ de agua, apropiado para que le sea colocado adentro el molde donde se horneará el flán a "Baño de María." Encienda el horno a 350°F., 10 minutos antes de usarlo.

2—Acaramele un molde cuadrado de aluminio, tamaño 8″ x 8″ x 2″, echándole el azúcar incluida en A. (Vea Nota al final de la receta de Flán de Cóco en la página 372.)

3—Unte oleomargarina a un solo lado de cada tajada de pan. Distribúyalas en 2 hileras en el fondo del molde acaramelado, con la parte untada con oleomargarina hacia arriba.

4—En un tazón grande, mezcle bien los ingredientes incluidos en C.

5—En una cacerola, ponga a fuego moderado la leche y caliente hasta que comienze a hervir.

6—Retire la cacerola del fuego y vierta lentamente sobre el contenido del tazón, mezclando todo el tiempo mientras lo agrega.

7—Cuele la mezcla y vierta sobre los panes en el molde.

8—Hornée alrededor de 45 minutos, o hasta dorar.

9—Retire el molde del "Baño de María." Pase un cuchillo por las orillas del molde y entre cada tajada de pan, para separarlas.

10—Introduzca una espátula en el fondo del molde para remover cada tajada. Sirva caliente, en platitos llanos de postre, con la parte del pan hacia arriba. Riégueles un poco del almíbar rendida en el molde. (Si no va a servir el postre inmediatamente, caliéntelo en el horno antes de sacar las tajadas del molde.)

Nota: Este postre es más sabroso servido caliente, pero si lo prefiere, puede servirlo frío. Para receta doble (12 raciones), use molde de aluminio tamaño 13″ x 9″ x 2″. Puede omitir, opcionalmente, el acaramelado y hornearlo en molde de cristal para hornear.

LECHE FRITA

(8 raciones)

A—½ taza de maicena
3 tazas de leche
½ taza de azúcar
¼ cucharadita de sal

B—2 huevos, batidos ligeramente
1 taza de polvo de galleta

C—½ cuarta (2 onzas) de mantequilla
2 cucharadas de aceite de oliva

D—2 cucharadas de azúcar
1 cucharadita de polvo de canela

1—En una cacerola, mezcle la maicena con un poco de la leche hasta diluirla bien. Agregue el resto de la leche y los otros ingredientes incluidos en A. Mezcle **contínuamente,** con cuchara de madera, a *fuego alto,* hasta que hierva y espese bien. Vierta la mezcla en un recipiente cuadrado, de cristal o aporcelanado, tamaño de alrededor de 8 pulgadas. Coloque en la nevera hasta quedar bien firme.

2—Con un cuchillo mojado en agua caliente, corte la crema en trozos de alrededor de 1 pulgada cuadrada.

3—Bata los huevos **ligeramente** y *"envuelva"* los cuadrados. Escúrralos bien y cúbralos con el polvo de galleta. Colóquelos en un platón.

4—En una sartén grande, caliente a *fuego moderado* la mantequilla y el aceite de oliva. Agregue de 6 a 8 cuadrados y dórelos *2 minutos* por cada lado. Proceda con el resto de los cuadrados en la misma forma.

5—Colóquelos en un platón y riégueles por encima el azúcar, previamente combinada con la canela. (Puede servirlos calientes o fríos.)

NATILLA

(4 raciones)

A—1 cucharada de maicena
⅛ cucharadita de sal
2 yemas de huevo
2 tazas de leche

B—½ taza de azúcar
1 cáscara fina de canela
1 cáscara de limón verde, lavada y escurrida

1—En una cacerola, diluya la maicena y la sal con un poco de la leche. Agregue las yemas y mezcle bien. Añada el resto de la leche y los ingredientes incluidos en B.

2—Ponga la cacerola a *fuego moderado-alto* y mezcle **contínuamente,** con cuchara de madera, hasta hervir.

3—Retire en seguida del fuego, cuele en dulcera o en 4 recipientes individuales. Deje enfriar y coloque en la nevera hasta el momento de servirla.

DULCE DE LECHE FRESCA

1 litro (4 tazas) de leche
2 cucharadas de jugo de limón verde, fresco
2 tazas de azúcar

1—En cacerola bien grande, vierta la leche. Póngala en la hornilla grande a *fuego alto* y retire tan pronto empiece a hervir.

2—Añádale el jugo de limón. (Se une **una sola vez** con cuchara de madera y sin mezclarlo, para que luego el dulce forme grumos gruesos.)

3—Vuelva a poner la cacerola en la hornilla grande a *fuego alto* hasta que hierva de nuevo. Tan pronto hierva, añádale el azúcar, **sin mezclarla.** (Con una cuchara de madera, distribuya el azúcar alrededor de la cacerola. Esto es importante, para que el dulce terminado quede en grumos.)

4—Ponga el *fuego moderado* y deje hervir alrededor de *1 hora.* (En este tiempo **no lo mezcle;** solo pase **ocasionalmente** la cuchara por la orilla para separar la leche de la cacerola.) Deje enfriar un poco, vierta en dulcera y coloque en la nevera hasta el momento de servirlo.

BUDIN DE GUAYABA

A—1 litro (4 tazas) de leche
1 lata de 6¼ onzas de mantequilla danesa, o 1½ cuarta (6 onzas) de mantequilla

B—1 libra de pan de emparedados (*Sandwich*), sin la corteza
2¼ tazas de azúcar

C—4 yemas de huevo (**reserve** las claras para el merengue)
8 huevos
¼ cucharadita de sal
1 cucharadita de vainilla

D—1 pasta de guayaba de 1 libra

E—**Merengue:**
4 claras de huevo
½ taza de azúcar
¼ cucharadita de polvo de hornear (*Baking Powder*)

1—Encienda el horno a *350°F., 10 minutos* antes de usarlo. Engrase con oleomargarina un molde rectangular de cristal para hornear, tamaño 13" x 9" x 2". Corte la pasta de guayaba en 32 tajaditas y **resérvelas** en la nevera hasta el momento de usarlas.

2—Ponga a hervir la leche. Tan pronto hierva, retire del fuego, añada la mantequilla y mezcle. Desborone el pan sobre la leche hervida y mezcle hasta quedar desmenuzado. Agregue el azúcar y mezcle.

3—En un tazón, combine los ingredientes incluidos en C y agréguelos a la mezcla de leche. Mezcle bien, vierta en el molde y hornée por *1½ hora*.

4—Retire el molde del horno y cubra la superficie del budín con las tajaditas de pasta de guayaba reservadas.

5—Bata las claras a *"punto de nieve"* y agrégueles **lentamente** el azúcar, mientras continúa batiendo hasta mezclar. Añádales el polvo de hornear y bata hasta unir bien.

6—Vieta la mezcla sobre las tajaditas hasta cubrir totalmente. Hornée por *30 minutos*. Retire el molde del horno, deje enfriar sobre rejilla de aluminio (*Wire Rack*) y sirva el budín en el mismo molde.

BUDIN DE PANAPEN

A—1 panapén grande
4 litros (16 tazas) de agua
2 cucharadas de sal

B—1 taza de azúcar (para acaramelar el molde)

C—¼ libra de mantequilla (a temperatura ambiente)
½ taza de azúcar
1 cucharadita de vainilla
4 huevos grandes
1 taza de harina de trigo
2 latas de 15 onzas de crema de coco (*Cream of Coconut*), sin diluir

1—Monde el panapén, pártalo en pedazos y remuévale la parte esponjosa (*tripa*) del centro. Corte los pedazos en trozos de alrededor de 2 *pulgadas* y use 1½ **libra** en ésta receta.

2—En una olla grande, combine los pedazos de panapén con el agua y la sal incluida en A. Cueza a *fuego alto* hasta hervir. Reduzca el fuego a *moderado-alto*, tape y hierva alrededor de 2 *horas* o lo necesario hasta que el panapén **ablande bien.**

3—Acaramele un molde redondo de aluminio, tamaño 9 pulgadas diámetro por 3½ pulgadas de alto, echándole la taza de azúcar incluida en B y procediendo según **nota en la página 372.**

4—Llene con agua hasta la mitad un molde mayor que el que usa para hornear el Budín a *"Baño de María."* Colóquelo en la parrilla del centro del horno. Encienda el horno a *350°F.*, *10 minutos* antes de usarlo.

5—Cuando el panapén haya ablandado, **inmediatamente** escúrralo y májelo. (El uso del procesador de alimentos es muy conveniente.) Mezcle bien con los ingredientes incluidos en C. Cuele y vierta en el molde acaramelado. (Vea nota.)

6—Hornée a *"Baño de María"* alrededor de 2½ *horas* o hasta que, al introducir un palillo en el centro, salga seco.

7—**Cuidadosamente**, retire el molde del *"Baño de María"* y deje enfriar. Vuelque sobre platón grande y colóquelo en la nevera hasta el momento de usarlo.

Nota: Puede usar la licuadora eléctrica después que el panapén majado se ha combinado con los ingredientes incluidos en C. Licúe la mezcla **gradualmente,** cuélela y vierta en el molde acaramelado.

BUDIN DE BATATA

A—2 litros (8 tazas) de agua
3 cucharadas de sal
3 libras de batatas amarillas (*Yams*), lavadas y sin mondar, cortadas en dos

B—2 onzas (4 cucharadas) de mantequilla
1 taza de azúcar negra (presionándola al medirla)
4 huevos grandes, desbaratados

C—½ taza de leche
2 cucharaditas de vainilla
½ taza de harina de trigo

1—Encienda el horno a *350°F.*, *10 minutos* antes de usarlo. Engrase un molde de cristal para hornear, tamaño 3 cuartillos (3 qts.).

2—Ponga a hervir las batatas a *fuego alto* en el agua y sal incluidos en A. Al hervir, reduzca el fuego a *moderado*, tape y deje hervir por *30 minutos*. Saque, escurra, monde y maje **inmediatamente** en un tazón.

3—Añada al tazón los ingredientes incluidos en B y mezcle.

4—Combine la leche con la vainilla. Diluya la harina de trigo en la leche, agregue al tazón y mezcle.

5—Vierta la mezcla en el molde y hornée por *1½ hora*. Retire el molde del horno, deje enfriar y sirva el budín en el mismo molde.

BUDIN DE ARROZ COCIDO I

A—2 onzas (4 cucharadas) de mantequilla

B—1 litro (4 tazas) de leche
1 taza de azúcar

½ cucharadita de sal
1½ cucharadita de vainilla

C—2 tazas de arroz cocido

D—4 huevos grandes, ligeramente batidos

1—Encienda el horno a *375°F.*, *10 minutos* antes de usarlo.
Engrase con oleomargarina un molde rectangular de cristal
para hornear, tamaño 12″ x 7½″ x 2″.

2—Aparte, derrita la mantequilla a *fuego bajo*.

3—En un tazón grande, combine los ingredientes incluidos
en B. Añada la mantequilla derretida y mezcle.

5—Agregue y mezcle los huevos **ligeramente** batidos. Vierta
la mezcla en el molde y hornée alrededor de *1 hora*, o
hasta dorar. Retire el molde del horno, deje enfriar y sirva
el budín en el mismo molde.

BUDIN DE ARROZ COCIDO II

A—3 tazas de arroz cocido
1½ taza de azúcar
½ cucharadita de sal

B—1 taza de leche evaporada, sin diluir
1 cucharadita de vainilla

C—4 huevos

D—¼ libra de oleomargarina

1—Encienda el horno a *350°F.*, *10 minutos* antes de usarlo.
Engrase con oleomargarina un molde de cristal para hornear, tamaño 13″ x 9″ x 2″. Derrita a *fuego bajo* la oleomargarina incluida en D y **resérvela**.

2—En un tazón grande, combine los ingredientes incluidos
en A.

3—Combine la leche con la vainilla, agréguela al tazón y mezcle.

4—Bata los huevos y *"envuélvalos"* en la mezcla del tazón.

5—Añada la oleomargarina derretida y mezcle. Vierta la mezcla en el molde.

6—Hornée alrededor de *1½ hora.* Retire el molde del horno, deje enfriar y sirva el budín en el mismo molde.

BUDIN DE PAN

A—1 litro (4 tazas) de leche
2 cucharaditas de vainilla
¾ libra de pan francés (pan de agua)

B—4 tazas de azúcar
½ cucharadita de sal
1 taza de pasas, sin semillas
¼ taza de harina de trigo
2 onzas (4 cucharadas) de mantequilla, cortada en trocitos
6 huevos, batidos

1—Encienda el horno a *350°F., 10 minutos* antes de usarlo. Engrase con oleomargarina un molde de cristal para hornear, tamaño 13" x 9" x 2".

2—En un tazón grande, combine la leche con la vainilla.

3—Quite la corteza al pan y desborónelo sobre la leche. Déjelo remojar por *5 minutos* y desmenúcelo bien con un tenedor.

4—Agregue al tazón los ingredientes incluidos en B y mezcle.

5—Vierta la mezcla en el molde y hornée alrededor de *1 hora,* o hasta dorar.

6—Retire el molde del horno, deje enfriar y sirva el budín en el mismo molde.

DULCE DE CREMA DE COCO

(Bien-Me-Sabe Gourmet)

(12 raciones)

A—2½ tazas de azúcar
   1 taza da agua

B—2 latas de 8¾ onzas de crema de coco *(Cream of Coconut)*

C—8 yemas de huevos (**reserve** 4 claras)

D—Plantillas *(Lady Fingers)*, o tajadas finas de bizcocho (las
   necesarias para cubrir el fondo de un molde rectangular
   de cristal o aporcelanado, tamaño 13″ x 9″ x 2″)

E—4 claras de huevos (reservadas)
   1 taza de azúcar

1—En una cacerola, mezcle los ingredientes incluidos en A.
Ponga a *fuego alto* hasta obtener sirop **liviano** *(Termó-
mentro de Dulce—222°F.)*. Retire la cacerola del fuego
y deje enfriar el sirop.

2—Agregue la leche de coco al sirop y mezcle.

3—En otra cacerola, desbarate las yemas. Añádale **lentamente**
el sirop. Mezcle, con cuchara de madera, a *fuego moderado*, hasta que salga la primera burbuja del hervor. Retire
del fuego y deje refrescar.

4—Cuele y vierta sobre las plantillas, o tajadas de bizcocho,
en el molde.

5—En el tazón grande de la batidora eléctrica, bata las claras
a *velocidad alta* por *5 minutos*. Ponga a velocidad *baja*
y agregue **lentamente** el azúcar. Aumente la velocidad a
moderada y bata por *5 minutos*.

6—Coja la mezcla por cucharadas y decore, distribuyéndola
sobre el postre en forma de cucuruchos.

7—Coloque el molde en la nevera y sirva frío.

BESITOS DE COCO MODERNOS

(24 Besitos)

A—2 latas de 3½ onzas de coco rallado (*Baker's Angel Flaked Coconut, Sweetened*), o 3 tazas de coco rallado

B—2 onzas (4 cucharadas) de mantequilla (a temperatura ambiente)
¼ cucharadita de sal
4 yemas de huevos, grandes
½ cucharadita de vainilla
8 cucharadas de harina de trigo
1 taza de azúcar negra (presionada al medirla)

1—Encienda el horno a *350°F.*, *10 minutos* antes de usarlo. Engrase molde de cristal para hornear, 13" × 9" × 2". Espolvoréelo levemente con harina de trigo.

2—Vierta la mantequilla en un tazón. Agregue, **gradualmente**, y mezcle los ingredientes en B. Añada y mezcle el coco rallado y mezcle, presionando la mezcla para quedar unida y compacta.

3—Coja la mezcla por cucharaditas, forme 24 bolitas con la palma de las manos, y distribúyelas en el molde en 4 hileras de 6 bolitas.

4—Hornée por *30 minutos*. Retire del horno, separe los *Besitos* con espátula de metal y déjelas enfriar, con **la parte de abajo hacia arriba.** Viértalos y sirva.

DULCE DE COCO DORADO

A—2 latas de 1 libra 2 onzas de coco rallado en almíbar
¼ cucharadita de sal
½ cucharadita de vainilla, o ¼ cucharadita de ralladura de limón verde
3 huevos grandes

1—Encienda el horno a *350°F.*, *10 minutos* antes de usarlo. Engrase un molde redondo de cristal para hornear, de 9" diámetro.

2—Abra las latas de coco rallado y escúrralas sobre un colador en una cacerola. Del almíbar escurrida, **reserve** 1½ taza para usarla en la receta de *Bien Me Sabe* (página 19).

3—Vierta en un tazón el coco rallado escurrido y el poco de almíbar restante. Agréguele la sal y la vainilla, o ralladura de limón y mezcle.

4—Aparte, desbarate con un tenedor los huevos hasta que hayan combinado bien las claras con las yemas. Agréguelos al tazón y mezcle. Viértalo en el molde y hornée alrededor de 1 *hora,* o hasta dorar.

TARTA HELADA DE ALBARICOQUES

(12 raciones)

1 paquete de bizcocho rectangular, de 10¾ onzas (*Pound Cake*)
2 latas de 1 libra de albaricoques en sirop (*Apricot Halves in Syrup*)
¾ taza (6 onzas) de licor de anís (*Anisette Liqueur*)
1 envase de 8 onzas de crema batida (*Whipped Topping*)
12 cerezas marrasquinas (*Maraschino Cherries*), cortadas por la mitad

1—Corte el bizcocho en 12 tajadas y cubra el fondo de un molde de cristal, tamaño 7½″ x 12″ x 2″.

2—Escurra el sirop de las latas de albaricoques y mida 1½ taza. Combínelo con el licor de anís y riéguelo sobre los bizcochos.

3—Cubra con la crema batida.

4—Distribuya encima 24 albaricoques, **boca arriba,** con cerezas en el centro. Tape el molde y coloque en la nevera.

Una hora antes de servirlo, póngala en el congelador (*Freezer*), para servirla bien fría.

MOUSSE DE FRUTAS

A—1 lata de 1 libra 14 onzas de coctel de frutas (*Fruit Cocktail*)

6 cerezas marrasquinas (*Maraschino Cherries*), cortadas en pedazos bien menuditos

B—1 lata de 13 onzas de leche evaporada, sin diluir

1 paquete de 8 onzas de queso crema (*Philadelphia Cream Cheese*)

1 paquete de 3 onzas de queso crema (*Philadelphia Cream Cheese*)

C—3 sobres de gelatina, sin sabor

¼ taza de agua

1 cucharada de vainilla

¼ taza de cordial *Ammaretto* (*Ammaretto Liqueur*), o el cordial de su preferencia

D—1 taza de azúcar

1—Escurra la lata de coctel de frutas. **Reserve** el sirop para otro uso. Agregue los pedacitos de cerezas marrasquinas a las frutas escurridas, mezcle y **reserve**.

2—En el tazón de una licuadora eléctrica, licúe la leche evaporada y los dos paquetes de queso crema.

3—Aparte, en una cacerolita, disuelva bien la gelatina en el agua a *fuego moderado*. Añádale la vainilla y el cordial. Agregue al contenido de la licuadora. Añada el azúcar y licúe.

4—Vierta la mezcla en molde de cristal, tamaño 2 cuartillos (2 qts.). Añada las frutas reservadas, mezcle y meta en la nevera de un día para otro.

5—Al día siguiente, retire el molde de la nevera y pásele **rápidamente** por alrededor un paño mojado con agua caliente. Vuélquelo en seguida sobre platón llano.

MOUSSE DE PERAS

A—1 lata de 1 libra 13 onzas de peras en almíbar (*Pears in Syrup*)

2 sobrecitos de gelatina, sin sabor

B—2 paquetes de 8 onzas de queso crema (*Philadelphia Cream Cheese*) (a temperatura ambiente)

1 lata de 13 onzas de leche evaporada, sin diluir

1 taza de azúcar

¼ cucharadita de vainilla

1—Escurra bien la lata de peras en una cacerola. Aparte, corte las peras en cuadritos y resérvelos. Riegue la gelatina en la cacerola y mezcle a *fuego moderado* hasta que la gelatina se disuelva totalmente. Retire del fuego y reserve.

2—En el tazón de una licuadora eléctrica, vierta los ingredientes incluidos en B y licúe. Vierta en la cacerola y mezcle.

3—Distribuya los trocitos de pera en el fondo de un molde rectangular de cristal, tamaño 9″ x 5″ x 3″.

4—Viértale encima el contenido de la cacerola. Meta en la nevera por varias horas, hasta que cuaje.

5—Retire el molde de la nevera y pásele **rápidamente** por alrededor un paño mojado con agua caliente. Vuélquelo en seguida sobre platón llano.

ARROZ CON DULCE MODERNO

A—2 tazas de arroz de grano corto

B—½ taza de agua

3 rajas de canela

6 clavos de especie

¼ cucharadita de semillas de anís

3 pedazos de gengibre, de alrededor de 1 pulgada de largo, lavados y machacados

C—2 cucharaditas de sal

3 tazas de agua

D—⅓ taza de pasas, sin semillas

E—2 latas de 15 onzas de leche de coco (*Cream of Coconut*)

F—½ onza (1 cucharada)

1—Remoje el arroz en agua que lo cubra **generosamente**, por *1½ hora*.

2—En una cacerolita, combine los ingredientes incluidos en B. Tape bien y ponga a *fuego moderado* por *10 minutos*. Cuele y **reserve** el líquido.

3—En un caldero de alrededor de 11 pulgadas de diámetro, combine la sal y el agua incluidos en C. Ponga el *fuego alto* y al hervir, reduzca el fuego a *moderado*. Escurra el arroz, agréguelo al caldero y mezcle. Cueza destapado, hasta que seque.

4—Voltée el arroz, tape y cueza a *fuego bajo* por *20 minutos*. (Mientras tanto, aparte, remoje las pasas en agua que las cubra.)

5—Voltée el arroz, añada la leche de coco, el líquido de las especies reservado y las pasas escurridas. Mezcle todo bien.

6—Cueza destapado, a *fuego moderado*, por *30 minutos*, o hasta que seque.

7—Voltée el arroz, agregue la mantequilla y mezcle solo lo necesario hasta que el arroz quede bien cubierto con la grasa.

8—Coloque el arroz en una fuente o platón bien grande y llano. Con la cuchara, apisone un poco el arroz, para que quede el grano unido al servirlo. Sirva a temperatura ambiente.

CLAS-CLAS FESTIVO
(12 copitas)

A—6 yemas de huevo
⅔ taza de azúcar pulverizada 10X, cernida

Pizca de sal

¾ taza (6 onzas) de licor de anís (*Anisette Liqueur*)

B—1 paquete de 12 plantillas (*Lady Fingers*)

C—2 claras de huevo

D—⅓ taza de azúcar

¼ cucharadita de licor de anís (*Anisette Liqueur*)

1—En el tazón pequeño de la batidora eléctrica, bata las yemas por 5 *minutos* a *alta* velocidad. Reduzca la velocidad, añada **lentamente** el resto de los ingredientes incluidos en A y bata por 5 *minutos*.

2—Vierta la mezcla en cacerola y póngala en "*Baño de María*" con agua hirviendo. Mezcle **contínuamente** a *fuego moderado* por 10 *minutos*. Retire del fuego y mezcle por 5 *minutos* más.

3—Divida las plantillas en dos, a lo largo. Coloque dos, paradas, en copitas para vino. Vierta la mezcla en las copitas.

4—Bata a "*punto de nieve*" las claras. Agrégueles los ingredientes en D, bata y ponga en cucuruchos sobre la mezcla en las copitas. Meta en la nevera y sirva frío.

MELOCOTONES CON MARSHMALLOWS

A—½ taza de agua

1 sobre de gelatina, sin sabor

B—1 lata de 1 libra 13 onzas de tajadas de melocotones en sirop (*Sliced Peaches in Syrup*)

25 "*Marshmallows*" grandes

C—1 paquete de 8 onzas de queso crema (*Philadelphia Cream Cheese*)

1—En una cacerolita, vierta el agua incluida en A. Riegue la gelatina y mezcle, a *fuego moderado*, hasta disolverla **totalmente**. Retire del fuego y **reserve**.

2—Escurra la lata de melocotones. **Reserve** los melocotones. Divida el almíbar en dos porciones iguales.

3—En una cacerola, derrita los *marshmallows* a *fuego moderado* en una de las porciones del almíbar. Añada los melocotones reservados.

4—En el tazón de una licuadora eléctrica, licúe el queso crema con la otra porción de almíbar, hasta quedar bien suave. Agréguelo a la cacerola.

5—Añada la gelatina reservada y mezcle.

6—Vierta en molde de cristal y coloque en la nevera de un día para otro.

7—Al día siguiente, retire el molde de la nevera y pásele **rápidamente** alrededor un paño mojado con agua caliente. Vuélquelo en seguida sobre platón llano.

Nota: Puede variar, substituyendo los melocotones por peras, coctel de frutas, etc.

GUINEOS A LA GRAND MARNIER

A—6 guineos maduros y **firmes** (si están blandos, se desbaratan al cocerse)
2 onzas (4 cucharadas) de mantequilla

B—1 taza de azúcar
½ taza de agua
1 cucharadita de vainilla

C—½ taza de licor *Grand Marnier*

1—Monde los guineos y córtelos en trozos de alrededor de 2 pulgadas.

2—En una sartén grande, derrita la mantequilla a *fuego bajo*.

3—Dore **ligeramente** los trozos de guineos a *fuego moderado-alto* y luego a *moderado*. Riégueles encima el azúcar.

4—Combine la vainilla con el agua y viértala sobre los guineos.

5—Cueza a *fuego moderado-alto* hasta hervir. Reduzca a *fuego moderado* y deje hervir lentamente por 5 *minutos.*

6—Riegue sobre los guineos la ½ taza de licor y cueza a *fuego moderado* hasta hervir. Remueva los guineos y vierta en una dulcera. Ponga el almíbar a *fuego alto,* hasta que espese a su gusto. Vierta sobre los guineos y sirva caliente o frío sobre mantecado de vainilla.

MANZANITAS EN JALEA

A—6 manzanas rojas (pesadas y sólidas al tacto)
  1 litro (4 tazas) de agua
  1 cucharadita de sal

B—4 tazas de azúcar
  6 tazas de agua
  2 cucharaditas de jugo de limón verde, fresco

1—Lave las manzanas y móndelas con el cuchillo de mondar vegetales. Corte cada manzana en ocho tajadas y quíteles el corazón. (Tan pronto haya hecho esto con cada tajada, sumérjala en el agua y sal incluida en A.)

2—Aparte, en una olla grande, combine los ingredientes incluidos en B.

3—Escurra bien las tajadas de manzana y agréguelas a la olla. Introduzca en la olla un termómetro de dulce. Ponga el *fuego alto* hasta que comience a hervir. En seguida, reduzca el fuego a *moderado* y cueza destapado, hasta que el termómetro marque *230°F.* Ocasionalmente, con una cuchara grande de cocina, empuje las tajadas hacia abajo. (El dulce tardará bastante tiempo en hacerse para que las manzanas vayan cociéndose lentamente.)

4—Tan pronto el dulce esté listo, viértalo en un molde de cristal para hornear, tamaño 13″ x 9″ x 2″. Acomode las tajadas **una al lado de la otra.** Deje refrescar, cubra y coloque en la nevera. (Al enfriar, el almíbar se convertirá en jalea.)

Nota: El dulce resulta delicioso, acompañado por mantecado de vainilla.

BUÑUELOS CON ANIS

A—**Sirop:**
2¾ tazas de azúcar
3 tazas de agua
½ taza de cordial de anís (*Anisette Liqueur*)

B—**Buñuelos:**
¼ libra de mantequilla
½ cucharadita de sal
1 taza de agua
1 taza de harina de trigo
4 huevos

C—Abundante manteca o aceite vegetal (para freir)

1—Para hacer el sirop, combine el azúcar y agua en una cacerola grande. Ponga a *fuego alto* hasta obtener almíbar **liviana** (*Termómetro de Dulce—222°F.*).

2—Deje enfriar, añada el cordial de anís y mezcle bien.

3—Aparte, en una cacerola, combine la mantequilla, sal y agua. Ponga a *fuego alto* hasta hervir. Retire del fuego, agregue la harina **toda de una vez** y mezcle. Añada los huevos, **uno a uno,** mezclando bien.

4—Fría la mezcla por cucharadas en abundante manteca o aceite vegetal (*Termómetro de Freir—350°F.*) hasta quedar bien dorados y cocidos. Escúrralos en papel absorbente y colóquelos en dulcera.

6—Viértale el sirop por encima en el momento de servir.

TARTA DELICIOSA

(12 raciones)

A—Sirop:
1 taza de azúcar
1 taza de agua
3 cucharadas de ron o licor *Grand Marnier*
B—1 paquete de 1 libra de bizcocho rectangular (*Pound Cake*)
C—1 lata de 1 libra de Coctel de Frutas (*Fruit Cocktail*)
1 lata de 1 libra 5 onzas de Crema de Limón para Pasteles
Dulces (*Lemon Pie Filling*)
D—Merengue:
5 claras de huevo
1½ taza de azúcar
½ cucharadita de polvo de hornear (*Baking Powder*)
1 cucharadita de jugo de limón

1—En una cacerola, ponga a hervir el azúcar con el agua incluida en A. Tan pronto hierva, retire del fuego y deje enfriar. Agregue el licor y mezcle.

2—Mientras tanto, remueva la corteza superior del bizcocho y descarte. Corte en 12 tajadas y cubra con estas el fondo de un molde de cristal para hornear, tamaño 13″ × 9″ × 2″. Encienda el horno a 350°F., *10 minutos* antes de usarlo.

3—Escurra la lata de Coctel de Frutas y vierta las frutas en un tazón. Agregue al tazón el contenido de la lata de Crema de Limón, mezcle y **reserve.**

4—Riegue el sirop sobre las tajadas de bizcocho y cubra con el contenido del tazón.

5—**Merengue:**
En el tazón grande de la batidora de bizcocho, bata las claras a *máxima velocidad* por *1½ minutos*. Agregue el azúcar y el polvo de hornear y bata por *1 minuto*. Añada el jugo de limón y bata por *2 minutos más*.

6—Cubra el bizcocho con el *Merengue* y hornée por *10 minutos*. Deje refrescar y coloque en la nevera hasta el momento de usarlo.

MELOCOTONES A LA GRAND MARNIER

(12 raciones)

A—1 paquete de bizcocho rectangular de 10¾ onzas (*Pound Cake*)

B—2 latas de 1 libra 13 onzas de tajadas de melocotones en almíbar (*Sliced Peaches in Syrup*)
8 cucharadas de licor *Grand Marnier*
15 cerezas marrasquinas (*Maraschino Cherries*)

C—½ taza de maicena
½ cucharadita de sal
1 litro (4 tazas) de leche
4 yemas de huevo
1½ taza de azúcar
1 cáscara de limón verde, lavada y escurrida

1—Remueva la corteza superior del bizcocho y descarte. Corte el bizcocho en 12 tajadas.

2—Cubra con las tajadas de bizcocho el fondo de un molde de cristal para hornear, tamaño 13″ x 9″ x 2″.

3—Escurra el almíbar de una de las latas de melocotones. **Reserve** los melocotones. Agregue 8 cucharadas del licor *Grand Marnier* al almíbar escurrida y mezcle. Vierta sobre las tajadas de bizcocho.

4—Escurra el almíbar de la otra lata y **reserve** el almíbar para otro uso. Combine los melocotones escurridos de la primera lata con los melocotones escurridos de la segunda lata. **Reserve** 15 tajadas de los melocotones para aderezar el postre. Coloque sobre cada tajada de bizcocho, dos tajadas de melocotón.

5—Prepare la crema como sigue:
En un cacerola, combine la maicena y la sal y disuélvala con un poco de la leche. Agregue las yemas de huevo y mezcle. Añada el resto de la leche y los otros ingredientes. Mezcle **contínuamente** a *fuego moderado-alto*

hasta que comience a tomar consistencia. Reduzca el fuego a *moderado* y mezcle hasta que salga la primera burbuja del hervor. Retire **inmediatamente** del fuego, descarte la cáscara de limón y vierta en seguida a cubrir el contenido del molde.

6—Adereze con las tajadas de melocotón reservadas y coloque una cereza pegada a cada tajada.

7—Deje enfriar, cubra y coloque en la nevera, para servirlo frío.

MERENGON

A—1 taza de azúcar (para acaramelar el molde)

B—12 claras de huevo (**reserve** 4 yemas)
1½ taza de azúcar
⅛ cucharadita de sal
½ cucharadita de cremor tártaro (*Cream of Tartar*)
½ cucharadita de vainilla

C—**Natilla:** (Vea Nota)
2 cucharadas de maicena
4 yemas de huevo (reservadas)
1 litro (4 tazas) de leche
¼ cucharadita de sal
1 taza de azúcar
Cáscara de 1 limón verde, lavada y escurrida

1—Encienda el horno a *500°F., 10 minutos* antes de usarlo. Acaramele un molde de aluminio de tubo en el centro, tamaño 10" diámetro x 4½" alto. (Vea Nota al final de la receta de *Flán de Coco* en la página 372)

2—En el tazón grande de la batidora eléctrica, bata a *velocidad máxima* las claras a *"punto de nieve."* Reduzca la velocidad a *baja* y añádale el resto de los ingredientes incluidos en B. Bata a *velocidad moderada* hasta tomar consistencia de *merengue.*

3—Vierta la mezcla en el molde acaramelado, empujando la mezcla hacia abajo con una espátula, según la va añadiendo.

4—**Apague** el horno. Meta el molde y déjelo por varias horas. (Resulta conveniente hacerlo de noche y sacarlo por la mañana.)

5—Aparte, en una cacerola, prepare la natilla diluyendo bien la maicena en un poco de la leche. Añada y mezcle bien las yemas. Agregue el resto de los ingredientes y mezcle a *fuego moderado-alto,* con cuchara de madera. Al empezar a tomar consistencia, reduzca el fuego a *moderado* y mezcle hasta que comience a hervir. Cuele y luego de enfriar, coloque en la nevera.

6—Vuelque el merengón en un platón y riéguele por encima el poco de almíbar que quede en el molde.

7—Vierta en el molde ½ taza de agua, póngalo a *fuego alto* hasta que hierva y el molde quede limpio. Escúrralo y vierta el almíbar en una salserita.

8—El merengón se sirve acompañado por el almíbar y la crema. Se corta como lo haría un bizcocho. Se le riega encima de la tajada un poco del almíbar y se cubre con la natilla.

Nota: Para un sabor delicioso, después de terminada la natilla, añádale y mezcle ¼ taza de licor *Cointreau* o *Grand Marnier.*

PASTELILLITOS DULCES

A—2½ tazas de harina de trigo (cernida antes de medirla)
1¼ cucharadita de sal

B—½ taza de manteca vegetal, fría
½ taza de queso *Velveeta,* rallado en tiritas

C—Agua—(la necesaria para formar una pasta manejable)

D—Relleno—(mermelada de su preferencia)

E—Abundante manteca o aceite vegetal (para freir)

F—Azúcar pulverizada 10X (para espolvorear)

1—En un tazón, cierna los ingredientes incluidos en A.

2—Añada la manteca fría y únala, usando un mezclador de harina (*Dough Blender*), o dos cuchillos. Añada el queso rallado y mezcle.

3—Añada el agua por cucharadas y mezcle bien con un tenedor, hasta obtener una pasta que se pueda manejar con la mano.

4—Espolvorée **levemente** una mesa o mármol con harina. Vierta la mezcla sobre éste y amásela **rápidamente**. Pásele por encima un rodillo enharinado hasta dejarla de alrededor de ⅛" de espesor.

5—Forme los pastelillitos, cortando **gradualmente** la masa en forma circular con un platito de postre. Rellene el centro con 1 cucharada de la mermelada escogida. Doble la masa sobre éste. Una las orillas de los pastelillitos, oprimiéndolas por ambos lados con un tenedor **levemente** enharinado. Colóquelos en la nevera para que estén bien fríos al freirlos.

6—Fría en manteca o aceite vegetal a 375"*F.* alrededor de *3 a 5 minutos,* o hasta que doren. Escúrralos sobre papel absorbente y espolvoréelos con azúcar pulverizada.

DELICADAS DE CHINA Y LIMON

(Salen 72 cuadritos)

Primera Combinación:

½ libra de mantequilla u oleomargarina
2 tazas de harina de trigo
½ taza de azúcar pulverizada 10X (*Powdered Sugar*), cernida

1—Encienda el horno a 350°F., *10 minutos* antes de usarlo. Engrase molde de cristal para hornear, rectangular, tamaño 13" × 9" × 2".

2—Derrita la mantequilla a *fuego bajo*. Retire del fuego, agregue la harina de trigo y el azúcar pulverizada y mezcle bien. Esparza la mezcla en el fondo del molde. Hornée por ½ *hora* y **reserve**.

Segunda Combinación:

A—2 tazas de azúcar
4 cucharadas de harina de trigo
1 cucharadita de polvo de hornear (*Baking Powder*)
4 cucharadas de jugo de china
2 cucharadas de jugo de limón

B—4 huevos, batidos

C—Azúcar pulverizada 10X (*Powdered Sugar*), cernida (*para espolvorear*)

1—En un tazón, mezcle todos los ingredientes incluidos en A. Añada los huevos batidos, "*envolviéndolos*" en la mezcla.

2—Vierta la mezcla sobre lo horneado y hornée por ½ *hora*.

3—**Inmediatamente** que retire el molde del horno, espolvoréele azúcar pulverizada, utilizando un colador, hasta cubrir **ligeramente** la superficie del molde. Deje enfriar y corte en 72 cuadritos de alrededor de *1 pulgada*. Sáquelos con una espátula estrecha y colóquelos en fuente llana.

APRY CHIFFON

(12 raciones)

A—1 lata de 1 libra 1 onza de mitades de albaricoques en almíbar (*Apricot Halves*)
¼ taza de leche
1 paquete de 10 onzas de *Marshmallows*

B—2 huevos

C—¼ taza de cordial *Apry* (*Apricot Liqueur*)

D—2 latas de 7 onzas de jugo de albaricoque (*Apricot Juice*)
1 frasco de 10 onzas de mermelada de albaricoque (*Apricot Preserve*)
½ taza de cordial *Apry* (*Apricot Liqueur*)

E—12 tajadas de ¼ pulgada de espesor de bizcocho esponjoso (*Chiffon Cake*), o 12 plantillas (*Lady Fingers*)

F—2 envases de crema para batir, o 2 frascos de crema *Avoset* (etiqueta azul), o 1 envase de 8 onzas de crema batida (*Whipped Topping*)

G—12 cerezas marrasquinas (*Maraschino Cherries*)

1—En una cacerola grande, escurra el almíbar de la lata de albaricoques. **Reserve** los albaricoques. Agregue a la cacerola la leche y los *marshmallows*. Ponga la cacerola a *"Baño de María,"* dentro de una olla que tenga agua hirviendo. Mezcle **contínuamente,** con cuchara de madera, a *fuego moderado-alto,* hasta que derritan los *marshmallows.*

2—Aparte, bata los huevos, añádalos a la cacerola y mezcle **contínuamente** a *fuego moderado* por *5 minutos.* Retire del fuego, agregue ¼ taza del cordial, mezcle y vierta en un tazón. Coloque el tazón en la nevera por *1 hora.*

3—Mientras tanto, combine en una cacerola el jugo de albaricoque y la mermelada incluidos en D. Mezcle con cuchara de madera, a *fuego moderado-alto,* por *3 minutos.* Retire del fuego y cuele **sin oprimirlo.** Añada a lo colado ½ taza de cordial, mezcle y **resérvelo. Reserve** también los pedacitos de albaricoque que quedan en el colador.

4—Coloque las tajadas de bizcocho en 12 copas anchas, o platitos hondos. (Si usa plantillas, abra cada plantilla en dos, y colóquelas en el recipiente). Riegue lo colado sobre los bizcochos y distribúyale encima los pedacitos de albaricoques reservados.

5—Si usa crema para batir, o crema *Avoset,* bata en el tazón pequeño de la batidora eléctrica de bizcocho, a *toda velocidad,* alrededor de *2 minutos,* hasta que tome consistencia cremosa. Si usa *Whipped Topping,* úsela según viene en el envase.

6—Transcurrida la hora, saque el tazón de la nevera. Revuelva la mezcla, *"envuélvale"* la crema batida y cubra los bizcochos.

7—Coloque encima un albaricoque, **boca arriba.** Decore con una cereza en el centro del albaricoque. Coloque en la nevera por varias horas, para servirlo frío.

DULCE DE TORONJA

A—3 toronjas grandes

B—2 tazas de azúcar
  1½ taza de agua

C—1 cucharadita de vainilla

1—Escoja toronjas que tengan la corteza gruesa, con la cáscara abultada y los poros dilatados. Monde las toronjas **cuidadosamente,** para evitar romper la corteza. Divida la corteza de cada toronja en 8 tajadas.

2—Desprenda **cuidadosamente** las tajadas y **reserve** la parte interior de las toronjas para otro uso.

3—Ponga las tajadas en un recipiente de cristal o aporcelanado. Cúbralas con agua y déjelas remojar de un día para otro.

4—Al día siguiente, escúrralas y colóquelas en una olla con la **parte exterior** de la toronja **hacia abajo.** Cúbralas con agua, tape y cueza a *fuego alto* hasta que hierva.

5—Escurra y deje refrescar las tajadas. Envuelva cada tajada en forma de rollito y exprímala con la mano. Desenrróllelas y vuelva a ponerlas en la olla, con la **parte exterior** de la tajada **hacia abajo.**

6—Cúbralas con agua, tape y cueza de nuevo a *fuego alto* hasta hervir. Escúrralas y pruebe un pedacito de las tajadas; si lo nota muy amarga, hierva una vez más y escúrralas.

7—Combine en la olla el azúcar y agua incluidos en B. Coloque las tajadas, **sin exprimirlas,** con la **parte exterior** de la tajada **hacia abajo.** Cueza destapado, a *fuego moderado,* hasta hervir.

8—Ponga el *fuego bajo,* añada la vainilla y continúe hirviendo, destapado, hasta que el almíbar tome un punto de almíbar **liviana** (*Termómetro de Dulce—222°F.*).

DULCE DE LECHOSA MADURA EN ALMIBAR

A—1½ libra de lechosa madura (pesada después de mondada y sin semillas)
1½ litro (6 tazas) de agua
4½ cucharaditas de polvo de hornear (*Baking Powder*)

B—3 tazas de azúcar negra (presionándola al medirla)
1 cucharadita de vainilla

1—Corte la lechosa mondada en trozos de alrededor de 2 pulgadas de ancho por 1 pulgada de largo.

2—Combine el agua con el polvo de hornear. Remoje los trozos de lechosa durante *1 hora.* Sáquelos, escúrralos y enjuáguelos en agua fresca.

3—Colóquelos en una olla que tenga tapa firme y pesada y *"envuélvalos"* en el azúcar.

4—Tape la olla y cuéza a *fuego moderado* por *15 minutos.* Destape la olla, revuelva los trozos de lechosa, tape de nuevo y cueza a *fuego bajo* por *30 minutos.*

5—Destape la olla, añada la vainilla y cueza al mismo *fuego bajo* hasta que el almíbar tome un punto de almíbar **liviana** (*Termómetro de Dulce—222°F.*).

6—Deje enfriar y vierta en dulcera.

DULCE DE MANGO

A—6 mangós (que no sean fibrosos)

B—4 tazas del líquido en que hirvió los mangós (Vea Instrucción 1)
4 tazas de azúcar

C—1 cucharadita de vainilla

1—Lave y monde los mangós. Colóquelos en una olla y cúbralos con agua. Póngalos a *fuego alto* hasta hervir. Retire
del fuego, saque los mangós y mida 4 tazas del líquido.

2—Combine éste líquido con el azúcar. Añada los mangós y
deje hervir, a *fuego moderado,* hasta que el almíbar tome
un punto de almíbar **liviana** (*Termómetro de Dulce—
222 °F.*). Agregue y mezcle la vainilla cuando ya esté **casi
listo** el dulce.

3—Deje enfriar y vierta en dulcera.

LECHE DE COCO

1—Encienda el horno a *400 °F., 10 minutos* antes de usarlo.

2—Escoja un coco seco, que **no** esté agrietado y que tenga
un poco de agua. Con un pincho de hielo, pinche los "ojitos" en la parte superior del coco. Escurra el agua y des-
cártela. Horneé el coco por *15 minutos.*

3—Retire el coco del horno y rómpalo con un martillo. Con
un cuchillo fuerte, remueva **cuidadosamente** la pulpa interior del coco. Monde la corteza oscura de la pulpa, usando
un cuchillo de mondar vegetales. Lave la pulpa y rállela
en un procesador de alimentos, o en una licuadora eléctrica, o usando un guayo.

4—Si usa licuadora eléctrica o el procesador de alimentos,
usando la cuchilla de acero, agregue pequeños trocitos de
coco. Tape y ralle a velocidad *alta.* Pare la máquina y
transfiera a un tazón lo rallado. Repita el mismo procedimiento hasta haber rallado toda la pulpa del coco. Vierta
lo rallado en la licuadora o procesador y con la máquina
a velocidad *baja,* agregue **lentamente** 2 tazas de agua caliente. Al concluir de agregar el agua, tape la máquina y
mezcle a velocidad *moderada* por *2 minutos.*

5—Deje enfriar por *5 minutos.*

6—Cubra un colador grande con un paño fino, enjuagado y exprimido. Coloque el colador sobre un tazón. Viértale adentro lo mezclado y presione lo sólido **firmemente**. Agarre el paño por las puntas y retuérzalo hasta exprimir el **máximo** de la leche de coco. Utilice la leche de coco en cualquier receta que la requiera.

DELICIAS DE BATATA

A—1 lata de 40 onzas de batatas (*Yams*) en almíbar (*Sweet Potatoes in Syrup*)

2 onzas (4 cucharadas) de mantequilla (a temperatura ambiente)

2 huevos

½ taza de leche

1 cucharadita de vainilla

1 taza de azúcar

B—½ taza de nueces, picaditas (*Chopped Walnuts*) (opcional)

1 lata de 3½ onzas de coco rallado (*Baker's Angel Flaked Coconut, Sweetened*)

2 onzas (4 cucharadas) de mantequilla, derretida

⅓ taza de harina de trigo

1 taza de azúcar negra (apisonándola al medirla)

1—Encienda el horno a *350°F., 10 minutos* antes de usarlo.

2—Escurra las batatas, viértalas en un tazón grande y májelas. Añádale el resto de los ingredientes incluidos en A y mezcle bien. Vierta en un molde de cristal para hornear, tamaño 13″ × 9″ × 2″.

3—En un tazón, combine y mezcle los ingredientes incluidos en B y distribúyalos encima del contenido del molde. Hornée por *40 minutos*. Retire del fuego y deje enfriar antes de servirlo.

Bebidas

Bebidas

COQUITO CLASICO
(Tropical Eggnog)

A—2 cocos grandes, secos

B—2 tazas de ron blanco

C—4 yemas de huevo
1 lata de 10 onzas de leche condensada

D—Polvo de nuez moscada, o de canela (para espolvorear)

1—Encienda el horno a *350°F., 10 minutos* antes de usarlo.

2—Rompa los cocos en pedazos con un martillo. Coloque los pedazos en el horno, sobre una lámina de aluminio (*Aluminum Sheet*), por *5 minutos.*

3—Retire los cocos del horno y separe la tela de la corteza. Con un cuchillo de mondar vegetales, remueva la parte oscura y descarte. Lave y seque bien la tela de los cocos.

4—Vierta ⅓ de la tela en una licuadora eléctrica, o en un procesador de alimentos, usando la cuchilla de metal, y añada 1 taza de ron. Licúe a *alta* velocidad. Cuele y exprima lo licuado, usando un pedazo de tela húmedo.

5—Vierta lo colado en la licuadora eléctrica, añada otra ⅓ parte de la tela de coco y repita la operación anterior.

6—Vierta lo colado en la licuadora eléctrica, añada la tela de coco restante y repita el procedimiento. Debe obtener 2 tazas de líquido.

7—Vierta el líquido en la licuadora, añada las yemas de huevo y mezcle. Añada el contenido de la lata de leche condensada y mezcle a *alta* velocidad.

413

8—En un tazón grande, mezcle bien el líquido con la taza de ron restante. Vierta en botellas con tapa y conserve en la nevera, hasta el momento de usarse.

9—Remueva de la nevera la cantidad a usarse **1 hora** antes. Al servir, agite bien y sirva en copitas. Espolvorée polvo de nuez moscada, o de canela, a gusto.

COQUITO PRACTICO

A—1 lata de 15 onzas de crema de coco (*Coconut Cream*)
   1 lata de 14 onzas de leche condensada, sin diluir
   ½ cucharadita de polvo de canela
   1 lata de 13 onzas de leche evaporada, sin diluir
   ½ taza de ron

B—Polvo de canela (opcional)

1—En una licuadora eléctrica, vierta los ingredientes incluidos en A en el orden en que se dan. Mezcle a velocidad alta y bata por *1 minuto.*

2—Vierta en botella de cristal, tape y conserve en la nevera para servirlo según se requiera.

3—Al servir, agite bien la botella y sirva en copitas. (Algunas personas gustan de espolvorear polvo de canela sobre la superficie del *Coquito.*)

EGGNOG I

A—12 yemas de huevo (separe 6 claras en un tazón y **reserve** el resto para otro uso)
   2 tazas de azúcar
   1 cucharadita de polvo de nuez moscada, o de polvo de canela
   1 botella de ⅘ cuartillo de Brandy

B—6 tazas de leche evaporada, sin diluir

C—6 claras de huevo

D—Polvo de nuez moscada, o polvo de canela (para espolvorear)

1—En el tazón grande de la batidora eléctrica, bata las yemas a velocidad *alta*, hasta quedar espesas y amarillas claras.

2—Reduzca la velocidad de la batidora y añada **lentamente** el azúcar hasta mezclar bien.

3—Agregue el Brandy en la siguiente forma: Mida ½ taza y vierta bien **poco a poco** para evitar que se *"corte"* la mezcla. Una vez disuelto, añada el resto del Brandy en **"chorrito"** **lento.**

4—En un tazón grande, vierta la leche, añádale la mezcla de la batidora y combine bien.

5—Bata a *"punto de nieve"* las claras incluidas en C y *"envuélvalas"* en la mezcla.

6—Vierta la mezcla en recipiente de cristal con tapa y coloque en la nevera hasta servirlo.

7—Al servirlo, agite bien la mezcla y vierta en una bulera. Sirva espolvoreado con polvo de nuez moscada, o polvo de canela.

EGGNOG II

A—1 lata de 13 onzas de leche evaporada, sin diluir
   13 onzas de leche fresca
   1 taza de azúcar

B—6 yemas de huevo

C—1 cucharadita de vainilla
   1½ taza de ron o Brandy

D—Polvo de canela (opcional)

1—En una cacerola, mezcle la leche evaporada con la fresca. Añada el azúcar y caliente hasta diluir el azúcar, sin hervir.

2—Desbarate las yemas y mezcle con la leche caliente. Cuele y ponga a *fuego moderado* hasta dar un hervor.

3—Retire la cacerola del fuego, añada la vainilla y el licor. Enfríe **totalmente** antes de colocar en la nevera en envase de cristal con tapa. Sirva frío. Espolvorée polvo de canela a gusto, individualmente.

PONCHE DE NAVIDAD

A—3 yemas de huevo
1 taza de azúcar
1 lata de 12 onzas de leche evaporada, sin diluir

B—1 cucharadita de vainilla
1¼ taza de ron blanco

1—En una cacerola, mezcle las yemas de huevo y el azúcar incluidos en A. Añada **gradualmente** la leche evaporada, mientras mezcla.

2—Encienda la hornilla grande de la estufa eléctrica a *fuego alto*. Cuando esté roja, coloque encima la cacerola y caliente la mezcla por *2 minutos*, moviéndola **constantemente.**

3—Remueva la cacerola, añada los ingredientes incluidos en B y mezcle. Deje enfriar.

4—Vierta en botellas con tapa y conserve en la nevera hasta servir. Agítese antes de servir en copitas individuales.

PONCHE DE LOS REYES MAGOS

A—1 taza de azúcar
1 taza de agua
1 raja de canela

B—1 lata de 13 onzas de leche evaporada, sin diluir
1 taza de ron blanco
1 taza de anís (*Anisette Liqueur*)

C—4 yemas de huevo

D—Polvo de canela (para espolvorear)

1—En una cacerola, caliente los ingredientes incluidos en A hasta hervir. Retire la cacerola del fuego, remueva y descarte la raja de canela y deje enfriar **totalmente**.

2—En otra cacerola, mezcle los ingredientes incluidos en B. Vierta **gradualmente** y mezcle con el sirop.

3—Bata las yemas de huevo y *"envuelva"* en la mezcla. Vierta en botellas con tapa y conserve en la nevera.

4—Al momento de servir, agite la botella y sirva en copitas individuales, espolvoreando polvo de canela sobre el ponche.

PONCHE DE RON CON PIÑA

A—1 lata de 46 onzas de jugo de piña
  2 tazas de azúcar

B—½ taza de jugo de limón verde, fresco
  5 tazas de ron blanco

1—En una cacerola grande, disuelva a *fuego bajo* 2 tazas de azúcar en 2 tazas de jugo de piña. Añada el resto del jugo de piña y deje enfriar.

2—Añada y mezcle los ingredientes incluidos en B. Vierta en tazón de cristal o aporcelanado y conserve en el congelador (*Freezer*).

3—Al momento de servir, mezcle con una cuchara de cocina y sirva en copas para coctel. (Tendrá la consistencia de un *"sherbet."*)

PONCHE DE RON CON LIMON

A—1 taza de azúcar
  1 taza de agua

B—1 taza de jugo de limón verde, fresco
   4 tazas de ron blanco

1—En una cacerola, caliente a *fuego bajo* los ingredientes incluidos en A hasta disolver el azúcar. Retire y deje enfriar.

2—Añada el jugo de limón y el ron y mezcle. Vierta en un tazón de cristal o aporcelanado y conserve en el congelador (*Freezer*).

3—Al momento de servir, mezcle con una cuchara de cocina y sirva en copitas para coctel. (Tendrá la consistencia de un "sherbet.")

PONCHE MARTINIQUENSE

(*Punch Martiniquais*)

A—**Sirop:** 2 tazas de azúcar
   2 tazas de agua

B—Ron oro
   Cáscaras de limón verde, fresco, lavadas

C—Cubitos de hielo

1—Prepare con anterioridad un sirop, hirviendo en una cacerola el agua y el azúcar a *fuego alto* alrededor de *10 minutos* (*Termómetro de Dulce—220°F.*).

2—En un vaso para "*Old-Fashioned*," mezcle 1 onza del sirop reservado con 1 onza de ron.

3—Exprima el sumo de una cáscara de limón sobre el líquido y añada la cáscara.

4—Añada unos cubitos de hielo al vaso, revuelva y sirva.

Nota: Esta bebida se la prepara cada uno, individualmente, a su gusto.

PLANTER'S PUNCH

A—Hielo picado

B—1 onza (2 cucharadas) de jugo de limón verde, fresco
    6 gotas de licor de raices amargas (*Angostura Bitters*)
    2 cucharadas de azúcar
    2 onzas de ron oro
    2 onzas de ron jamaiquino (*Myer's Jamaican Rum*)

C—1 botella de agua de soda, fría

D—Tajada de limón verde, fresco ⎱
    Tajada de china   ⎰ para aderezar

1—Llene un vaso de 12 onzas con hielo picado.

2—En una coctelera o envase de cristal, mezcle los ingredientes incluidos en B. Vierta sobre el hielo.

3—Añada agua de soda hasta llenar el vaso. Mezcle **ligeramente.**

4—Adereze con las tajadas de limón y china y sirva con sorbete.

PONCHE CON RON

A—2 onzas de ron oro
    ½ onza (1 cucharada) de jugo de limón verde, fresco
    1 cucharadita de azúcar
    1 cucharadita de granadina
    ⅛ cucharadita de licor *Curaçao*

B—Hielo picado

C—Rebanada de piña fresca   ⎱
    Rebanada de china fresca   ⎰ para
    Cereza marrasquina (*Maraschino Cherry*) ⎰ aderezar

1—En una coctelera, bata los ingredientes incluidos en A.

2—Llene un vaso de 12 onzas con hielo picado y vierta la mezcla.

3—Adereze con las rebanadas de piña y china. Añada una cereza y sirva con sorbete.

PONCHE DE RON CALIENTE CON MANTEQUILLA

(Hot Butter Rum Punch)

A—1 cucharadita de azúcar negra
Agua hirviendo

B—1½ onza de ron oro
Pizca de polvo de nuez moscada

C—1 raja de canela
1 trocito de mantequilla

1—Llene un *"mug"* o *"stein"* para cerveza, tamaño 6 onzas, con agua hirviendo. Derrame el agua, dejando un poco en el fondo. Añada el azúcar negra y disuelva.

2—Vierta en el recipiente los ingredientes incluidos en B y mezcle. Complete con agua hirviendo.

3—Inserte la raja de canela y derrame la mantequilla sobre la superficie del líquido. Permita que se derrita la mantequilla antes de tomarlo caliente.

Nota: Puede substituir el agua por leche.

CORDIAL DE COCO

1 coco grande, seco
Ron blanco
Azúcar

1—Con un cuchillito afilado, perfore un roto en la parte superior del coco (donde tiene tres *"ojitos"*) y descarte el agua.

2—Llene el coco con agua. Vierta el agua en una taza de medir grande. Anote la cantidad de agua rendida y descarte el agua. En la misma taza, vaya formando el sirop, disolviendo **1 parte de azúcar con 2 partes de ron**, hasta obtener la cantidad requerida para rellenar el coco.

3—Con un embudo, vierta el sirop en el coco hasta llenarlo. Tape **bien** con un corcho y séllelo con esperma o cera.

4—**Reserve**, por lo menos un més, a temperatura ambiente. Vierta en botella de cristal, tape y sirva como cordial.

CORDIAL "PAN DE AZUCAR"

1 china grande, madura
1 taza de azúcar
1 taza de ron blanco, 80° prueba
1 cucharada ron oro, 151° prueba

1—Lave y restregue bien la china y séquela. Con un cuchillo afilado monde la china en una tirilla alrededor de ½ pulgada, tratando de **no** romperla. Descarte la china.

2—En el centro de un envase de cristal para hornear redondo, que tenga tapa, coloque la cáscara de china, simulando la forma de una china. **Poco a poco**, vaya rellenando con el azúcar la cáscara hasta formar una bola.

3—Vierta **cuidadosamente** la taza de ron blanco alrededor de la cáscara, para formar una *"isla."*

4—Riegue la cucharada de ron 150° prueba sobre la cáscara y el azúcar. Con un fósforo, encienda el ron. (Si no tiene ron 151° prueba, puede usar ron 80° prueba, pero se tomará más tiempo en prenderse.)

5—Con dos tenedores de cocina, con mango largo, levante la tirilla de cáscara, sumergiéndola en el ron y revuelva, para disolver el azúcar. Repita varias veces, hasta disolver toda el azúcar. (Para obtener un efecto espectacular, apague todas las luces al empezar a prender el ron.)

6—Tan pronto se haya disuelto el azúcar, cubra con la tapa para apagar el fuego. Destape y deje reposar, para que enfríe **parcialmente**. Sirva en copitas individuales para cordial.

CORDIAL DE CHINA Y AZUCARADO

A—1 china grande, madura
1 libra de azucarado (*Rock Candy Sugar*)
1 botella (⅘ cuartillo) ron oro

1—Lave, restregue bien la china y séquela. Con un punzón de hielo, pinche bien profundo la china, alrededor.

2—En un envase de cristal con boca ancha, que tenga tapa de rosca, coloque la china y el azucarado.

3—Vierta el contenido de la botella de ron sobre la china y el azucarado. Tape firmemente.

4—**Reserve,** por lo menos un mes, a temperatura ambiente.

5—Cuele y descarte la china. Coloque el licor de china con el azucarado en una botella, para servirlo como cordial.

SANGRIA

A—1 botella (⅘ quartillo) de vino rojo, seco
1 taza de azúcar
1 taza de ron oro
1 taza de jugo de china, fresco
½ taza de jugo de limón verde, fresco

B—1 lata de 1 libra de tajadas de melocotones (*Sliced Peaches*)

C—Tajadas de china
Tajadas de limón verde, fresco } opcional
Tajadas de melocotones

1—En una cacerola grande, mezcle bien los ingredientes incluidos en A con una espátula de goma, hasta disolver **totalmente** el azúcar.

2—Añada el contenido de la lata de melocotones, incluyendo el sirop y mezcle. Vierta en jarro de cristal y reserve en la nevera hasta el momento de servirlo.

3—Sirva en vasos de 12 onzas con cubitos de hielo. Adereze con las tajadas de china, limón y melocotones.

PIÑA COLADA

A—1 lata de 15 onzas de crema de coco (*Cream of Coconut*)
  4 tazas de ron blanco
  6 tazas de jugo de piña enlatado

B—Cubitos de hielo

1—En una cacerola, mezcle los ingredientes incluidos en A. Vierta en jarro y reserve en la nevera hasta servir.

2—Sirva en vasos de 12 onzas, con cubitos de hielo, o licúe en la licuadora eléctrica con hielo picado. Sirva *"frappé"* en copa para coctel.

Nota: Para simplificar, usando la lata de crema de coco como medida, mezcle 1 parte de crema de coco, 2 partes de ron y 3 partes de jugo de piña (*Piña Colada 1-2-3*).

DAIQUIRI

2 onzas ron blanco
1½ cucharadita de jugo de limón verde, fresco
1 cucharadita de azúcar
Hielo picado

1—En una coctelera, mezcle el ron, el jugo de limón y el azúcar con hielo picado.

2—Cuele y sirva en copa para coctel, fría.

DAIQUIRI FRAPPE

2 onzas de ron blanco
2 cucharaditas de jugo de limón verde, fresco
1 cucharadita de azúcar
1 taza de hielo triturado

1—En una licuadora eléctrica, mezcle todos los ingredientes a alta velocidad.

2—Sirva *"frappé"* en copa para coctel, fría.

DAIQUIRI EN LA ROCA

1 taza de jugo de limón verde, fresco
1 taza de azúcar
2 tazas de ron blanco
Cubitos de hielo

1—En una cacerola, disuelva a *fuego bajo* el azúcar en el jugo de limón. Remueva del fuego y deje enfriar.

2—Añada el ron y vierta en envase de cristal, con tapa, en la nevera.

3—En un vaso de cristal para *"Old-Fashioned"* coloque 4 o 6 cubitos de hielo. Agite el envase de cristal y vierta 3 o 4 onzas del coctel sobre el hielo.

DAIQUIRI DE FRESAS (STRAWBERRIES)

1 lata de 6 onzas de limonada rosa (*Pink Lemonade*), congelada
1 paquete de 10 onzas de fresas (*Strawberries*), congeladas
6 onzas de ron
Hielo picadito

1—En una licuadora eléctrica, vierta el contenido de la lata de limonada rosa y del paquete de fresas. Añada el ron, tape y licúe a *alta velocidad*.

2—Pare la licuadora, añada hielo picado, tape y bata a *baja velocidad,* aumentándola hasta que tome consistencia de *piragüa.* Sirva en vaso para *Daiquirí.*

DAIQUIRI DE GUINEO

4 onzas de ron blanco
1 onza de jugo de limón verde, fresco
1 cucharadita de azúcar
Guineo maduro
1 taza de hielo triturado

1—En una licuadora eléctrica, mezcle el ron con el jugo de limón y el azúcar.

2—Monde el guineo y añada la mitad a la licuadora eléctrica. Añada el hielo triturado y mezcle a alta velocidad.

3—Sirva el *"frappé"* en vaso para coctel.

Nota: Puede variar la receta, substituyendo el guineo por otra fruta madura de su preferencia.

MARGARITA

A—1½ onza de *Tequila*
1½ onza de cordial *Triple Sec*
½ onza de jugo de limón verde, fresco

B—Sal
Limones verdes, partidos en cuatro
Hielo

1—Vierta sal en un recipiente. Pase limón por el borde de los vasos de coctel a usarse. (Preferible, vasos de *"Old-Fashioned"* o *"Daiquirí."*) Invierta los vasos en el recipiente con sal para que los bordes de los vasos se impregnen con la sal.

2—En una coctelera, mezcle los ingredientes incluidos en A con hielo. Cuele el líquido en los vasos. Decore con un pedazo de limón en el borde del vaso. (Se acostumbra servir sal y pedazos de limón aparte. Se pone un poco de sal en la mano y se chupa. Se chupa el limón, experimiéndolo, y se toma un trago del coctel.)

Nota: Para servir el coctel *"frappé,"* mezcle en batidora eléctrica con suficiente hielo para obtener consistencia de *piragüa.*

RON CON HIERBABUENA

A—1½ onza de ron blanco
½ cucharadita de jugo de limón verde, fresco
1 cucharadita de azúcar
Hojas de hierbabuena (*Mint Leaves*)

B—Cáscaras de limón verde
Agua de soda

1—En una coctelera, mezcle los ingredientes incluidos en A. Cuele en vaso de *"High Ball"* con hielo. Añada un pedazo de cáscara de limón y complete con agua de soda.

CRUZAN SWIZZLE

1 botella de ⅘ cuartillos de ron de Santa Cruz (*Cruzan Rum*)
4 onzas de jugo de limón verde, fresco
¼ taza (2 onzas) de azúcar
½ cucharadita de licor de raices amargas (*Angostura Bitters*)
3 tazas de hielo picado

1—En un jarro de cristal grande, vierta todos los ingredientes y mezcle bien con un agitador de madera (*Swizzle Stick*), hasta que se forme escarcha en la parte de afuera del jarro.

2—Sirva, sin colar, en vasos altos.

Nota: Puede substituir el ron de Santa Cruz por el ron de su preferencia.

COCTEL CARIBE

1½ onzas de ron blanco
4½ cucharaditas de jugo de limón verde, fresco
1 onza (2 cucharadas) de jugo de piña, enlatado
Hielo

1—En una coctelera, agite todos los ingredientes con el hielo.

2—Cuele, descarte el hielo y sirva en vaso para coctel.

PALOMITA BLANCA

3 onzas de ron blanco
3 onzas de licor de anís (*Anisette Liqueur*)
Hielo picadito

1—Llene un vaso de 12 onzas con hielo picadito (como para *piragüa*).

2—Vierta el anís y el ron sobre el hielo y mezcle.

Nota: Puede variar la cantidad de anís y ron a su gusto.

HIGHBALL DE RON

1½ onzas de ron oro
1 botella de agua de soda
Cubitos de hielo

1—En un vaso para *"High Ball,"* tamaño 12 onzas, vierta el ron sobre cubitos de hielo. Llene el vaso con agua de soda.

Nota: Puede substituir con el refresco carbonatado de su preferencia (cola, limonada, etc.).

RUM "COLLINS"

2 onzas de ron blanco
1 limón verde, partido en dos

1 cucharadita de azúcar
1 botella de 12 onzas de agua de soda
Cubitos de hielo

1—Exprima la mitad de un limón en un vaso, tamaño 12 onzas
y añada el limón exprimido. Añada el azúcar y disuelva.

2—Añada hielo y vierta el ron sobre el hielo. Mezcle y complete con agua de soda.

Nota: Puede substituir el ron por ginebra o vodka.

RON "MARTINI"

2 onzas de ron blanco
Vermouth seco (a gusto)
1 cascarita de limón verde, fresco
Cebollita blanca o aceituna, rellena con cebolla
Cubitos de hielo

1—En una coctelera, agite el ron y el *Vermouth* con hielo.

2—Cuele en un vaso para *"Daiquirí."* Tuerza la cáscara de
limón sobre el líquido y añada una cebollita o aceituna.

Nota: Esta receta es muy peculiar. Cada pesona tiene un gusto distinto en
cuanto a la cantidad de *Vermouth* que se añade. Algunas personas
les gusta en proporción de 4 o 5 partes de ron, ginebra o vodka y 1
parte de *Vermouth.* Otras personas prefieren mojar el vaso con un
poco de *Vermouth* para que solamente quede húmedo y, entonces,
le añaden el licor. Puede substituir el ron por ginebra o vodka.

TORON-RON

1½ onza de ron oro
Jugo de toronja, enlatado
Cubitos de Hielo

1—En un vaso de 12 onzas, vierta el ron sobre los cubitos
de hielo. Llene el vaso con el jugo de toronja y mezcle.

Nota: Puede substituir el ron por ginebra o vodka.

"BLOODY MARY"

1½ onza de ron oro
4½ onzas de jugo de tomate, enlatado
Jugo de 1 limón verde, fresco
8 gotas de salsa inglesa (*Worcestershire Sauce*)
4 gotas de salsa de ají picante (*Hot Pepper Sauce*)
1 Pizca de sal
Cubitos de hielo

1—En una coctelera, agite los ingredientes con el hielo.

2—Cuele en vaso para vino rojo, tamaño 6 onzas.

Nota: Puede substituir el ron por ginebra o vodka.

Índice Alfabético

431